企業経営戦略論の
基盤解明

廣田 俊郎

［著］

税務経理協会

はしがき

　本書は，通常であれば経営戦略論と呼ばれている分野での議論の基盤解明を目指すものである。あえて『企業経営戦略論の基盤解明』という書名としたのは，企業という存在についての考察を踏まえたうえで経営戦略のあり方を解明するという意図を強調したかったからである。このねらいのもとに，企業の基本目的や，企業活動を構成し，活性化する要因についての考察をまず行った。

　企業が現代の経済社会で取り組むことを期待されている課題には，製品やサービスの提供，そのための経営資源の獲得と応用，経営理念やビジョンの明確化，組織成員の貢献意欲の確保と組織統合の達成，効果的な市場取引の達成，制度や技術の変化への対応，ステークホルダーの要求への対応・・・などきわめて多様なものがある。現に企業が対応に取り組んでいる課題は，どういう根拠からそれに取り組むことが求められているのか，など企業存在の理解をまず試みた。

　こうしたねらいをもつ本書の最初の特徴は，3つのシステム概念に基づいて，企業経営の動きをとらえようとしていることである。ルーマンによれば，システムについてとらえ方には，3つの異なる考え方がある。それは，①システムは，全体と部分とから成るというシステム観，②システムは，それを取り巻く環境との関係でとらえられるというシステム観，③既存のシステムに基づいて，新たなシステムが自己準拠的に作り出されるというシステム観の3つである。これらの3つのシステム観に基づくと，企業が取り組んでいる諸活動は，3組の企業活動に分けられる。つまり，経営管理活動と現場諸活動，コア・テクノロジー活動と環境対応（境界連結）活動，現状維持活動と現状変革活動の3組であり，それぞれは，異なるシステム観に基づいている。

　本書の次の特徴は，資源・情報・心理的エネルギーなどの要因を活用しながら企業活動が展開されるという考え方に基づいて，企業の動きをとらえようとしていることである。ここで，資源として考えられるのは，ヒト，モノ，カネ，

情報的資源などである。次に，情報として考えられるのは，アイデア，知識，経験，スキル，製品コンセプトなどである。さらに，心理的エネルギーとして考えられるのは，モティベーション，使命感，インセンティブ，カルチャー，顧客ロイヤルティ，思いなどである。これらの資源，情報，心理的エネルギーなどの要因を活用して，企業は，その基本目的を達成するべく，対処の必要な諸課題へ取り組んでいる。企業に対し，その基本目的を達成し，諸課題への対処の道筋を示すのが企業経営戦略である。なお，その企業経営戦略を形成していくうえで重要な基本諸側面には，企業ドメインの設定，経営理念とビジョンの明確化，経営資源の確保と活用，競争戦略の方針決定，などがある。経営戦略による成果を高めるには，経営戦略の基本諸側面相互の一貫性を高める必要がある。その方法にも，3つのシステム観のそれぞれを反映した取り組みがありうることも示した。

　本書で用いている情報，資源，心理的エネルギーというカテゴリー区分以外に，興味深い，もう1組のカテゴリー区分がある。それは，体・用・相というものである。国立国語研究所の編集による『分類語彙表』では，日本語の語彙を体・用・相・その他の4つに分けている。「体」は体言で名詞，「用」は用言で動詞，「相」は，形容詞や副詞などであり，「その他」は接続詞や感動詞などである。日本語がこのように，体言の部や用言の部などに分類されるということは，世界の事物や現象が同様に分類できることを示唆している。企業経営に関わる，さまざまな事物や現象も，「体」に対応するものや，「用」に対応するもの，「相」に対応するものに区分できる。体に当たるのは，実体や構造であり，事業やポジションである。他方，用に当たるのが機能であり，プロセス，活動である。経営資源は体であるが，組織能力は用である。「体」は「用」を必要とし，「用」によって「体」が形作られる。その結果，さまざまなバラエティが形成されるのであり，それが「相」である。この相に当たるのは，アーキテクチャやコンフィギュレーションなどであり，現実に現われるさまざまな姿のことである。体と用がペアになったものがシステムであり，そのシステムには，いろいろな姿（相）が見られる。たとえば，経営戦略という言葉には，

戦略を形成するプロセスという「用」的な面と，設定された戦略内容という「体」的な面とがある。そして，それらの相互循環的関連のなかから経営戦略の姿という「相」的な面が生み出される。

こうした面とも関わる，本書のさらに別な特徴は，企業にとって，もっとも重要な価値創造という課題が，企業が繰り広げる「活動」，すなわち，企業諸活動によってもたらされることを重視していることである。企業経営戦略とは，そうした価値創造を行うための各種の企業活動の方向づけをするものだと位置づけられる。このように，活動を重視するという視点は，ポーターのバリューチェーン概念における主活動と支援活動の区分にも見られる。近年の「実践としての経営戦略 (Strategy as Practice)」というアプローチも，その特色を activity-based approach と銘打っているように，実践や活動という概念は，経営戦略の生成をとらえるうえできわめて重要である。

プロセスあるいはビジネスプロセスと呼んでいるものも，活動の面と関わっている。事業やポジションなど，企業経営のねらいとする対象についても，それを支える活動やプロセスがあって初めて，価値をもたらしうる。この「活動」という概念は，前に述べた「用」的な概念であり，それがあるゆえに，企業の存在や経営戦略の実質という「体」が形成されるという関係がある。

本書のさらにまた別の特徴は，事物次元，社会的次元，時間次元という観点から，企業とその活動をとらえようとしていることである。テイラーの科学的管理法は，物的側面に焦点を合わせ，効率を重視した事物次元での知識体系であったと言える。それに対し，人間関係論は，人間関係という社会的な側面を重視し，社会的次元に着目したものである。近江商人の「三方よし」という考え方も，この社会的次元を重視している。ステークホルダーという考え方も大いに社会的次元に注目している。さらに，時間次元に対しては，ゴーイング・コンサーンという考え方，サステイナビリティ，成長や発展という考え方などに基づいて，その重要性が注目され始めている。この時間次元が重要なのは，現実がまさに時間の経過のもとで生み出され，そのなかで新たな動きが生まれたり，逆に崩壊や分裂の度合いが高まったりするからである。

イノベーションは，この観点からも重要である。そのため，イノベーションについての章を設けて論じただけでなく，ビジネスモデルについての章においても，ビジネスモデルの革新についても論じたのである。

　資源，情報，心理的エネルギーを活用して，企業活動が繰り広げられるが，そのような企業活動の現実に見直す点がないかを意味上の事物次元，社会的次元，時間次元の観点から見直すことが重要だと考えられる。

　本書では，このように基盤となるいくつかのカテゴリーを重視してはいるが，企業行動の現場で生じている新たな動きや，それをどのように理解したらよいかについての最新の理論や用語にも目を向けている。現実の企業行動とそれを方向づける企業経営戦略は多様である。そうした多様性を説明するには，従来になかったとらえ方が必要である。ただし，用語や考え方の新しさだけに目を奪われると，その基盤にある原理的なものを見失いかねない。とはいえ，そういう原理的なものだけに焦点を合わせるならば，経営戦略のもつダイナミックな魅力を解明しきれない。かといって，目まぐるしく変化する現実にだけ焦点を合わせていると，流行に振り回されるだけに終わってしまう。そうならないためにも，基盤的な考察が必要なのであり，本書が目指すのは，そうした企業経営戦略論の基盤解明である。

　本書の出版に当たっては，税務経理協会シニア・エディターの峯村英治氏には，大変お世話になった。早くから出版を促していただいたにもかかわらず，原稿の完成までは随分，時間の経過を必要としてしまった。他方，いざ出版ということになった後は，時間的に制約されたなかでいろいろな面に配慮をしていただいた。心から感謝申し上げる次第である。

2016年12月

廣田　俊郎

目　　次

はしがき

序章　企業の諸課題を果たすための企業活動 …………………… 1

第1節　現代経済社会における企業 ………………………………… 1
第2節　企業の基本要素 ……………………………………………… 2
　1．企業の基本目的 ………………………………………………… 2
　2．目的を達成するための意思決定 ……………………………… 4
　3．意思決定領域と意思決定形態 ………………………………… 6
　4．企業諸活動を構成する諸要因 ………………………………… 7
第3節　基本目的を達成するうえで重要な諸課題 ………………… 9
　1．経営資源の確保と活用 ………………………………………… 11
　2．製品やサービスの提供に基づく収益の実現 ………………… 12
　3．組織成員の貢献の確保と企業組織の統合の達成 …………… 12
　4．重視する価値と経営理念の明確化 …………………………… 13
第4節　環境変化へ対応するうえで重要な諸課題 ………………… 14
　1．効果的な市場取引の遂行 ……………………………………… 14
　2．制度変化や技術変化への対応 ………………………………… 15
　3．利害関係者（ステークホルダー）の要求への対応 ………… 15
第5節　企業を発展させるうえで重要な諸課題 …………………… 16
　1．将来を見すえた投資活動 ……………………………………… 16
　2．情報と知識の活用による適応と学習 ………………………… 17
　3．イノベーション（革新）の実現 ……………………………… 18
第6節　諸課題達成を可能にする3組の企業活動 ………………… 19
　1．経営管理活動と現場諸活動（主活動と支援活動）………… 20
　2．企業内コア活動と環境対応（境界連結）活動 ……………… 21
　3．現状維持活動と現状変革活動 ………………………………… 22
第7節　ま　と　め ………………………………………………… 23

第1章　経営戦略の形成と見直し………………………25

第1節　戦略形成プロセスと設定される戦略内容……………25
第2節　経営戦略の形成プロセス……………………………26
1．進化論プロセスとしての戦略形成プロセス……………26
2．戦略形成プロセスの類型………………………………28
　(1) 計画的戦略形成プロセス……………………………28
　(2) 創発的戦略形成プロセス……………………………29
第3節　3つのレベルで形成される経営戦略………………32
第4節　経営戦略形成のために取り組むべき基本諸課題……34
1．企業環境動向の解明……………………………………34
2．企業ドメインの設定……………………………………35
3．経営理念とビジョンの明確化…………………………35
4．経営資源の確保と活用…………………………………36
5．競争戦略の方針決定……………………………………37
6．提携(アライアンス)戦略の方針決定…………………37
7．ビジネスモデルの形成と革新…………………………38
8．イノベーションへの取り組み…………………………39
9．経営戦略諸側面についての一貫性の実現……………40
第5節　経営戦略の妥当性を見直すうえでの基本的観点……41
1．経営戦略の検討を迫る戦略的問題の明確化…………41
2．3つの意味次元での経営戦略諸側面妥当性の検討…43
第6節　ま　と　め……………………………………………47

第2章　環境変化のもとでの戦略形成と環境分析手法………49

第1節　企業環境変化に対する戦略的対応の必要性…………49
第2節　経済社会環境状況とその変化についての対応………50
1．経済社会環境状況とその変化…………………………50
2．経済社会環境変化に対する戦略的対応………………52

第3節　経営環境状況とその変化についての対応 ……………… 54
　　1．経営環境状況とその変化 ………………………………………… 54
　　　(1)　企業と資源の交換を行う経営環境 …………………………… 54
　　　(2)　企業と情報の交流を行う経営環境 …………………………… 55
　　2．経営環境から得られる資源と情報に基づく戦略形成 ………… 55
　　3．「戦略の5P」を用いた戦略形成プロセスの相違の説明 ……… 58
　　　(1)　既存のパースペクティブのもとでの計画的戦略形成 ……… 60
　　　(2)　既存のパースペクティブのもとでの創発的戦略形成 ……… 60
　　　(3)　試行錯誤を通じて独自なパースペクティブを生み出す戦略形成 … 61
　　　(4)　市場競争の激化による圧倒的影響力のもとでの戦略形成 … 62
　第4節　企業環境状況を解明するための分析手法 …………… 63
　　1．経済社会環境の解明を図るための分析手法 …………………… 64
　　　(1)　経済社会環境の領域別解明を図るPEST分析 ……………… 64
　　　(2)　経済社会環境の全体像解明を図る方法 ……………………… 65
　　2．経営環境の解明を図るための分析手法 ………………………… 66
　　　(1)　関係市場分析 …………………………………………………… 67
　　　(2)　組織間関係（ビジネス・ネットワーク）分析 ……………… 68
　　　(3)　ステークホルダー分析 ………………………………………… 69
　　　(4)　SWOT分析 ……………………………………………………… 70
　第5節　ま　と　め ……………………………………………………… 71

第3章　企業ドメインの設定と変革 ……………………………… 73

　第1節　自社ビジネスの明確化としての企業ドメイン設定 …… 73
　第2節　企業ドメインの設定と変革で重視される観点 ………… 74
　　1．戦略的ポジショニング …………………………………………… 74
　　2．経営環境変化への対応 …………………………………………… 75
　　3．経営資源ベースに基づく強みの活用 …………………………… 75
　　4．経営理念とビジョンの実現 ……………………………………… 76
　　5．競争優位の獲得可能性 …………………………………………… 77

6．取引費用の最小化 ……………………………………………… 77
  7．企業ドメインについての合意（ドメイン・コンセンサス）の形成 …… 79
  8．企業ドメインの設定と変革についての統合的分析枠組み ………… 79
 第3節　企業ドメインの設定と変革によって得られる結果 ……… 80
  1．環境不確実性増大への対処 …………………………………… 80
  2．自社アイデンティティの確立と組織学習課題の明確化 ………… 82
  3．各種の経済の実現 ……………………………………………… 82
   (1) 外部経済の実現 …………………………………………… 82
   (2) 規模の経済の実現 ………………………………………… 83
   (3) 範囲の経済の実現 ………………………………………… 83
   (4) スピードの経済の実現 …………………………………… 83
   (5) 連結の経済の実現 ………………………………………… 84
 第4節　3つの意味次元から見た企業ドメインの妥当性 ………… 84
  1．事物次元の立場からの企業ドメイン妥当性の検討 ……………… 85
  2．社会的次元の立場からの企業ドメイン妥当性の検討 …………… 86
  3．時間次元の立場からの企業ドメイン妥当性の検討 ……………… 87
  4．別な方法による企業ドメイン妥当性の検討 …………………… 88
 第5節　企業ドメイン変革の方向性を解明する分析手法 ………… 89
  1．SWOT分析 …………………………………………………… 89
  2．産業収益性分析とプロフィット・ゾーン分析 ………………… 90
  3．PPM（製品ポートフォリオ・マネジメント）………………… 91
 第6節　企業ドメイン変革の実行方法 …………………………… 92
  1．垂直統合 ……………………………………………………… 92
  2．多角化 ………………………………………………………… 92
  3．リストラクチャリング ………………………………………… 93
  4．企業買収（M&A）…………………………………………… 93
  5．アウトソーシング …………………………………………… 94
  6．区別と指し示しの観点からの企業ドメイン変革実行方法の分類 …… 94
 第7節　まとめ …………………………………………………… 95

第4章　経営戦略を導く経営理念とビジョン ……………… 97

第1節　経営理念とビジョンの意義 ……………………………… 97
第2節　現代社会で重視される価値概念とその根拠 …………… 98
　1．アリストテレスが重視した価値概念 ……………………… 98
　2．現代社会で重視される価値概念 …………………………… 100
　　(1)　事物次元でとらえられる価値概念 …………………… 100
　　(2)　社会的次元でとらえられる価値概念 ………………… 101
　　(3)　時間次元でとらえられる価値概念 …………………… 102
　3．正・徳・善による価値の分類 ……………………………… 103
第3節　企業経営を方向づける経営理念と企業目的 …………… 105
　1．経営理念と企業目的との相違 ……………………………… 105
　2．領域性と階層性をもつ経営理念とビジョン ……………… 106
第4節　経営理念とビジョンを重視する企業経営論 …………… 107
　1．エクセレント・カンパニー論 ……………………………… 107
　　(1)　エクセレント・カンパニー論登場の背景 …………… 107
　　(2)　「合理主義」的な考え方の行き過ぎ ………………… 107
　　(3)　エクセレント・カンパニーでの動機づけを求める人間への対応 …… 108
　2．ビジョナリー・カンパニー論 ……………………………… 110
　　(1)　ビジョナリー・カンパニー論登場の背景 …………… 110
　　(2)　ビジョナリー・カンパニーでの基本理念の重視 …… 111
　　(3)　ビジョナリー・カンパニーでの進歩への意欲 ……… 111
　　(4)　ビジョナリー・カンパニー生成発展過程と進化論プロセスの対比 …… 112
　3．「美徳の経営」企業論 ……………………………………… 113
　　(1)　「美徳の経営」企業論に先立つ「知識創造経営」論 …… 113
　　(2)　「美徳の経営」企業論登場の背景 …………………… 115
　　(3)　「美徳の経営」企業論の諸特徴 ……………………… 116
第5節　ま　と　め ………………………………………………… 119

第5章　経営資源の確保と活用の戦略 ……………………………121
第1節　経営戦略形成における経営資源の意義 ……………………121
第2節　各種経営資源の分類方法 …………………………………122
　1．可変性と汎用性に基づく経営資源の分類方法 ………………122
　2．経営資源がもたらす働きに基づく分類方法 …………………123
　3．経営資源を活かして組織能力を生み出す組織ルーティン ………125
第3節　基本目的の達成を可能にさせる経営資源の属性 ………126
　1．競争優位をもたらす経営資源の属性 …………………………126
　　(1)　経済的価値（value）をもつ経営資源 ……………………127
　　(2)　稀少性（rarity）をもつ経営資源 …………………………127
　　(3)　模倣困難性（inimitability）をもつ経営資源 ……………128
　　(4)　持続可能性（sustainability）をもつ経営資源 …………128
　　(5)　専有可能性（appropriability）をもつ経営資源 …………128
　　(6)　経路依存性（path dependency）をもつ経営資源 ………129
　2．経営資源の諸属性の活用に基づく企業の基本目的の達成 ………129
　3．能力プロフィールの把握方法 …………………………………130
第4節　経営資源の効果的な活用方法 ……………………………132
　1．経営資源，組織能力と競争優位の関連 ………………………132
　2．経営資源展開の方法 ……………………………………………133
　　(1)　経験効果に基づく経営資源展開 …………………………133
　　(2)　シナジーの活用による経営資源展開 ……………………134
　　(3)　イノベーションによる経営資源展開 ……………………135
　　(4)　提携（アライアンス）行動による経営資源展開 ………136
　　(5)　M＆Aによる経営資源展開 ………………………………136
　　(6)　事業群や組織構造との適合性向上に基づく経営資源展開 ………137
第5節　変化対応能力（ダイナミック・ケイパビリティ）……………139
　1．ポジション，プロセス，パスで表現される変化対応能力 ………139
　2．変化対応能力を形成するプロセス ……………………………141
第6節　まとめ ………………………………………………………143

第6章 競争優位獲得のための競争戦略 ……………………… 145

第1節　競争戦略についての考え方の変化 ……………………… 145
第2節　各種競争戦略論での強調点の推移 ……………………… 146
　1．ポーター［1980］の業界構造分析に基づく競争戦略論 ……… 146
　　（1）業界構造分析 …………………………………………… 146
　　（2）競争戦略上の3つの基本戦略 ………………………… 148
　2．ポーター［1985］のバリューチェーン重視の競争戦略論 …… 151
　3．資源ベース視角に基づく競争戦略論 ……………………… 152
　4．コミットメント重視の競争戦略論 ………………………… 153
　5．ポーター［1992］の国の競争優位重視の競争戦略論 ……… 155
　6．デルタモデル競争戦略論 …………………………………… 156
　　（1）ベストプロダクト戦略 ………………………………… 157
　　（2）顧客ソリューション戦略 ……………………………… 157
　　（3）システム・ロックイン戦略 …………………………… 157
　　（4）3つの戦略オプションで目指す戦略ポジション …… 158
　　（5）顧客との絆の形成方法 ………………………………… 159
　　（6）3つのビジネスプロセス ……………………………… 160
　　（7）戦略オプションとビジネスプロセスとの適合 ……… 160
第3節　競争優位の獲得を目指すうえでの諸観点 ……………… 161
　1．3つの意味次元での競争優位の獲得 ……………………… 162
　2．企業外部側面と企業内部側面のいずれかに基づく競争優位獲得 … 164
　3．競争業者対処と補完業者協調のいずれかに基づく競争優位獲得 … 165
第4節　ま と め …………………………………………………… 166

第7章 提携（アライアンス）の戦略 ……………………………… 169

第1節　提携（アライアンス）戦略の出現とその背景 ………… 169
第2節　提携行動を特徴づける基本要素 ………………………… 170
　1．提携行動に踏み切る動機 …………………………………… 170

2．提携（アライアンス）行動で活用される諸要因 ………………… 171
　　　（1）提携（アライアンス）行動で活用される資源 …………………… 171
　　　（2）提携（アライアンス）行動で活用される情報 …………………… 171
　　　（3）提携（アライアンス）行動で活用される心理的エネルギー …… 172
　　　（4）提携行動で活用される諸要因の活用形態 ……………………… 172
　　3．提携行動の組織化方法 ……………………………………………… 173
　　　（1）社会的行為についての組織化原理 ……………………………… 174
　　　（2）各種の経済活動遂行方法とその組織化類型 …………………… 174
第3節　提携行動を説明する諸理論 ……………………………………… 176
　　1．提携行動での資源面を説明する資源ベース論と資源依存論 …… 176
　　2．提携行動での情報面を説明する組織間学習論 …………………… 176
　　3．提携行動での心理的エネルギー面を説明するゲームの理論 …… 177
　　4．提携行動での組織間調整面を説明する組織間関係論 …………… 177
第4節　提携行動の諸形態 ………………………………………………… 179
　　1．同業者間で形成される企業間ネットワーク ……………………… 180
　　2．異業種提携によるEDI網の形成 …………………………………… 181
　　3．知識の学習を目指した提携行動 …………………………………… 181
　　4．アライアンス・コンステレーション（星座）戦略 ……………… 183
　　5．プラットフォーム・リーダー企業と補完業者との提携行動 …… 184
第5節　提携戦略の類型分類法 …………………………………………… 185
　　1．提携を通じて形成される集団についての類型分類法 …………… 185
　　2．各種提携行動の分類結果 …………………………………………… 187
第6節　提携行動における重要事項 ……………………………………… 188
　　1．活動の戦略的重要性とコンピタンス水準に基づく提携行動選択 … 188
　　2．製品ライフサイクルの各段階に対応した提携戦略 ……………… 190
　　3．提携（アライアンス）パートナーの選択 ………………………… 190
第7節　ま　と　め ………………………………………………………… 191

第8章 効果的なビジネスモデルの形成と革新 …………… 193

- 第1節 競争優位獲得の決め手となるビジネスモデル ………… 193
- 第2節 効果的なビジネスモデル形成に必要な構成要素 ……… 194
  - 1．従来のビジネスモデルをめぐる議論 ……………………… 194
  - 2．ビジネスモデルの構成要素 ………………………………… 197
- 第3節 ビジネスプロセスの活用に基づく価値創造 …………… 198
  - 1．バリューチェーン形態のビジネスプロセス ……………… 200
  - 2．バリューネットワーク形態のビジネスプロセス ………… 200
  - 3．バリューショップ形態のビジネスプロセス ……………… 203
- 第4節 ビジネスモデル革新を実現するための諸手法 ………… 205
  - 1．コア活動プロセスと取引関係の再編によるビジネスモデル革新 … 205
    - (1) サプライチェーン・マネジメント（SCM）の推進 ……… 205
    - (2) アンバンドリングへの取り組み ………………………… 206
  - 2．経営資源保有形態の工夫によるビジネスモデル革新 …… 208
  - 3．独自な顧客価値の提供によるビジネスモデル革新 ……… 209
    - (1) 新たな顧客の想定 ………………………………………… 209
    - (2) リピーターを囲い込むための手法 ……………………… 210
  - 4．コストダウンへの取り組みによるビジネスモデル革新 … 210
- 第5節 ビジネスモデル革新の形成と推進のプロセス ………… 212
  - 1．既存ビジネスモデルでの問題点の認識 …………………… 212
  - 2．ビジネスモデル革新の形成を引き起こす要因への着目 … 212
  - 3．企業家によるビジネスモデル革新の提唱と人々の価値観の変化 … 213
  - 4．提案されたビジネスモデル革新についての検討 ………… 214
- 第6節 ま と め ………………………………………………… 215

第9章 イノベーションの戦略 ………………………………… 217

- 第1節 イノベーションの重要性 ………………………………… 217
- 第2節 イノベーションの本質と特徴 …………………………… 218

1．経済社会でのイノベーションの役割 ……………………218
   2．企業が手がけるイノベーションの特徴 …………………220
 第3節　イノベーションを生成させる諸要因 …………………220
   1．思　　　い ………………………………………………221
   2．資　　　源 ………………………………………………222
   3．情　　　報 ………………………………………………223
   4．場 …………………………………………………………224
 第4節　生成される多様な形態のイノベーション ……………226
   1．製品イノベーションと工程イノベーション ……………226
   2．マーケティング・イノベーションとマネジメント・
      イノベーション …………………………………………228
   3．サービス・イノベーション ……………………………230
   4．アーキテクチュアル・イノベーション（構築的革新）…231
   5．持続的イノベーションと破壊的イノベーション ………233
   6．オープン・イノベーション ……………………………235
 第5節　イノベーション促進の方策 ……………………………237
   1．イノベーションをもたらす技術的機会の出現と
      市場ニーズの認識 ………………………………………237
   2．イノベーションをもたらすアイデアの生成プロセス …238
 第6節　ま　と　め ………………………………………………239

参 考 文 献 ……………………………………………………………241

索　　　引 ……………………………………………………………253

企業経営戦略論の基盤解明

廣田 俊郎 ［著］

序章

企業の諸課題を果たすための企業活動

第1節　現代経済社会における企業

　現代経済社会では，技術，経済，政治，文化などの領域で，今までになかった変化が続発している。ただし，そのような変化にもかかわらず，変わることなく，繰り返されている営みや動きも見られる。その動きの1つは，社会での複雑化の進展，すなわち分業と専門化の進行という側面である。現代経済社会における分業と専門化の進行の結果，各種の産業が生み出され，それらの産業では多数の企業が多様な活動を繰り広げている。そうした活動に基づいて，さまざまな製品とサービスが提供され，それらを最終的には諸個人が消費している。諸個人は，各種の財の消費を通じて家族の生活を支えている。経済社会で繰り広げられる営みを通じて，各種の製品やサービスが生産されるだけでなく，人々の暮らしと生命の再生産も行われている。

　こうした生命と物質の再生産を行う経済社会の営みは，自然環境のもとで展開される。さまざまな業種のなかで，自然と一番密接な接点をもつのが第1次産業である。そこでは，多数の企業が，人々の労働サービスを活用しつつ，石油・石炭，鉄・銅・ボーキサイト，レアメタル，木材，水資源などの自然資源を産業活動に利用可能な資源の形態に転換している。それらの自然資源を原材料やエネルギーとして用いながら各種製品を作りあげているのが第2次産業（製造業）である。ただし，製造業がその役割を果たすのに，金融業，運輸・通信業，建設業，流通サービス業などの第3次産業による支援も必要である。なお，製造業セクターのなかには食品，繊維，自動車，電気機器，とさまざま

な業種が存在し，各業種においても多数の企業が相互に競争を行いつつ，製品とサービスの提供を行っている。このように複雑化した現代経済社会の重要な担い手は，数多くの企業組織である。これらの企業組織とはどういう存在であり，個々の企業がどのような方針のもとに諸活動を展開しているのかを理解するには，企業の基本要素とはいかなるものかを把握する必要がある。

第2節　企業の基本要素

1．企業の基本目的

　経済社会の営みを支える企業は，経営陣の決定を通じて手がけようとする事業内容を定めるとともに，会社として定めたルールや方針のもとにさまざまな活動を展開している。ただし，それらのルールや方針は，企業自らがより基盤的に重要と考える基本目的を実現するべく設定されたものである。

　それでは，企業が達成を目指す基本目的とはいかなるものだろうか。企業が活動を繰り広げる舞台としての経済社会は，ますます複雑化してきているが，その究極的役割は，財の生産，流通，消費の循環を可能とさせ，人々の欲求を充足し，生命を支えるのに役立つ経済循環をもたらすことである。ただし，その経済循環は，経済社会のなかの各企業による各分野での諸活動の遂行を通じて実現され，維持されている。そこで，経済社会の一員たる企業としては，経済社会での経済循環を支えることが期待され，生産的機能の一翼を担うことが期待される。それゆえ，企業の基本目的の第1は，「有用な製品とサービスの提供」という生産的役割を目指すことであると想定できる。この想定の根拠は，多くの企業が，その定款において「有用な製品・サービスの提供」を自社の使命であると示していることに求められる。利潤の追求こそが企業の目的だとの見解もあるが，利潤の追求を図る前に，利潤の源泉としての価値の創造が必要である。利潤の源泉としての価値創造を図るためにも，「有用な製品とサービスの提供」を企業の目的として重視せざるを得ないのである。

　ただし，現代の経済社会のもとで企業が継続的に活動していくには，「有用

な製品とサービスの提供」と引き換えに，活動の継続を可能にする原資を獲得していく必要がある。そういう活動の原資となるのが貨幣的収益であり，「有用な製品とサービスの提供」の代償として，貨幣的収益を得ようとする。十分な収益が得られないなら，企業としては，今までの活動を継続できない。そこで，企業は，収益性を高めるため，コストダウンを図り，イノベーションに努めて，より多くの顧客を開拓しようとする。その試みに成功すれば，収益性を高められるが，ある企業の収益結果が赤字になった場合は，その企業の株価は低下し，会社としての信用が損なわれるなどの好ましくない帰結が生じる。そうならないためにも，企業としては収益性の向上を目指そうとする。そこで，企業の基本目的の第2は，「収益性の向上」であると想定できる。このように企業は，「有用な製品とサービスの提供」と「収益性の向上」を図ろうとしており，これらの基本目的の達成を継続させていくことも目指している。それゆえ，企業の基本目的の第3は，「企業成長の達成」であると想定できる。

　企業の基本目的についての以上の想定は，企業の本質に関する従来の議論と整合的である。制度派経済学者のT・ヴェブレン（Veblen）は，企業は2種類の目的をもつ営みを遂行していると考えた。有用な製品とサービスを提供する行為を産業（industry）と表現し，金銭的利得を目指す行為を営利企業（business）と表現した（ヴェブレン[1965]p.318）。またE・T・ペンローズ（Penrose）は，会社（firm）概念と企業（enterprise）概念とを区別した（ペンローズ[1962]p.20）。会社（firm）とは，各種資源の組織的利用によって製品の生産やサービスの給付を行う生産単位であり，企業（enterprise）とは，その行為を通じて収益を獲得しようとする存在である。現実の企業には，産業の面や営利企業の面（ヴェブレン）と，会社の面や企業の面（ペンローズ）が見いだされる。

　ヴェブレンとペンローズの議論が示すように，企業の本質には「有用な製品とサービスの提供」＝「産業」の面と「利潤のための投資」＝「営利企業」の面とがある。またT・パーソンズによれば，組織体の果たす活動目標には，実物アウトプットの生産を目指す面と金銭的収益の獲得を目指す面とがある（パーソンズ[1956]p.230）。さらに，わが国の経営学研究でも，経営体には，「事業」

の面と「企業」の面とがあると指摘された（山本・加藤[1982]pp.65-76）。経営存在の根源目的である特定の財またはサービスの提供を実現する過程を体系的にとらえたのが「事業」であり，他方，資本の投資および資本の調達過程を体系的にとらえたのが「企業」である。事業が「モノ」のシステムに関わるのに対して，企業は「カネ」のシステムに関わり，「モノ」と「カネ」を結合する主体的な構成作用を営むのが「経営」である。そして経営活動の具体的内容が管理および組織であると主張された。

その他，Afuah[2009]によると，企業は，ビジネスを通じて価値創造（value creation）を行い，顧客に価値ある製品とサービスの提供を行おうとしている。さらに，コストの削減や製品の差別化の工夫によって収益性を高めることによる価値獲得（value appropriation）をも目指している（Afuah[2009]pp.93-96）。

表1は，以上の企業目的をめぐる議論と，本書での企業の基本目的についての想定との関わりを示している。なお企業は，「有用な製品とサービスの提供」と「収益性の向上」の双方を長期にわたって達成できるように企業成長も目指している。この点を踏まえて，企業は，表1に示された2つの目的に加えて，第3の基本目的として，企業成長の追求を目指していると考えられる。

表1　企業の基本目的

	有用な製品とサービスの提供	収益性の向上
ヴェブレン	機械制生産に基づく財貨の生産を行う行為を産業	金銭的利得を目指す行為を営利企業
ペンローズ	製品の生産やサービスの給付を行う生産単位としての会社	製品やサービスの給付を通じて収益を上げる存在としての企業
パーソンズ	実物アウトプットの生産	金銭的収益の獲得
山本・加藤	特定の財・サービスを実現するための体系的な過程をとらえたのが事業	資本の投資および資本の調達を行う企業
Afuah	価値創造（value creation）	価値獲得（value appropriation）

〔出所〕　筆者が作成。

2．目的を達成するための意思決定

企業が環境変化に直面しつつ基本目的を達成するには，どのような事業を手

がけ,どのような活動を行うのが良いのかについて,意思決定を適切に行う必要がある。そのためには,企業を取り巻く環境と企業目的を参照しながら意思決定を行うことが求められる。パーソンズの行為論でも,目的および状況に基づいて,展開される行為の内容が定められると論じている。つまり,「行為」には,それを行う者,すなわち「行為者」が必ずともなうとともに,行為を通じて志向する事象の未来状態としての「目的」と,行為が開始される「状況」という要素を必ずともなう(パーソンズ[1976]p.78)。

他方,サイモン＝スミスバーグ＝トンプソン[1977]によると,意思決定の内容は,価値前提と事実前提から成る意思決定前提による影響のもとに定められる。ここで,価値前提とは何が望ましいか(＝目的)を示しており,事実前提とは,状況がどのようなものか(＝状況)を示している。この枠組みでも,意思決定内容は,状況と目的とに基づいて定められると想定している。意思決定とは,目指す目的と利用可能な手段との関連づけを行うことであるが,目的の面は価値前提と関連し,利用可能な手段は事実前提と関連している。

企業活動のあり方を決める意思決定が,企業外部のことがらと企業内部のことがらをもとに定められるという面もある。ここで,企業外部とは,企業を取り巻く環境に関連している。他方,企業内部とは,企業組織という意思決定主体が主体的行為を展開する際の欲求の面に関わるものであり,この面に関連するのが企業の経営理念やビジョン,そして企業目的である。この見方でも,意思決定内容は,状況要因と目的要因とに規定されている。

図1　意思決定内容を規定する外部状況と企業目的

〔出所〕　筆者が作成。

3．意思決定領域と意思決定形態

　企業活動のあり方を決める意思決定には，いくつかのレベルがあり，不確実性をもつ環境を前にして企業全体のあり方を設定するのが戦略的意思決定である。戦略的意思決定に当たっては，企業を取り巻く環境状況の把握を行うとともに，企業として設定した経営理念やビジョンを重視しつつ，主体的な方針の決定も交えて，企業活動内容の選択を行う。ただし，戦略的意思決定の場合，不確実性の程度が高く，非定型的な意思決定がしばしば行われる。他方，企業の各種現場で遂行される各種業務について行う業務的意思決定の場合，各種業務ごとに特定された課題に対して，意思決定が行われる。そのため，定型的な意思決定の度合いはより高いものとなる。以上の戦略的意思決定と業務的意思決定とは，それぞれ強調点が異なるが，その差異を調整する役目をもつのが管理的意思決定である。

　ところでアンソフ[1969]によると，意思決定を行う形態には，「戦略」「方針」「プログラム」「標準業務手続き」などがある。「戦略」という意思決定形態は，部分的無知の状態での大きな枠組みの設定を行う場合に用いられる。それに対し，「方針」は条件付きの決定を行う場合に用いられる。また，「プログラム」と呼ばれる意思決定形態は，時間的に順序立てた一連の行動を予め決定する場合に用いられる。決定すべき事案の発生が確実であるだけではなく反復的な場合には，その意思決定は，「標準業務手続き」という形態をとる（アンソフ[1969]p.150)。こうした種々の意思決定形態を通じて，どのような企業活動を遂行するのが良いかが取り決められる。

表2　各種の意思決定形態

	状　　況	目　　的
戦　　　略	部分的無知の状態	大きな枠組みの設定
方　　　針	種々の生じうる事態が想定される	想定される事態ごとに条件付き決定
プログラム	時間的に広がりをもつ一連の行動の順序づけが必要	一連の行動の順序づけ，いくつかの行動の調整
標準業務手続き	対象業務の発生は確実	反復的な業務の遂行

〔出所〕　アンソフ[1969]pp.146-150の記述をもとに筆者が作成。

戦略的,管理的,業務的という3つのレベルの意思決定のそれぞれで,各種の意思決定形態が用いられる。とはいえ,戦略的意思決定では,戦略という様式で意思決定を行うことが多く,業務的意思決定では,プログラムや標準業務手続きという様式で意思決定を行うことが多い。ただし,研究開発,財務,マーケティングなどの組織部門では,外部の環境と接する度合いが強く,そのため部分的無知の状態に直面することも多い。それゆえ,これらの部門では,研究開発戦略,財務戦略,マーケティング戦略など,「戦略」という形態での意思決定が必要となる場合もある(アンソフ[1969]p.151)。

4．企業諸活動を構成する諸要因

以上の意思決定領域での種々の形態の意思決定を通じて,全社の方針,事業についての方針,生産,販売,研究開発などの職務活動展開の方針が定められる。そのように方針を定めた企業諸活動を実際に遂行するには,いくつかの要因が必要とされる。たとえば生産活動については,原材料や部品,工場や設備機械などの「資源」が必要である。それらを用いつつ,何をどれだけ,どのような製品を生産するのかという「情報」や,各種の作業手順や生産活動で守らなければならないルールなどの「情報」を明確にさせることによって初めて生産活動が行える。さらに生産活動を通じて収益を上げようとするだけでなく,社会にも貢献しようとする経営者の「心理的エネルギー」や現場作業者の「心理的エネルギー」の投入も企業活動の遂行には必要である。このような点を考え合わせると,企業活動の遂行には,情報,資源,心理的エネルギーなどの要因が必要であると想定できる[1]。このように,企業活動では,情報,資源,心理的エネルギーが重要な役割を果たすという見解は,物質,情報,心的エネルギーの相互依存的な蓄積のダイナミクスとして企業成長がとらえられると主張する伊丹・加護野[1993]などで示された(同書p.24)。ただし,そういう要因設定の根拠はどこに求められるのだろうか。

この問いに対する答えとして,ギリシャの哲学者アリストテレスの4要因説を挙げたい。アリストテレスによると,質料因,形相因,動力因,目的因とい

う4つの要因によってあらゆる事物や動きが規定される[2]。つまり，ものごとの「始まり」としての動力因とともに，「終り」としての目的因が想定される。また，事物についての素材を説明する質料因とともに，その形を説明する形相因が想定される。このようにして想定された4要因のなかの目的因の面については，企業の基本目的とは何かの考察を行い，企業の各種活動は基本目的を達成するために遂行されることを既に示した。つまり，目的因が企業の各種活動に影響を及ぼすことは考察済みである。そこで，企業活動を規定する他の要因として，質料因，形相因，動力因などの要因を考察する必要がある。企業活動の場面で質料因に対応するのは，物質や材料であり，資源である。企業活動の遂行では，経営資源が重要な役割を果たしている。また，形相因に対応するのは，デザインや形式，情報である。企業活動の遂行には，情報も基本的に重要な役割を果たしている。そして動力因に対応するのは，心理的エネルギーやモティベーションである。企業活動の遂行については，組織成員の心理的エネルギーやモティベーションも重要な役割を果たしている。要するに，企業活動を活性化させる要因として，資源，情報，心理的エネルギーが挙げられる。そして，これらの要因を主たる面とする具体的な要素やプロセスが企業のさまざまな場で数多く存在している。それらを示したのが表3である。

表3　企業諸活動に動員される資源，情報，心理的エネルギー

要　因	企業諸活動を構成する諸要素	プロセス	成　　果
資　　源	ヒト，モノ（設備，機械，インフラ），カネ，情報的資源，テクノロジー，見えざる資産，経営資源，組織能力，独自能力，能力プロフィール，流通チャネル，技術力	テクノロジー，生産，ロジスティクス，キャッシュフロー，サプライチェーン，設備投資	製品・サービス，費用，効率性，生産性，コストダウン，コンピタンス
情　　報	アイデア，知識，経験，スキル，プログラム，評価基準，ルーティン，規範，意思決定前提，カルチャー，アーキテクチャ，製品コンセプト，顧客ニーズ，ノウハウ，プラン	調整，コミュニケーション，意思決定，学習，プログラム	名声，特許，ルーティン，デファクト・スタンダード，取引費用
心理的エネルギー	モティベーション，士気，使命感，インセンティブ，カルチャー，顧客満足，顧客ロイヤリティ，パワー，企業家精神，規範，ビジョン，価値観，リーダーシップ，思い，経営理念，風土	コミットメント，リーダーシップ，モティベーション，組織統合	ロイヤリティ，顧客満足，士気，活気

〔出所〕　筆者が作成。

表3で示した諸要素を活用しつつ，さまざまなプロセスを通じて多様な企業活動が遂行される。たとえば資源の活用と変換を行う資源変換活動が，多様な情報と心理的エネルギーに裏づけられた意思決定を通じて展開される。情報の活用と変換を行う情報創造活動が，関係者間でのコミュニケーションに基づくさまざまな情報処理と情報解釈を通じて展開される。さらにリーダーシップを及ぼしたり，パワー，権威などを通じて心理的エネルギーの喚起を目指したりするための取り組みが企業組織に活気をもたらす活動として展開される。

第3節　基本目的を達成するうえで重要な諸課題

　企業基本目的の達成を目指すべく，情報，資源，心理的エネルギーを活用してさまざまな企業活動が遂行される。しかしながら，いかなる企業活動をどのように遂行すれば企業目的の達成が可能となるのかが必ずしも明確ではない場合も多い。その場合，企業がその基本目的を達成するうえで重要な課題とは何なのかを明らかにするのが良い。課題が明らかになれば，その課題を果たすための企業活動とは何なのかを特定しやすくなるからである。こうした企業として取り組みが必要な課題とは何なのかという問いについての答えを，社会学者タルコット・パーソンズの枠組みに基づいて考察することができる。
　パーソンズによれば，社会システムの存続と発展には，4つの異なる機能要件の充足が必要である。社会システムには充足の必要な4つの機能要件が存在するという彼の主張は，必要とされる各機能要件の頭文字をとって，AGIL図式と呼ばれる。A（adaptation）とは適応という機能要件であり，マクロ経済社会システムの場合では経済がそれを担当する。G（goal attainment）とは目標達成であり，政治がそれを担当する。I（integration）とは統合であり，法がそれを担当する。L（latency）とは，価値パターンの維持であり，文化や教育がそれを担当する。以上の説明は，マクロ経済社会の発展に必要な機能要件の説明であるが，企業組織も1つの社会システムなので，その存続には，これらの機能要件の充足が必要とされる。

企業組織という社会システムについて必要とされる4つの機能要件のなかで，A機能に対応するのは経営資源の確保と活用，G機能に対応するのは製品やサービスの生産と提供である。I機能に対応するのは組織成員の貢献の確保と組織内の統合の達成，L機能に対応するのは企業組織として重視すべき価値パターンの維持である。これらの機能要件は，全体として何らかの目的を達成するための手段のあり方を示しているので，それらを目的に関連したものか，手段に関連したものかという観点から区分できる。さらに，一連の機能要件は，可視的で外的なものと，非可視的で内的なものとに区分できる。目的－手段という区分を左右に取り，外的－内的という区分を上下に取ると，AGILの各機能要件を図2のように表示することができる。

　なお，パーソンズが示したAとGの機能要件は，バーナードが組織の存続に必要だと考えた「有効性」の面に対応し，IとLの機能要件は，バーナードのいう「能率」の面に対応する（パーソンズ＝スメルサー[1958]p.87）。バーナードの見解によると，組織化された協働行為によって目的が達成される程度を示す「有効性」と協働行為によって個人動機の満足が達成される程度を示す「能率」の達成が組織体の存続には必要である（バーナード[1956]pp.57-63）。それと同様に，社会システムの存続には，AGILの各機能要件の充足が必要である。そのためには，これらのAGILという機能要件を達成するためのサブシステムも必要である。それらのサブシステムを通じてAGILという機能要件が達成されるだけでなく，それらのサブシステムのあいだで，交互変換（interchange）の作用が及ぼされる。あるサブシステムの作動は他のサブシステムへ影響を及ぼし，それが他のサブシステムにも影響を及ぼすというように，交互に影響を及ぼし合っている。その際に影響を及ぼす媒体となるメディアがサブシステムごとに存在する。A体系が他の体系に影響を及ぼすときに用いるメディアは貨幣（効用）であり，G体系が他の体系に対して用いるメディアはパワーである。また，L体系が他の体系に影響を及ぼすときに用いるメディアは価値コミットメントであり，I体系が他の体系に対して用いるメディアは影響力である（パーソンズ[1978]p.127）。これらの各メディアは，各サブシステムが影響を及

ぼし合うときの「社会的言語」として活用され，動機づけ，資源動員，正統化，配分基準，支持，コミットメントなどの影響をサブシステム間で及ぼしている。

図2　企業諸活動を通じて達成されるべき諸課題

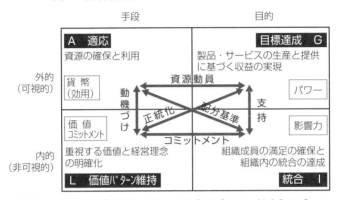

〔出所〕　パーソンズ[1958]p.103，中野[1999]p.64，松本[1993]p.53，パーソンズ[1973]p.346参照。

以下では，パーソンズのAGIL図式を念頭に置きつつ，企業が基本目的を達成するうえで重要な諸課題とは何なのかを考察していきたい。

1．経営資源の確保と活用

企業が基本目的を達成するうえで重要な課題の1つは，製品とサービスの生産を行うのに必要な設備や機械を整備するとともに，原材料や部品を手配することである。設備や機械，原材料や部品など各種の経営資源を確保し，その活用が図れるようにするといった可視的で手段志向的な課題を達成することにより，パーソンズが示したA機能要件（適応）が充足できる。

確保した資源の効果的活用により，企業組織が目指す「製品・サービスの生産と提供に基づく収益の実現」の達成も可能となる。この側面は，図2上部の水平方向の矢印が示す「資源動員」の関係に対応する。なお，資源のなかでもきわめて重要な側面としての人的資源の確保と活用について，わが国では，有望な人材を採用した後，長期雇用制度を通じて，長期的な視点から当該人材を

育成し，活用を図ろうとしてきた。その際，企業として重視すべき価値を内面化させ，それにより動機づけられた人的資源の活用を目指している。この面は図2左の垂直方向の矢印が示す「動機づけ」の関係に対応する。

2．製品やサービスの提供に基づく収益の実現

　企業が基本目的を達成するうえで重要な課題の1つは，製品とサービスの生産と提供に基づく収益の実現という課題である。それは，製品やサービスを提供するといった可視的で目的志向的な課題であり，パーソンズが示したG機能（目標達成）に当たる課題である。各種の資源や情報を活用しつつ，心理的エネルギーを注ぎ込んで，優れた製品・サービスの提供を実現させるのが企業の果たすべき課題の1つである。たとえば，製パン業の会社は，小麦粉，イースト菌，油脂などの資源を確保しつつ，パンづくりの情報を活かしながら，顧客が求めるパンを作り出している。自動車メーカーは，鋼板，変速機，ラジエーター，エンジン，タイヤなどの原材料，部品を手配し，それらを組み合わせて，高性能の車を生産している。ただし，こうした製品の生産活動は，各社による製品設計情報の物質や資源への転写であるとも考えられる（藤本[2004]p.88）。この見解にも示されているように，どのような製品・サービスを作りたいのかという情報や，それをどのような方法で作り出せばよいのかの情報を踏まえて，製品・サービスの提供が行われる。また，製品やサービスの生産と提供に当たって，原材料と部品を変換していくという過程が必要であり，生産活動とは物質の価値増大的変換過程を意味している（ボールディング[1964]p.11）。それは，図2上部の水平の矢印が表す「資源動員」の面によって示されている。また，企業が重視する価値や経営理念を踏まえて製品・サービスを生産し，提供を行うならば，それが正統化されることを図2での右上がりの矢印が示している。

3．組織成員の貢献の確保と企業組織の統合の達成

　企業が基本目的を達成するうえで重要な課題の1つは，組織成員のあいだの統合を達成するという課題である。それは，製品とサービスの提供というよう

な可視的なものではなく，むしろ非可視的なものである。また，企業組織としての統合とは，それを目的として目指すものでもある。それゆえ，この課題は非可視的で目的志向的な課題であり，これはパーソンズが示したI機能に対応する。この課題を達成するには，組織成員に対する適切な誘因の提示を通じて，貢献の確保を図ることが必要である。提供する誘因の原資は，企業組織が確保した各種の資源に基づくのであり，それを何らかの適切な基準に従って配分することにより，組織成員の満足の確保と組織としての統合が達成される。この面を示すのが，図2での右下がりの矢印が示す「配分基準」の関係である。なお，企業組織として重視する価値と経営理念に基づく影響を踏まえて，組織成員の貢献が引き出されるという面も見られる。それは，図2下部の水平の矢印が表す「コミットメント」の面によって説明される。また，組織としての統合が達成されている場合の組織の目標追求活動は組織成員から支持される。この面は，図2右の垂直の矢印が表す「支持」の関係によって説明できる。逆に言えば，組織内の統合に基づかない目標追求活動は支持されない。

4．重視する価値と経営理念の明確化

　企業が基本目的を達成するうえで重要な課題の1つは，企業組織として重視する価値と経営理念を明確化し，その価値パターンを企業組織内に内在化させるといった非可視的で手段志向的な課題であり，これはパーソンズが示したL機能に対応する。企業として重視する価値を明確化し，それを経営理念やビジョンとして表明することを通じて，重視する価値を企業内に定着させようとする。企業が重視する価値に基づいた製品・サービスの提供を行う場合，その取り組みは正統化される。また，社会全般あるいはターゲット顧客層が重視する価値がどのようなものかを把握し，把握した価値パターンの理解に基づいて，顧客ニーズに対応した製品・サービスを提供する場合，そうした試みも正統化される。この面は，図2での右上がりの矢印で示される「正統化」の関係によって説明できる。企業として重視する価値として，効率性の重視や新たな事態への対応の重視という価値や態度を内在化させることにより，適切な資源の

確保と利用への動機づけも高められる。この面は，図2の左の垂直の矢印が示す「動機づけ」の関係に対応する。

第4節　環境変化へ対応するうえで重要な諸課題

以上が，企業の基本目的を達成するうえで重要な諸課題である。ただし，企業組織は，変化が激しく多様な環境に直面しているので，そうした環境変化へ対応するうえで重要な諸課題にも取り組まなければならない。

1．効果的な市場取引の遂行

環境変化へ対応するうえで重要な課題の1つは，製品とサービスの提供を行うための各種市場での市場取引をより効果的なものとすることである。たとえば，原材料や部品などを確保するには，原材料・部品の供給主体と適切な関係を作りあげ，要素市場取引を効果的に遂行する必要がある。ただし，信頼できる原材料・部品の取引相手を通常の市場取引で確保するのが容易ではない場合，それらの原材料・部品供給企業を系列会社にしたりするという取引形態を作りあげようとする。自動車製造業者でそうした例が多く見られる。さらに，労働市場や金融市場などでも，企業活動に必要な人材や資金を適切に確保できるように取り組まなければならない。

また，製品市場での取引をより効果的に遂行することも求められる。まず，製品市場で，自社が生産した製品やサービスを順調に売りさばくには，まず市場で，どのようなニーズがあるのかを把握する必要がある。自社の製品やサービスが十分多くの顧客によって求められるようにするためのマーケティング活動も必要である。また，販売チャネルでの製品価格のコントロールが可能となるように，ブランドを確立させ，販売網を充実させる必要もある。

関連する各種市場との取引をより効果的なものとするには，市場取引活動の範囲自体も見直す必要がある。これまで自社が社内で担当していた活動の一部を外部委託（アウトソーシング）したり，逆に今まで市場取引していた分野を自

社生産としたり，子会社としたりする。企業境界を適切に設定することも効果的な市場取引の遂行を担保するうえで重要な課題である。

2．制度変化や技術変化への対応

　環境変化へ対応するうえで重要な次の課題は，各種の市場のあり方に影響を及ぼす制度変化や技術変化への対応を行うことである。企業が生産を行い，市場競争を繰り広げていくのに対して，各種の社会制度による制約が課せられている。企業が従業員を雇い入れるには，労働基準法，労働組合法，労働関係調整法など労働関係法規の遵守（コンプライアンス）が必要である。また，企業は，ライバル企業との激しい競争をできれば避けたいと考え，競争制限のための企業間協定（カルテルなど）の締結への誘惑に駆られる場合もあるが，そうした行為は，独占禁止法で禁じられている。企業活動は，このように法律で規制されるだけでなく，社会に内在する文化や伝統によっても規制されている。たとえば，わが国では，ライバル企業の製品を攻撃し，自社製品の優越をアピールするような攻撃的な広告は風土に合わないとして敬遠されている。ただし，現代経済社会では，グローバル化の進行を背景として，各種の制度が，労働関係法規を含めて大きく変化している。経済社会でのさまざまな制度変化に対応していかなければならない。

　また，経済社会では，技術上の根源的変化も生じている。IT化，デジタル化などの変化である。富士写真フイルムの場合，写真フィルムの売り上げが2000年をピークに，毎年3割も下落していった。デジタル化の大きな変化が生じていたのである。こうした根源的な技術変化への対応も必要である。

3．利害関係者（ステークホルダー）の要求への対応

　環境変化へ対応するうえで重要なもう1つの課題は，株主，経営者，従業員，原材料・部品供給業者，流通業者，消費者，さらに地域住民，政府，メディアなど多くの利害関係者（ステークホルダー）との関わり方を見直すことである。それらの利害関係者は，企業の諸活動の遂行に必要な各種の資源と情報をもた

らしている。必要な資源と情報の確保を図るのに，そうしたステークホルダーの要求への対応が重要である。ステークホルダーのなかには，短期的利益の獲得を目指すのではない固定的な株主や従業員のような存在も含まれ，それらは企業にとっては外部環境とは言えない存在である。ただし，それ以外の多くの利害関係者は，組織の発展には欠かせないが，組織にとって外部環境と見なすべき存在である。その意味で，利害関係者の要求への対応は外部環境への対処を行うという課題の1つなのである。利害関係者の企業組織に対する要求や関心は何なのかを解明し，それに対応していく必要がある。

株主は，株価の維持や配当に関心をもち，地域住民は，工場が騒音や有害物質の排出をしないことに関心をもち，政府は，企業が納税を行い，人々を雇用しているかに関心をもつ。それらの要求や関心を満たすように対応するとともに，それらへの対応を通じて企業活動の遂行に必要な資源，情報，心理的エネルギーの貢献が確かに得られるように取り組む必要がある。また各利害関係者への対応が全体として齟齬を生じさせないように調整を図るためにもステークホルダー・ガバナンスの体制を作りあげておく必要がある。

第5節　企業を発展させるうえで重要な諸課題

企業を取り巻く環境では変化が絶え間なく生じているので，企業としては，現在の企業活動のあり方がそのままでよいのかを検討し，将来に向けて企業を発展させるうえで重要な諸課題にも取り組む必要がある。

1．将来を見すえた投資活動

企業を発展させるうえで重要な課題の1つは，将来を見すえた投資活動を行うことである。企業目的の1つとしての企業成長を達成するには，各種の投資活動が必要である。そうした投資には，工場設備投資，研究開発投資，人材教育投資などがある。企業活動は，資源，情報，心理的エネルギーなどの要因を活用して遂行されるが，工場設備投資は企業の物的資源を，研究開発投資は企

業のもつ情報を，人材教育への投資は人材の心理的エネルギーを増強するためのものである。工場設備投資を通じて生産規模を拡大させ，規模の経済を実現させようとし，研究開発投資を通じて技術開発の推進を図り，イノベーションを実現させようとする。さらに，人材教育投資を通じて人材のスキルを高めようとする。ただし，一連の投資活動を裏づける資金調達活動も必要である。

企業の本質をゴーイング・コンサーンなる言葉で表現する場合があるが，その意味は，継続して発展し続けることを目指す企業経営体ということである。つまり，持続的に収益を確保していこうとする点に企業の本質の一面がある。企業がゴーイング・コンサーンとして発展し続けるには，企業が対処すべき重要諸課題を達成し続けなければならない。そのためには，各種の投資活動を行うことによって，諸活動の基盤を維持し続けることが必要である。長期的な視点に立った各種の投資が，企業を発展させるうえで不可欠なのである。

2．情報と知識の活用による適応と学習

企業を発展させるうえで重要な次の課題は，情報と知識の活用による適応と学習を達成することである。企業は，さまざまな業務活動を遂行するが，業務の遂行を通じて得た経験をもとに情報と知識を得て，それを業務に再適用することによって企業を発展させるのに役立てることができる。つまり，企業組織成員は，各人の業務活動を遂行するだけでなく，学習も行い，業務活動とそれがもたらす結果から，新しい知識を得ている（伊丹・加護野[2003]p.239）。能力の蓄積，技能の形成，知識の拡大，組織成員相互の面識，組織風土の会得，などの学習を，組織成員は，各人の業務活動を通じて行っている（伊丹・加護野[2003]p.240）。業務活動の遂行によって，現在のポテンシャルを顕在化させるとともに，学習によって将来のポテンシャルを高めている。

企業組織成員は，各自の業務活動を着実に遂行することにより不確実性を縮減させているが，それとともに各種環境のもとでの業務の遂行によって得られた多様な情報と知識を学習し，必要なときにその情報を活用した新たな対応を行うことにより，不確実性を削減し，企業の発展を実現させようとしている。

ルーマンによれば，不確実性を削減するための方法には，行為と経験という2つの方法がある。不確実性を削減するための取り組みが，そのシステム自身のせいだとする場合を「行為」，当該システムの環境のせいだとする場合を「経験」だと見なしている（ハーバーマス＝ルーマン[1984]（上）pp. 81-83，長岡[2006]p. 221）。この2つの区分と，前述の業務活動と学習という区分には，対応関係がある。業務活動の遂行については，不確実性の削減の根拠は当該主体の業務活動の遂行という行為自体に求められるのに対し，学習については，不確実性の削減の根拠は行為の結果として環境から得られる経験に求められるからである。もちろん，学習するということ自体も主体の行為の1つであるが，そこで得られる知識の根拠は，環境からの経験により得られたものである。

　企業としては，他社のベスト・プラクティスについての情報を入手し，それを取り入れて業務を改善しようとする場合もある。ベンチ・マーキングという手法では，他社の優れた業務手法と自社の業務手法との違いを比較検討することを通じて自社業務の問題点と改善の方向を明確にし，経営の革新につなげようとする。この場合も，他社の経験という知識を活用して不確実性の削減を図っている。

3．イノベーション（革新）の実現

　企業を発展させるうえで重要なもう1つの課題は，イノベーションの実現である。ある時点で有用と見なされた製品・サービスを提供し続けるだけでは，企業の役割を十分果たしているとは言えない。企業を取り巻く経済・社会・科学技術はめざましい速さで変化しているので，経済社会での変化を，いわば翻訳して，時代が求める製品やサービスに仕上げて提供するというイノベーション実現の役割が企業には求められている。たとえば，FedExが1963年に，ヤマト運輸が1964年に創始した宅配便は，小口荷物の配達のあり方を大きく変革した。ドラッカーによれば，企業は社会の「変革機関」なのであり，社会のあり方を変革する役割が期待されている[3]。マイクロソフト，グーグル，アマゾンなどの企業は，社会のあり方を変革してきたと言える。

第6節　諸課題達成を可能にする3組の企業活動

　第3節から第5節にかけて，3段階に区分して示した企業の諸課題に対して適切に対処していくには，事業内容を見直すとともに各種の企業活動を互いに関連しあうように遂行する必要がある。つまり，遂行しようとする企業諸活動がシステムとして整合性をもつようにすることが望ましい。ただし，システムのとらえ方には3つの立場がある。

　システムのとらえ方のなかで一番基本的な第1のシステム観とは，システムは，全体と部分から成るという考え方である（ルーマン[1993]pp.7-16）。人体を見ても，人間の全体は，手足や胴体，頭の部分に分かれ，神経系や循環器系などで結びつけられている。ただし，社会的なシステムについては，人体のような明確な実在物があるというよりも，一連の出来事の集合がシステムをなしていると考えるのが妥当である。企業システムの場合も，企業による活動の集合がシステムをなしていると考えられる。その企業活動のシステムについても，それを全体と部分に区分できる。

　第2のシステム観とは，システムは，それを取り巻く環境との関係でとらえられるという考え方である。人間の場合も，外界から酸素を取り入れ，さまざまな食物を取り入れている。企業活動のシステムも，環境への対処のための活動部分と企業内部の活動部分とに区分できる。

　第3のシステム観とは，システムとは，それ自体に基づいて，新たなシステムを自己準拠的に作り出すという考え方である。企業活動のシステムにも，現在の企業活動システムに基づいて，新たな企業活動システムを作り出している面がある。そのように，それ自体をもとにして，新たなものを作り出す操作を自己準拠と呼ぶことができる。企業活動のシステムにも，自己準拠的に新たな側面を生み出している面が見られる。

　これらの3つのシステム観に基づくと，3段階に区分した諸課題に対処するための企業諸活動を，3組の企業活動として理解できる。

1．経営管理活動と現場諸活動（主活動と支援活動）

システムは，全体と部分から成ると考える第1のシステム観に基づくと，企業活動のシステムは，全体を統括する活動と，そのもとでのいくつかの部分活動とに区分できる。つまり，企業活動システムは，現場での諸活動と，それを導く経営・管理の活動とに区分できる。現場の諸活動は，購買，開発，生産，販売・マーケティングなどの職能ごとに専門化された諸活動に区分され，これらの諸活動は，経営管理活動によって統括される。このように，企業活動のシステムは2層構造から成っていると考えられる。それを示すのが図3である。

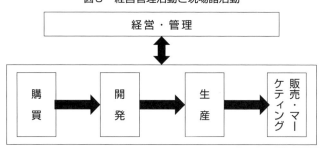

図3　経営管理活動と現場諸活動

〔出所〕　筆者が作成。

ファヨールは，企業の諸活動が，技術的活動，商業的活動，財務的活動，保全的活動，会計的活動などの基本職能に関わるものと，企業活動の全般的な計画を作成し，基本職能を調和させるための管理的活動に分けられることを示した（ファヨール[1972]pp.17-22，三谷[2013]p.54）。ポーターのバリューチェーン（第6章図3参照）での主活動と支援活動もそうした活動の2層構造を示している。また，戦略的意思決定と業務的意思決定という2つの層への区分を考えることもできるが，その両者のあいだに管理的意思決定があると考えて，企業での諸活動を3層から成ると考えるとらえ方もある（トンプソン[2012]pp.13-16）。

ところで，企業諸活動を導く経営管理活動自体も，いくつかの段階に区分される。つまり，計画，組織化，指令，調整，統制などの諸活動に区分される。これらの多段階から成る経営管理活動によって，多様な企業諸活動についての

調和が図られる。第3節で取り上げた企業基本目的達成のために取り組むべき諸課題はAGILに該当する諸活動によって解決される。そして，それらのAGILのあいだの交互変換の作用を促す活動も企業全体を俯瞰する活動として遂行されている。このように，企業活動のシステムは，企業全体を俯瞰して調整する経営管理活動と，現場諸活動との組み合わせとして理解できる。

2．企業内コア活動と環境対応（境界連結）活動

システムを，それを取り巻く環境との関係でとらえる第2のシステム観に基づくと，企業活動のシステムは，企業内での生産活動などの企業内コア活動と，環境対応（境界連結）活動とに区分できる。企業内コア活動を通じて生産活動を行うが，環境対応（境界連結）活動を通じて，原材料の仕入れなどのインプット活動とともに，製品の販売などのアウトプット活動を遂行しようとする。企業組織とは，コア・テクノロジーを用いた活動と境界連結活動の双方の結合成果なのである（トンプソン[2012]pp.105-113）。

図4　企業内コア活動と環境対応活動

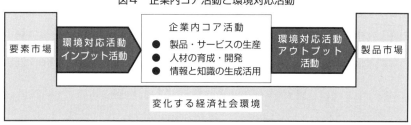

〔出所〕　筆者が作成。

こうした結合成果を高めるには，企業内コア活動に基づく生産活動を効果的に遂行するとともに，環境対応（境界連結）活動を行うための外部環境主体との関係を適切に形成しなければならない。つまり，企業目的を着実に達成していくには，企業内の業務活動の遂行だけでなく，企業を取り巻く環境への効果的な対応も必要である。第4節で取りあげた環境変化へ対応するための諸課題は，これらの環境対応（境界連結）活動によって対処することができる。つま

り，そうした環境対応活動を通じて，効果的な市場取引の遂行という課題も達成できる。さらに，制度変化と技術変化への対応という課題や，利害関係者の要求への対応という課題にも対処することができる。ただし，そうした取り組みとかみ合うような企業内コア活動の遂行も重要である。

3．現状維持活動と現状変革活動

システムには，現在のシステムに基づいて，より新たなシステムを作り出すという自己準拠的（self-referential）な面があると考える第3のシステム観に基づくと，企業活動のシステムは，現状維持の活動と，そうした現状維持活動に基づいて新たな形態生成を目指す現状変革活動とに区分できる。丸山[1987]も，形態維持（Morphostasis）活動と形態生成（Morphogenesis）活動とを区分した[4]。ウィーナー流のサイバネティクス論では，システムにおける逸脱を解消するためのネガティブ・フィードバックが及ぼされていると想定するが，丸山[1987]は，逸脱増幅的な相互的因果関係の研究を「セカンド・サイバネティクス」と呼び，逸脱増幅的な相互的因果関係が，世界の多くの現象や出来事にも働いていると主張した。こうした側面は企業システムにも多く見られる。独自能力を形成した企業が，その独自能力をますます強めていくような動きの場合であり，この面は，収穫逓増（increasing returns）という用語で語られてきた。

図5　形態維持活動に基づく形態生成活動

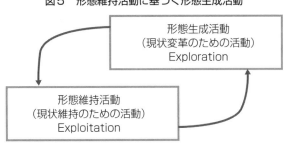

〔出所〕筆者が作成。なお，エッシャーによる，一方の手が他方の手を描いている作品（『描き合う両手』）を念頭に置いて図を作成した。マトゥラーナ＝ヴァレラ[1987] p.10参照。

企業の諸活動は，現在のシステムの働きを維持するための活動と，新たなシステムを作り出すための活動とに区分できる。こうした発想は，意思決定概念を示したサイモンにも見られ，定型的な意思決定と非定型的な意思決定との区分が示された (Simon[1960]p.48)。学習についてもシングル・ループ学習とダブル・ループ学習とが区分された (Argyris[1992]pp.67-69)。現状維持活動と現状変革活動との区分が，単なる二分法によるものではなく，一方は他方を踏まえて生み出されると考える場合，両者は自己準拠的に関連している。第5節で取り上げた企業発展のための諸課題については，現状維持活動と現状変革活動とを自己準拠的に関連づけることを通じて，その達成への道筋が示される。たとえば，将来を見すえた投資活動，情報と知識の活用による適応と学習の活動，イノベーションを実現させる活動などの諸課題は，基本的に現状を変革するための活動であると見なされる。こうした現状変革のための活動は，現状維持活動とは質的に異なるものであるが，現状維持活動がどのようなものであるかの把握を踏まえて初めてそれへの着手が可能となる面がある。

第7節　ま　と　め

　経済社会では，人間がもとは自然から得た資源に対して働きかける「労働」（資源処理）と，人と人とが情報を伝達し，理解を深める「コミュニケーション」（情報処理）活動とを遂行している[5]。労働とコミュニケーションを通じて，さまざまな情報をもとに資源の変換を行うことによって，生産活動を通じて価値の創造を行い，作り出した価値の分配を行い，消費を行うのが経済社会の本質的側面である。こういう経済社会のもとでの企業の役割とは，経済社会の本質的機能である生産機能を支えるための生産活動を行いつつ，そのために必要な経営資源の確保と活用を行い，企業組織の統合の達成を図り，企業組織として重視すべき価値パターンの内在化を図ることである。こうした企業活動を導く企業の基本目的とは，有用な製品とサービスの提供を行い，収益性の向上を図るとともに，企業の成長を目指すことである。

企業は，基本目的を達成すべく，取り組もうとする事業の枠組みを決め，資源，情報，心理的エネルギーなどの要因を活用しながら，さまざまな企業活動を展開している。たとえば，味の素は，食品事業において，食材，調味料などの「資源」，うま味を引き出すためのノウハウなどの「情報」，そして人々の食生活を支えようとする組織成員の「心理的エネルギー」などの諸要因を活用して，世界各地の人々が好む食品を提供し，企業としての発展を目指している。企業は，また，環境変化へ対応するために，効果的な市場取引の遂行に取り組むとともに，技術変化や制度変化への対応を行いつつ，ステークホルダーの要求にも対応しようとしている。さらに，企業は，企業を発展させるための諸課題として，将来を見すえた投資活動，情報と知識の活用による適応と学習，イノベーション（革新）の実現，などにも取り組んでいる。

　企業経営戦略とは，企業がその役割を果たし，基本目的を効果的に達成するための事業の枠組みを明らかにし，そのもとでの諸活動を方向づけるためのものである。次章では，企業がその経営戦略を形成するには，どのような取り組みが必要なのかを考察したい。

【注】
1) 伊丹・加護野[1993]pp.20-51参照。同書では，企業の本質についてのとらえ方を情報観，資源観，（心的）エネルギー観と区分している。なお，吉田[1974]は，情報－資源処理パラダイムを主張し，社会システムでは，情報処理プロセスに基づく資源処理が行われていると主張した。ただし，吉田[1974]では，心理的エネルギーの駆動は，情報処理の１つのカテゴリーと位置づけている。また，『新岩波講座 哲学 6 物質，生命，人間』では，生命を，物質系としての生命，エネルギー系としての生命，情報系としての生命と区分している。企業という生命体についても，物質系，エネルギー系，情報系と区分してとらえることができ，企業活動は，物質（資源），情報，エネルギーに関わっているととらえられる。
2) アリストテレス[1968]『自然学』第２巻第３章参照。
3) ドラッカー[1993]pp.112-113参照。ドラッカーは「変革機関」と対をなすものとして「維持機関」という概念を示し，家庭やコミュニティが社会のゆとり，豊かさ，まとまりなどを維持するのに役立つ「維持機関」の役割を果たしていると述べている。
4) 丸山[1987]p.79。
5) 吉田[1974]p.189では，社会的情報－資源処理システムなる社会概念を提示し，〈情報ならびに情報処理〉によって制御された一定の〈資源ならびに資源処理〉のシステムが一定の〈試行と選択淘汰〉を通じて変動し，その〈要件充足能力〉に成功または失敗して正または負の〈成長・発展〉を遂げることを主張した。

第1章

経営戦略の形成と見直し

第1節　戦略形成プロセスと設定される戦略内容

　現代経済社会のもとでの各企業は，不確実性，利害対立，想定外リスクの発生など多様な問題を含んだ環境状況に直面している。そうした環境状況を前にして企業がその基本目的を達成するには，種々の資源と情報を活用しつつ，組織成員の心理的エネルギーを動員させながら，各種事業を展開し，企業諸活動を遂行することが必要である。とはいえ，基本目的を達成するのに効果的な事業や企業活動とは何かが不明確な場合がある。そういう状況のもとで，取り組むべき事業や活動とは何かを示すものとして，経営戦略の形成が図られる。経営戦略論の創始者の1人と見なされるアンソフは，こうした戦略形成のプロセスを指して，戦略を「部分的無知の状態のもとでの意思決定のルール」と表現した。何が生じるのかが不明確な状況のもとでも，企業は，今後の方針を明確化させなければならない。そのためには，まず何を決定し，次に何を決定するか，など意思決定の進め方を定めておくことが必要である。このように，企業活動の方向性を意思決定により定めていく動的なプロセスを示すのが「経営戦略」という言葉であると考える場合がある。その場合，「経営戦略」という言葉は，「どのようにして」企業活動の方向性を定めるのかという戦略形成（Strategizing）プロセスを意味している。

　経営戦略という言葉が，他方で，設定される戦略（Strategy）内容を意味する場合もある。経営戦略とは，取り組もうとする事業と企業活動の方向づけを示すものだと見なされる。このような「経営戦略」という言葉の2つの側面は，

戦略形成（Strategizing）プロセスを通じて，戦略（Strategy）内容が定められるというように相互に関連している。そして，設定された戦略内容は，戦略実行プロセスを通じて実行に移される。両者の関連性は，図１-１で示されるように相互循環的である。

　戦略形成プロセスでは，関係者間のコミュニケーションを通じて，直面する環境状況の特徴や戦略的問題の解明が図られる。次に，解明された戦略的問題に対して，「どのようにして」対処するかについての対応策が模索される。そうした戦略形成プロセスの結果として，「何を」どうするかについての経営戦略内容が定められる。そのようにして定められた経営戦略内容は戦略実行プロセスを通じて実行に移される。こうした戦略的問題の解明→戦略形成プロセスの推進→経営戦略内容の決定→戦略実行プロセスの推進という循環的なプロセスを通じて，直面する問題に対処しうる経営戦略内容が決定され，戦略的問題の打開策として定められた戦略内容の実行が図られる。

図１-１　経営戦略形成・推進プロセスと経営戦略内容の決定との関連

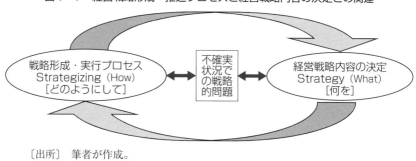

〔出所〕　筆者が作成。

第２節　経営戦略の形成プロセス

１．進化論プロセスとしての戦略形成プロセス

　戦略形成・実行プロセスの推進と経営戦略内容の決定との相互循環的な関連の背後にあるのは，企業環境における数多くの問題であり，それらの問題への

対処方針を示すものとして戦略が形成される。ただし，その戦略形成には，いくつかの段階にわたる取り組みが必要である。

まず，困難な状況を前にして，苦境打開の道筋とはいかなるものかについての模索が開始される。その模索プロセスでは，まず企業組織成員間での活発なコミュニケーションを行い，対処すべき問題は何なのかの解明を図る。対処すべき問題が何かの解明は，解決すべきイシューが何かの解明でもある。重要なイシューや問題が何なのかを明らかにできれば，それらへの対処や問題解決への取り組みを目的として設定できる。こうして取り組むべき目的を設定すると，次に，その目的を達成するための手段とは，何なのかについての検討を開始する。そうした目的達成のための方策は1つとは限らず，複数の担当者が，それぞれ独自な代替案を提唱する場合もある。そのようにして示された代替案について，どの代替案が問題解決に最も効果的なのかを，何らかの価値基準に基づいて評価する。ただし，その評価基準は，問題に関わる人や集団が誰であり，当該問題に対してどのような関心をもつかによって異なる。そこで，まず関係者とは誰なのか，その関係者の関心事は何なのかを解明する。そうした検討の結果，明らかとなった評価基準に基づき，関係者の了解が得られ，実行可能で有効な方策とは何なのかを明らかにする。こうして，もっとも適切な方策とは何なのかを明らかにした後，定めた方策についての実行を図る。

以上のプロセスは，コミュニケーション→問題の明確化→イシューの識別→目的の明確化→代替案の生成→評価→選択と表現される。このプロセスは，実は以下の図1-2で示すダーウィンの進化論プロセスとある意味で同型である。

図1-2　進化論プロセス

戦略形成プロセスでも進化論プロセスでも，環境変化が生じたのちに，何らかの代替案やバリエーションが生み出される。そのなかのあるものは高い評価

を受けたり,逆に淘汰されたりする。その結果として選択されたものを保持する取り組みも見られる。一連の動きが進化論プロセスとしてとらえられることを,ドナルド・キャンベルに代表される多くの論者が論じている[1]。サイモンのような意思決定論者の主張する代替案の生成→評価→選択というプロセスと,変異→選択→保持という進化論プロセスとでは,変異の生成や選択を主体的かつ意図的に行うのか,それとも偶発的なプロセスに委ねるのかの根本的な相違はあるとしても,変異生成→評価選択(淘汰)→保持という各段階をともに含むという意味で同型であると見なすことができる。

2.戦略形成プロセスの類型

　企業が戦略を形成するプロセスには,2つの対照的な類型がある。それは,計画的戦略形成プロセスと創発的戦略形成プロセスである。

(1) 計画的戦略形成プロセス

　計画的戦略形成プロセスでは,段階的アプローチを通じて,計画的に経営戦略内容を定めていく。まず定めるのは企業目標である。その目標内容は,収益性の向上だけではなく,多元的な内容を含む場合もある。次に,企業の現状と目標との差(ギャップ)を見積もり,そのギャップを縮小するためのアクションを考え出す。もし,そのアクションがギャップを縮小できるものであれば,それを採用し,そうでなければ新たな代替案を探索する。こうした取り組みを進めるに当たり,企業を取り巻く環境で生じている機会とはどのようなものかを外部評価するとともに,自社内部で形成した能力を内部評価する。企業外部と企業内部の両面についての評価に基づいて,多角化すべきかどうかを定める。その決定の後,規模拡大化戦略と多角化戦略についての方針を定め,各戦略の内容を定めていく(アンソフ[1969]p.34)。このように,計画的かつ段階的に戦略を形成していくなかで,以前の決定に疑問を生じさせる情報が示される場合がある。そのとき,当該情報を前の段階にフィードバックしたうえで,以前の選択に修正すべき点はなかったかの再検討を行う。その検討結果に基づいて,

必要な場合は，決定内容の修正を図る。図1-3の下部に示したフィードバック・ループがそうした最善の解決策を探索するためのプロセスを表している。

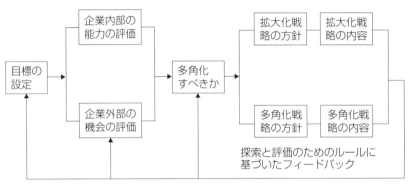

図1-3　計画的戦略形成プロセス

〔出所〕　アンソフ[1969]p.34の図を一部修正。

Andrews[1980]が示した戦略形成プロセスでは，戦略策定の段階と実行の段階とを区分している。戦略策定の段階では，環境における機会と脅威の内容を明確化するとともに，企業の物的，技術的，財務的，経済的資源とはどのようなものかを明らかにする。さらに，経営陣の価値観と熱望，および社会に対する非経済的責任も明らかにする。こうした一連の諸側面を勘案して，戦略の策定を図る。戦略実行の段階では，組織構造を形成するとともに組織プロセスを整備し，リーダーシップを行使して戦略の実行を図る（Andrews[1980]p.28）。

(2) 創発的戦略形成プロセス

創発的戦略形成プロセスでは，最初は想定もしなかった戦略内容が試行錯誤を重ねるなかから事前に計画することなく，定められる。この創発的戦略形成プロセスの一例は，ロジカル・インクリメンタリズム（論理的漸進主義）に基づく戦略形成プロセスである。企業は，情報不足や不確実性のもとでは「試行錯誤的」な方法を取らざるを得ず，インクリメンタル（漸進的）に戦略変更を積み重ねる。ただし，その戦略変更を単なる場当たり主義ではなく，ある種の

「ロジカル」な観点に基づいて行うとき，一連の取り組みのあいだでの相互作用を通じて「良い戦略」が創発してくる場合がある。こうしたプロセスは，政治学者のリンドブロムが「マドリング・スルー」と表現したものであり，「泥道をもがき苦しみながら，前に進んでいく状態」を示している。

創発的戦略形成プロセスが，ルース・カップリングな組織のなかで進められる場合もある。ルース・カップリングな組織とは，いくつかの部門が緩やかに連結された組織を意味し，組織が厳密に組み立てられ，予め定めた下位目標を達成するための諸部門が整然と編成されるというタイト・カップリングな組織とは対照的な様相を意味する。ルース・カップリングな組織では，目標をいったん定めても，その目標にこだわらず，いろいろな可能性を試していく。そこでは，直観を重視しつつ，現行の概念図式からはみ出たものも無視することなく考慮に入れ，記憶を敵として，首尾一貫性や合理性には必ずしもこだわらない。組織をルース・カップリングにするため，組織各部門に自由裁量を許容して，多様な試行錯誤を自律的に行わせる場合もある。スカンクワーク（自由裁量活動）の許容や３Ｍの15％ルールなどの制度に基づいて，試行錯誤を盛んに行わせる場合もある。そのなかで成功した取り組みをさらに発展させるという仕方で創発的戦略形成プロセスの推進が図られる。

図1-4　創発的戦略形成プロセス

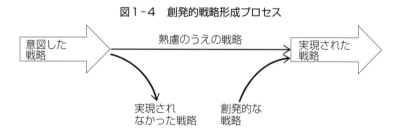

〔出所〕　Mintzberg and Waters［1985］p. 258参照。

創発的戦略形成プロセスがどのように進展するかを，Mintzberg and Waters［1985］が示している。そのプロセスの当初では，意図した戦略が打ち出される。ただし，意図した戦略がそのまま実行されるとは限らない。意図し

た戦略の一部は，実現されなかった戦略として捨て去られる。その代わり，当初は思いもよらなかった案が創発的な戦略として現われてきて，当初の想定とは異なる戦略が実現される。このように，創発的な戦略形成プロセスでは，意図した戦略，実現されなかった戦略，熟慮のうえの戦略，創発的な戦略，実現された戦略などが次々と生み出される[2]。

　ホンダが米国オートバイ市場へ参入したときの取り組みも，創発的戦略形成プロセスの枠組みで説明できる（Pascale[1984]pp.51-56）。1970年代当初，ホンダはエンジン排気量が250ccと350ccの大型オートバイを米国市場で売り込む戦略に着手した。大型バイクは順調に売れ始めたが，現地では，当初に想像していた以上に，長距離を高速で走るため，オイル漏れ，クラッチ摩耗が発生し，修理のための経費増に直面した。こういう状況を打開すべく，ホンダの販売スタッフは，50ccのスーパーカブを用いて修理への対応に走り回っていた。それが米国のバイヤーの目にとまり，スーパーカブは販売しないのかとの問い合わせが来た。その問い合わせを受けて，大型バイク販売の難航で資金繰りに苦慮していたホンダは，事前の方針にはなかったスーパーカブの販売を開始し，売り上げの急増を達成した。こうした経緯を経て，スーパーカブを米国で販売するという戦略が，当初は意図していなかったのに生み出された。

　以上で述べたように，計画的戦略形成プロセスや創発的戦略形成プロセスを通じて，経営戦略内容が形成される。2つの戦略形成プロセスを，戦略形成の主体，思考法，様式，論者などの点について対比したのが表1-1である。

表1-1　戦略形成プロセスの2つの類型

	計画的戦略形成プロセス	創発的戦略形成プロセス
主　　体	トップ・マネジメント，戦略スタッフ	ミドル，現場
思考法	演繹的	帰納的
様　　式	トップダウン，公式的戦略策定，タイト・カップリング	ボトムアップ，グラスルーツ，ルース・カップリング
論　　者	アンドリュース，アンソフ，ホファー＝シェンデル	リンドブロム，ミンツバーグ，ワイク

〔出所〕　筆者が作成。

第3節　3つのレベルで形成される経営戦略

　以上で示した戦略形成プロセスを通じて，企業諸活動の方針設定の基盤となる経営戦略内容が定められる。ただし，企業は，全社の方向づけに関する活動，個々の事業における競争優位獲得の活動，各種職務の業務遂行に関する活動，などいくつかのレベルで企業活動を遂行している。それゆえ，それぞれのレベルごとに企業諸活動の方針設定を行う必要があり，各レベルでの経営戦略形成が必要とされる。

　企業が遂行する諸活動のなかには，現場レベルでの各種職能に関する企業活動として遂行するものがある。それらは，生産，販売，研究開発などの職能を果たすための，生産活動，販売活動，研究開発活動などである。これらの職能活動ごとの方針を示すべく設定される戦略を職能別戦略と呼ぶ。

　次に，企業が遂行する諸活動のなかには，企業が関わる各種の事業の運営のために遂行するものもある。各種の事業をどのように運営し，競争していくかの方針を定めたり，競争優位をどのように確立するかの方針を定めたりする活動である。こうした事業レベルでの諸活動の方針を示すために設定するのが事業戦略であり，競争戦略とも呼ぶ。

　さらに複数の事業を展開する企業の場合は，複数事業を全体として統合するための諸活動に取り組んでいる。そうした企業全体としての各種事業への取り組みの方針を示そうとするのが全社レベルの戦略であり，全社戦略，あるいは企業戦略と呼ぶ。全社戦略を通じて，どの事業分野を企業活動分野に含めるのが良いかを検討し，有望と判断した事業へは新規参入を試み，多角化を図る。

　このように，経営戦略には，全社戦略，事業戦略，職能別戦略などの異なるレベルの戦略が存在し，これらの全社戦略，事業戦略，職能別戦略は階層をなしている。全社戦略がもっとも上位の戦略であり，そのもとで事業戦略が設定される。また，各種職能活動は，全社戦略や事業戦略を踏まえて展開されるので，職能別戦略は，全社戦略あるいは事業戦略のもとで設定される。

これらの3つのレベルの戦略内容を定めるべく，さまざまな意思決定が行われる。そのなかで，特に環境変化への対応を図るために行う意思決定が戦略的意思決定である。他方，現場での各種の職能や業務について行うのが業務的意思決定である。3つのレベルの戦略を比較すると，全社戦略では戦略的意思決定の比率が高く，職能別戦略では業務的意思決定の比率が高い。とはいえ，マーケティングや研究開発などの職能別戦略については，「部分的無知のもとでの意思決定ルール」としての戦略に基づいた決定がしばしば求められる。

　全社戦略を通じて「どこで競争するか」を決め，競争戦略によって「いかに競争するか」の方針を定め，職能別戦略に基づいて「各職能分野で何をすべきか」を検討することにより，ガイドラインや見取り図としての「経営戦略」を具体的な活動に結びつけていくことができる（網倉・新宅［2011］p.12）。

　ホンダの場合，全社戦略としては，自動車事業だけでなく，ロボット事業，航空機事業，さらにはソーラー事業などを手がけている。また事業戦略としては，自動車事業やロボット事業，航空機事業についての事業戦略ないし競争戦略をどのように運営し，競争していくかに関する方針を定め，競争優位をどの点で確立するかを定めている。さらに職能別戦略としては，生産，デザイン，マーケティングのそれぞれについて取り組んでいる。表1-2では，各レベルでの戦略の内容とホンダの場合の例を示している。

表1-2　各レベルの経営戦略

	戦略の内容	ホンダの場合
全社戦略	企業全体としての活動領域の設定，新規事業への進出や既存事業からの撤退，多角化，垂直統合などの意思決定	自動車事業＋ロボット事業＋航空機事業＋ソーラー事業などの事業全体，F1へ復帰
事業戦略	各事業をどのように運営し，競争していくかに関する方針，競争優位をどの点で確立するかについての戦略	自動車事業や航空機事業それぞれについての競争戦略
職能別戦略	企業が職能ごとに展開する活動をどのような方針で取り組むのかを示したもの，研究開発，購買，生産，販売，マーケティング，財務，人事などに対する戦略	職能ごとに重点が異なる，生産の場合は，効率やコスト，マーケティングの場合は，顧客ニーズの把握とそれへの対応に重点，デザインについても独自戦略

〔出所〕　筆者が作成。

第4節　経営戦略形成のために取り組むべき基本諸課題

「有用な製品とサービスの提供」「収益性の向上」「企業成長の達成」などの基本目的を達成するには，各種企業活動の遂行が必要である。ただし，変化する企業環境のもとで企業の基本目的を効果的に達成するには，遂行すべき企業活動に対する適切な方針設定が必要である。こうした企業諸活動の方針を示す経営戦略を形成するには，まず企業を取り巻く環境動向の解明が必要である。その解明に基づいて，自社が企業諸活動を展開しようとする事業活動領域（企業ドメイン）を定めることも必要である。自社の事業を通じて，どのような経営理念やビジョンを実現させたいのかも明確にしなければならない。さらに，有用な製品とサービスの提供に必要な経営資源を確保し，活用を図ることも必要である。また，製品やサービスを提供するうえでの，他企業に対する競争優位獲得の方針や，場合によって提携に取り組む方針も定めなければならない。さらに，一連の企業活動を結合させたビジネスモデルの形成を行わなければならない。また，イノベーションに取り組むことも求められる。以下に示すのは，経営戦略形成のために取り組むべき基本諸課題の概要である。

1．企業環境動向の解明

企業を取り巻く環境ではさまざまな変化が生じており，有望な機会とともに，潜在的な脅威も現われている。こうした有望な機会や潜在的な脅威の内容の解明を通じて，企業諸活動を遂行するうえでの方針を明確化できる。経営戦略形成のために取り組むべき第1の基本課題は，企業環境動向の解明である。

企業を取り巻く環境の特徴は，企業に対して資源と情報をもたらすことである。企業環境は，人的資源，物的資源などの重要な資源を企業に対してもたらすだけではなく，さまざまな情報を企業に対してもたらしている。企業は，そういう企業環境に対して資源依存性と情報不確実性を見いだしており，その資源依存性と情報不確実性の程度に応じて，企業活動に対する心理的エネルギー

の程度や方向が形成される。組織成員の心理的エネルギーを活性化する経営戦略の形成には，まず企業環境がどのようなものかの解明が必要である。

2．企業ドメインの設定

　自社が利用しうる資源と情報を効果的に活用できる領域であり，しかも組織成員の心理的エネルギーを結集して取り組もうとする活動領域を企業ドメインと呼ぶ。企業を取り巻く環境のなかに設定した企業ドメインの枠内で，自社の基本目的を達成するための企業諸活動が反復的に遂行されている。経営戦略形成のために，次に着手すべき第2の基本課題は企業ドメインの設定である。

　ある企業の企業ドメインは，提供しようとする製品・サービスの内容はいかなるものか，その製品・サービスをどのような顧客層や市場セグメントをターゲットとして提供するのか，その際どのようなテクノロジーを用いるのか，さらに流通経路など製品・サービスの提供に必要な一連の活動のどの部分までを自社で手がけるのか，などによって特徴づけられる。継続的に自社活動を繰り広げる活動領域の全体が企業ドメインであり，企業ドメインを定めることを「ドメインの定義」と呼ぶ。この「ドメインの定義」によって，自社がどのようなビジネスに関わり，どのような領域で企業としての組織的な活動を行うかを明確化できる。企業を取り巻く経営環境がさまざまな変化を示すなかで，自社ビジネスの遂行に必要な諸活動の継続的展開領域を企業ドメイン（活動領域）として設定することが経営戦略の形成には不可欠である。企業ドメインの設定に当たって，発展性のある活動分野（ポジション）への企業ドメインの設定が何よりも重要だと考える立場をポジショニング視角と呼ぶ。

3．経営理念とビジョンの明確化

　経営戦略形成のために取り組むべき第3の基本課題は，企業がビジネスを展開するうえで重視する価値は何なのかを定め，それを経営理念やビジョンとして提示することである。経営理念は企業にとって望ましい価値基準を示し，ビジョンはそうした価値基準から見て望ましい企業像を示している。明確な経営

理念とビジョンの提示を通じて，企業としていかなる価値を重視しようとするのかを明確化でき，それに共感する利害関係者の企業組織に対する支援や貢献への心理的エネルギーを高めることができる。また，企業が「有用な製品とサービスの提供」という基本目的を達成するべく，提供する製品やサービスの内容を定める際は，自社が定めた経営理念やビジョンを反映したものとなるように配慮する。このように，経営理念やビジョンの明確化によって，自社の各種企業活動の遂行に当たって重視しようとする価値とは何かが象徴的に示される。そうした重視すべき価値の明確化が経営戦略の形成には不可欠である。

4．経営資源の確保と活用

ある事業領域で企業活動を展開し，特定の製品・サービスを提供していくには，そのための活動を支えるヒト，モノ，カネ，情報などの経営資源の確保と活用が必要である。それゆえ，経営戦略形成のために取り組むべき第4の基本課題は，自社製品・サービスの提供に必要な経営資源の内容を定め，実際に経営資源を確保し，その活用を図るうえでの方針を定めることである。必要な経営資源として，ヒトについては管理者能力，専門職，モノについては工場設備や機械，カネについては各種資金，情報については技術能力やブランド資産などさまざまなものがある。

経営資源とは，市場で取引できるありふれた資源ではなく，時間をかけて作りあげた企業に独自な資源であり，模倣が困難なものである。こうした経営資源の活用によって，各種の組織能力を形成でき，「有用な製品とサービスの提供」「収益性の向上」「企業成長の達成」をもたらす企業活動の遂行が可能となる。このように，企業活動の展開に当たり，当該企業が有する経営資源が重要な働きをすると考える立場を資源ベース視角と呼ぶ。資源ベース視角の観点からも経営資源の確保と活用への取り組みが経営戦略の形成には不可欠である。なぜならば，経営資源の確保と活用を行わなければ，企業活動を遂行できないからである。また，経営資源は市場で容易に購入できるものではなく，それを作りあげるには時間がかかるものである。明確な方針をもって，経営資源の確

保と活用を図らなければ，競争優位が獲得できる企業諸活動を遂行できないのである。

5．競争戦略の方針決定

　設定した企業ドメインでの諸活動を通じて，「有用な製品やサービスの提供」「収益性の追求」などの企業の基本目的を達成するには，市場競争上の競争優位の獲得が必要である。そのためには，製品品質，価格決定，広告戦略などに対する明確な競争上の方針を定めなければならない。こうした競争戦略の方針決定が，経営戦略形成のために取り組むべき第5の基本課題である。効果的な競争戦略を設定すれば，競争優位獲得へ向けて自社が活用できる資源，情報，心理的エネルギーを効果的に動員できる。ただし，企業が動員できる資源，情報，心理的エネルギーの質や量には制約がある。しかも，業界ではさまざまな競争諸力による競争圧力が及ぼされている。そうした競争圧力に対処しつつ効果的に競争を展開するには，コスト・価格の安さなどでアピールする，品質の独自性などで差別化を図る，それとも他社が目を向けない独自のマーケットに的を絞った取り組みを行う，など，焦点を絞った競争戦略の設定が必要である。競争の方針があいまいな場合は，競争優位が得られず，良い経営成果が得られない。経営戦略を設定するのは，高い成果を上げたいからであるが，競争戦略が不適切であると満足できる成果を上げられないので，競争戦略の方針決定は，経営戦略の形成においてきわめて重要な課題である。

6．提携（アライアンス）戦略の方針決定

　他企業との競争だけではなく，多様な形態の提携（アライアンス）を活用することも重要である。提携（アライアンス）戦略の活用によって，自社の競争戦略上の弱点を補強しつつ，本来の強みをより効果的に活かすことができる。企業としては，動員できる資源，情報，心理的エネルギーの質や量に制約があるなかで，提携行動を活用するならば，動員できる資源，情報，心理的エネルギーの幅を増大できる。経営戦略形成のために取り組むべき第6の基本課題は，

各種の提携行動の方針決定である。

　企業が提携（アライアンス）に踏み切る動機には，内部的動機，外部的動機，戦略的動機の3つがある。自社内部の現状に不十分な面があり，それを解消するために提携に取り組むのが内部的動機である。それに対し，自社の外部に有望な機会が生じたり，対処すべき脅威が現われたりするとき，それに対処するには提携が良いと判断して取り組もうとするのが外部的動機である。戦略的動機とは，学習の達成と知識の入手などの特定の目的を達成するために提携へ取り組もうとすることである。

7．ビジネスモデルの形成と革新

　経営戦略の形成を通じて達成を目指すのは，競争優位の獲得である。ところで，企業に競争優位をもたらすのは，外部環境のなかに見いだした絶好の領域への自社活動領域のポジショニングだという考え方と，経営資源ベースの強みの活用だという相対立した考え方がある。それらのいずれか一方ではなく，双方の考え方を取り入れ，各種企業活動を効果的に結合したビジネスモデルの形成こそが競争優位をもたらすという考え方が示されてきた。つまり，絶好のポジションの選択や，良質の経営資源ベースの活用などの単一側面だけに基づいてビジネスの成功を達成しようとするのではなく，事業遂行に関わる多くの側面を効果的に結合する仕組みを作ることにこそビジネスの成功の基盤があるという考え方である。そのように考えると，企業が経営戦略形成のために取り組むべき第7の基本課題は，効果的なビジネスモデルの形成と革新である。この課題を達成するには，まず有用な製品とサービスを提供するのに必要な部分を確立しなければならない。それには，経営資源の確保とともに，コア活動プロセスの確立が必要である。それに加えて，変動的な環境に直面しても対処できるように，顧客とのインターフェースや供給業者とのインターフェースを確立することも必要である。さらに，収益性の追求が可能となる仕組みの工夫も必要である。こうした構成要素に基づくビジネスモデルを形成するだけでなく，その革新を目指すことも必要である。企業活動システムの再構成や経営資源保

有の仕方の工夫，顧客価値の見直しを通じてビジネスモデルの革新を試みることにより，経営戦略をより効果的なものにできる。

8．イノベーションへの取り組み

環境変化に直面しながらも企業が発展を続けるには，提供する製品とサービスをより良いものとするための製品イノベーションへの取り組みや，そうした製品をより安く製造するための工程イノベーションへの取り組みが必要不可欠である。経営戦略形成のために取り組むべき第8の基本課題はイノベーションへの取り組みの方針を定めることである。

提供しようとする製品とサービスについてのイノベーションだけが重要なのではない。経営戦略の要素をなす企業ドメイン，経営理念とビジョン，経営資源，ビジネスモデルのそれぞれについて，企業環境動向の変化に対応しうるように新たな姿を作り出すことが必要であり，企業全体の新たな姿を作り出すようなイノベーションも必要である。

以上で示した経営戦略の形成に必要な諸課題の相互関連を示したものが以下の図である。その図1-5で示したそれぞれの課題に対して適切に取り組んでいくことが経営戦略の形成に当たって必要とされる。

図1-5　経営戦略形成のために取り組みが必要な基本諸課題

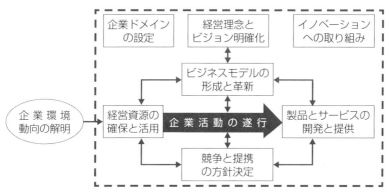

〔出所〕　筆者が作成。

9．経営戦略諸側面についての一貫性の実現

　以上の諸課題への取り組みを通じて，経営戦略の基本諸側面が定められる。その際，これらの経営戦略諸側面は相互に関連性をもつように定められる。たとえば企業ドメインは，企業環境動向の解明に基づいて設定される。企業ドメインのもとでの企業活動の遂行は，経営理念とビジョンによって導かれる。企業活動の遂行が可能となるように，経営資源の確保と活用が行われ，製品とサービスの開発と提供が可能となるように，企業諸活動が遂行される。

　ただし，企業の基本目的をより効果的に達成する経営戦略を作りあげるには，本来，関連性をもって定められる経営戦略諸側面それぞれの相互関係をより一貫性の高いものとすることが必要である。そのためには，形成しようとする経営戦略それ自体が1つのシステムであるのを想起するのが良い。そうするならば，経営戦略諸側面についての一貫性を高める方策を，序章でも述べた3つのシステム観の立場に基づいて提示することができる。

　第1のシステム観は，全体－部分というシステム観である。このシステム観に立つならば，各社の経営戦略の全体像を特徴づけるものとして，経営理念やビジョン，あるいはコア・コンピタンスを想定し，これらの全体像に適合する各部分として，経営戦略諸側面のあり方を定めるという方針のもとに，経営戦略諸側面についての一貫性を高めることができる。

　第2のシステム観は，システム－環境というシステム観である。この観点に立つものとして，アンソフ[1969]の見解が挙げられる。アンソフによると，経営戦略とは，経営環境と企業システムとのベスト・マッチを見いだすためのものである。この立場に基づいて，環境変化への対応という観点のもとに経営戦略諸側面のあり方を定めることによって経営戦略諸側面についての一貫性を高めることができる。

　第3のシステム観は，既存のシステムに基づいて新たなシステムが創出されると考える自己準拠的システム観である。この立場に基づいて，まず自社の経営理念やコア・コンピタンスなど，何が守るべきコアなのかを明らかにし，そうした「コア」について「コア徹底活用」重視の立場をまず確立する。それと

ともに，環境変化などに対応すべく企業のあり方を変えていこうとする「探索」「変革」重視の立場にも目を向ける。そのうえで，両者を自己準拠システムとして関連づけながら経営戦略諸側面のあり方を定めていくことによって経営戦略諸側面についての一貫性を高めることができる。

　March[1991]によると，環境変化への適応プロセスでの中心的な関心事は，今までの経験や実績の活用（exploitation）と新たな機会の探索（exploration）の割合を定めることである。「経験や実績の活用（コア徹底活用）」として取り組まれるのは，洗練化，選択，生産，効率性，セレクション，実行などである。他方，「探索」として取り組まれるのは，調査，バリエーション創出，リスク・テイキング，実験，フレキシビリティ，発見，イノベーションなどである（March[1991]p.71）。「コア徹底活用」と「探索」とはトレードオフの関係にあるのを認識しつつ，両者の最適バランスを実現しようとする立場は，「コア徹底活用」を基軸として，それに「探索」を加味していくという自己準拠システムの観点に立ったものであり，この観点から，経営戦略諸側面についての一貫性を高めることができる。

第5節　経営戦略の妥当性を見直すうえでの基本的観点

　企業を取り巻く環境では絶えざる変化が生じている。そのため，今までの経営戦略は効果的なものであり続けているのか，何らかの問題が生じ始めていないのか，などの検討を行い，経営戦略の見直しを行う必要がある。

1．経営戦略の検討を迫る戦略的問題の明確化

　企業環境変化にともない，対処が困難な新たな問題が頻発している。諸問題のなかで，企業に対して重大な影響をもたらしかねない問題を戦略的問題，それに対処するうえでの根幹となる要因を戦略的要因と呼ぶことができる。戦略的問題や戦略的要因が何であるかの解明に当たっては，従来までの思い込みを捨て，実態を改めて見つめ直すという現象学的態度が必要とされる[3]。本当は

何が問題なのかを現象学的な探究を通じて，新たな観点からとらえ直すことが必要である。企業組織を取り巻く環境に出現してきた戦略的問題という「始末におえない複雑性」とは何なのかの問いかけをきっかけとして，企業システムの問題点をめぐるコミュニケーションを活発化でき，現在の企業システムをめぐる戦略的問題の打開策を考察し始めることができる。

　2013年に，数多くの鉄道路線を運営し，プロ野球球団も経営する西武鉄道に対し，同社の筆頭株主である投資ファンド企業のサーベラスが，経営合理化の一環として，路線の一部の廃止とプロ野球球団の売却を要求する事態が生じた。出資者としての投資ファンド企業から見たときの同社の経営のあり方についての問題が提起された。ただし，ファンド企業の言うように路線の一部を廃止し，プロ野球球団を売却するならば，地域住民や球団ファンの便益と楽しみを奪うことになりかねず，重大な問題を生じさせる。西武鉄道がプロ野球球団を保有し続けることの意味は何なのかという問題をめぐって，現状の企業システムを多様な観点からとらえ直す必要性についての問題提起がなされた。

　その他にも，阪神電鉄と阪急電鉄とを統合して阪急阪神ホールディングスを形成する戦略的決断のきっかけとなった2005年における村上ファンドによる阪神電鉄の買収問題も，同社に対する環境の側からの戦略的問題の提起であった。こうした戦略的問題の提起を踏まえて，当該企業システムの脆弱性などをめぐって，今まで考えもしなかった観点から当該企業組織に何らかの問題がないのかの検討が開始される。阪神電鉄の場合は，村上ファンドによる阪神電鉄の買収という問題提起がなければ生じなかったはずの阪急阪神ホールディングスの誕生という事態が結果としてもたらされた。

　以上のように，企業を取り巻く環境の変化，たとえば，グローバル化の進展やファンド企業の影響力が増大する金融資本主義の進展などによって，さまざまな問題がもたらされるとともに，新たな可能性が生じ始める。それとともに，企業の諸活動のもつ「意味」内容が変化してくる。企業を取り巻く環境での変化によって重要性が高まってきた「意味」を手がかりとして，各企業は経営戦略諸側面に関する各種の問題を意識し始め，その克服に取り組もうとし始める。

たとえば，地球温暖化やエネルギー不足が明らかになっている現状では，「省エネ」の意味の重要性が飛躍的に高まっている。

２．３つの意味次元での経営戦略諸側面妥当性の検討

　企業環境変化に直面して，経営戦略のあり方は現状のままでよいのか，改善の余地はないのかを，「意味」を手がかりに探求するという方法が考えられる。それでは，何についての「意味」を問えばよいのかについて，企業自体は，生命と物質の再生産の営みを行う経済社会の一員であることから，生命や物質の再生産を行うことがらについての意味，つまり事物次元での意味を問わざるを得ない。また，経済社会はその活動を通じて，多くの人々の暮らしに関わっているので，この面の意味も問わざるを得ない。それは，人と人とのあいだに関わることであり，社会的次元での意味も問わざるを得ない。また経済社会はその営みを将来にわたって続けていくものなので，時間の面での持続性が問われる。つまり，時間次元での意味も重要である。要するに，変化する経済社会での企業のあり方を方向づける経営戦略については，事物次元，社会的次元，時間次元の各立場からその妥当性を検討することが必要である[4]。

　事物次元の立場からの妥当性の検討とは，経営戦略諸側面が，何をどうしようとしているのかという面に焦点を合わせてそれが意味を有するかどうかを明らかにすることである。経営戦略を通じて定めようとすること（What，Which，Howなど）とは何なのか，それは意味のある取り組みなのかを問い直すのである。企業ドメインの妥当性を検討する場合には，企業ドメインとして関わる業界は競争が厳し過ぎないのか，成長性があるのか，提供する製品・サービスはコスト面で競争力があるのか，品質面で優れているのか，その際，どのような生産と流通に関わる技術を選択しているのか，など事物次元上で意味のある差異が形成されているかどうかを検討する。競争戦略の妥当性を検討する場合には，競争優位，コストダウン，品質差別化などについて意味ある差異が形成されているかどうかを検討するのである。

　次に，社会的次元の立場からの妥当性の検討とは，経営戦略の諸側面が，誰

にとって，どういう関わりをもつかという面に焦点を合わせて，それが意味を有するかどうかを明らかにすることである。この社会的次元の立場から検討すべきことは，経営戦略の基本諸側面が利害関係者に対してどのように関わり，それが妥当性をもつのかという点である。この点が重要なのは，ある経営戦略上の諸施策のもつ意味は関係者ごとに大きく異なるためである。それゆえ，顧客や取引企業など種々の社会層が経営戦略のあり方に対してどういう関心をもち，いかなる意味を見いだしているかを解明することが必要である。この社会的次元の立場からの検討には，関係者とのコミュニケーションを通じた問題点の解明が必要である。そのためには，顧客や取引先との，さらには社内の組織成員同士のコミュニケーションのあり方についても検討を行い，顧客満足，従業員ロイヤルティ，取引先からの信頼などの点で意味のある経営戦略の設定が行われているかどうかについての妥当性を検討する必要がある。

さらに，時間次元の立場からの検討とは，経営戦略の諸側面について，いつ（When），あるいは，いつまでにという形式で定められていることに焦点を合わせて，それが意味を有するかどうかを明らかにすることである。経営戦略上の諸施策が時間次元に関わっている場合，それが意味のあるものか，妥当性をもつものか，を検討するのである。現在から将来にかけて，企業の能力を高められているか，またブランド力を構築できているか，時間を通じての取り組みを可能にする理念を浸透させているか，などを問い直すのである。タイムリーなアクション，持続可能性，柔軟性などの点で意味ある活動が行われているかどうかも問い直す必要がある。時間次元の立場から，現在の状態についての情報を把握し，それを意思決定主体にフィードバックさせることによって，将来へ向けての改善を図り，時間を通じての進化を推進させることができる。どの程度，意図的に長期計画を設定しているか，どの程度，成長性が見込め，持続的発展性が見込める経営戦略となっているかも，経営戦略が時間次元の立場から見て意味あるものかどうかを検討するときに重要な点である。

問題を含んだ複雑な環境のもとで，経営戦略基本諸側面のそれぞれが，事物次元，社会的次元，時間次元の立場から見て意味のある設定が行われているか

どうかの検討を通じて，当初の思い込みにとらわれない，しかも多くの社会層にも歓迎され，時間的にも発展が可能な経営戦略を形成できる[5]。経営戦略基本諸側面のそれぞれについて，3つの意味次元から見て検討すべき事項とは何なのかを示したのが表1-3である。

表1-3　3つの意味次元での経営戦略諸側面妥当性の検討

	事物次元での検討事項	社会的次元での検討事項	時間次元での検討事項
重要点	特定化	コミュニケーション	進化
企業ドメインの設定と変革	事業，業界の特徴，提供製品・サービスの特徴，テクノロジー，垂直統合度，規模の経済	顧客層，社会層，市場の地理的範囲，ドメイン・コンセンサス，ステークホルダー，外部経済	新規事業，企業成長，深耕可能性，スピードの経済
経営理念とビジョンの明確化	合理性，効率性，優れた製品の提供，「善」の観点	公正性，連帯，ケア，顧客や社会との共存，社会的責任投資，「正」の観点	卓越性，革新と伝統，成長につながるチャレンジ，「徳」の観点，フロネシス
経営資源の確保と活用	技術力，生産ノウハウ，稀少性，有用性	社内の関係性，顧客との関係性，模倣困難性，専有可能性	耐久性，経路依存性，変化対応能力
競争優位獲得のための競争戦略	提供製品・サービスの特徴，用いる技術，ターゲット市場セグメントの規模や有望性，競争優位	ターゲットとする市場セグメントでのニーズ，顧客層，顧客満足（CS），CRM，供給業者，流通業者，補完業者の信頼	ブランドの構築，理念の設定と浸透，コミットメント，イノベーション，デファクト・スタンダード，タイムベース競争戦略
提携戦略	提携内容（EDI標準化など），知識の学習	提携パートナーの選択	提携の持続期間
効果的なビジネスモデルの形成	ビジネスプロセス，経営資源の効果的な活用	独自な顧客価値の提供，環境とのインターフェース	ビジネスモデルの革新
イノベーションの戦略	製品イノベーション，工程イノベーション	オープン・イノベーション	持続的イノベーション，破壊的イノベーション

〔出所〕　筆者が作成。

　経営戦略の諸側面を3つの意味次元の観点から妥当性をもつかどうかを検討し，修正が必要な点は改めるといった取り組みを通じて，企業諸活動を方向づける経営戦略をより良いものにできる。まず，基本的な方針として，事物次元上のさまざまなことがらに対して，特定化を図ることが必要である。つまり，「何を」（What）手がけるのかの明確化が必要である。まず，企業が提供する

製品や企業の活動領域などを事物次元で，競争優位が得られるかどうかという観点から，経営戦略諸側面の妥当性を評価する必要がある。社会的次元上でのことがらに対しては，コミュニケーションを図ることが重要である。「誰にとって（Who）」，どう関わるかの明確化が必要である。この社会的次元では，顧客満足や従業員満足，そして取引先の信頼が得られるかどうかという観点から，その妥当性を評価する必要がある。時間次元上のことがらに対しては，進化の達成が必要とされる。「いつ（When）」という面の明確化が必要である。つまり時間次元では，持続可能性や成長性の点で問題はないかという観点から，その妥当性を評価する必要がある[6]。このような検討を，企業ドメイン，経営理念とビジョン，経営資源，競争戦略，提携戦略，ビジネスモデル，イノベーションなどについて行うことが必要である。

　ドラッカーは企業経営でのもっとも重要な取り組みとしてマーケティングとイノベーションを挙げた[7]。一般的には，企業経営とは事業の運営であり，製品とサービスの生産や提供がその基本であると考えがちである。しかし，そういう見解は事物次元だけに着目した企業経営のとらえ方である。その見解では，企業が提供する製品が誰のためのものなのかという社会的次元での意味を十分には考慮に入れていない。ドラッカーが「顧客の創造」こそが企業の目的であると主張するのは，製品・サービスの提供だけが重要なのではなく，その製品・サービスに価値を見いだす顧客の創造こそが重要なのだという視点に基づくものである。つまり，社会的次元での意味を重視しているのであり，それだからこそ，ドラッカーは，顧客の創造のためのマーケティングの重要性を強調するのである。また，イノベーションの達成が必要だというドラッカーの主張は，企業経営は変化する環境を前にして遂行することが必要であるという認識に基づいている。時間の経過のなかで，環境変化は常に生ずるのであり，時間次元のうえで生じる変化に対しては，従来とは異なる取り組みとしてのイノベーションが必要だとドラッカーは強調したのだと考えられる。

　経営戦略の定義には，①企業に関わる人々にとっての意思決定の指針（事物次元），②企業を取り巻く経営環境との関わり方を示すもの（社会的次元），③企

業の将来の方向や今後のあり方に関する指針（時間次元）という３つの側面が含まれており[8]，それぞれは事物次元，社会的次元，時間次元に関わっている。経営戦略の設定を通じて，企業のあり方を事物次元でのみならず，社会的次元，時間次元で妥当性のあるものとすることが可能となる。

第6節　ま　と　め

　経営戦略を形成するプロセスには，計画的なものと創発的なものとがある。いずれかのプロセスを通じて，企業の全社戦略や事業戦略（競争戦略）が形成される。経営戦略を形成するのに取り組みが必要な基本課題には，経営環境の解明，企業ドメインの設定，経営理念とビジョンの明確化，経営資源の確保と活用，競争と提携の戦略，効果的なビジネスモデルの形成などがある。これらの諸課題への取り組みを通じて経営戦略の諸側面が設定される。こうした経営戦略諸側面をそれぞれ適切に設定するとともに，互いに一貫性のあるものとすることが望ましい。

　経営戦略とは，企業が直面する難題に対処するためのものなので，経営戦略諸側面の設定に先立って，何がもっとも重要な問題なのかを問う戦略的問題の明確化が必要である。明らかとなった戦略的問題に対し，経営戦略のあり方を検討するときの基本的観点として，事物次元，社会的次元，時間次元の３つの意味次元へ注目するという立場が考えられる。事物次元の立場からは，設定された経営戦略について，何をなすべきかが明確となっているかが問われる。社会的次元の立場からは，設定された経営戦略が，企業と関わる諸主体にとって納得のいくものとなっているかが問われる。さらに時間次元の立場からは，設定された経営戦略が，現時点だけでなく，今後にも有効かどうかが問われる。このように，企業組織を取り巻く環境で，どのような問題が生じているかの認識を出発点として，事物次元，社会的次元，時間次元の各次元の立場から企業の進路を示す経営戦略のあり方が再提示される。企業経営戦略論には，企業の事業選択と諸活動の遂行を方向づけ，その進化を導く役割が期待されている。

【注】
1) Baum and McKelvey[1999]pp.3-11参照。
2) ミンツバーグ=ウォーターズ[1985]pp.465-466参照。
3) ルーマン[1992]も、自らの立場を次のように表現している。「これに対して、19世紀以来、これとは全く反対の認識技法が重要性をもちはじめた。それは日常的な世界のなかで行為を方向づけている、素朴で直接的で反省されることのない体験を、行為者には意識されることのない観点から説明するのである。ケネス・バークはこの技法に「非調和的な見方」という当をえた名称を与えた。すなわち、人々が考え体験している意味を、その当の人々が思いもしなかったような観点から、そしてまた、その人々の体験連関を損なうような観点から説明するのである。このことのよく知られた例としては、過去のできごとを現代のことばに翻訳しようとつとめた歴史学や、文化的な観念を経済的な欲求充足の可能性から説明しようとしたマルクス、聖なるものを根底からつきくずしていくニーチェのやり方、無意識に指導的な役割を負わせたフロイトの精神分析、現代の芸術運動が用いた異化や私たちを驚かせる技法などがある。またフッサールのいう自然的胎動の現象学的還元は、この原理のもっともラディカルな定式化である。」ルーマン[1992]p.19参照。
4) 多様な可能性のなかからある案に絞り込むプロセスでは、何らかの基準に基づいて最終案の絞り込みを行う。社会学者のルーマンによれば、可能性の絞り込みをするための基準として用いるのが「意味」である。創発的なシステムを形成するために現実が意味として取り扱われる（ルーマン[1993]p.101）。そして、事物次元、社会的次元、時間次元という3つの意味次元についての妥当性を問い直すことにより、より良いシステムを創発させようとする。この「事物次元」という用語の原語は、Sachdimensionであり、何が世界のなかに現われるかを、すなわち、事物、理論、意見などを特定するものである。なお、ルーマン自身も、なぜこの3次元だけが重要になるのかを示しているわけではない（長岡[2006]p.232）。筆者の私見としては、パーソンズのAGIL図式のなかのAとGの側面は、ルーマンの事物次元で、IとLの側面は社会的次元でカバーされるが、時間次元の面がルーマンによって付け加えられていると考えている。ルーマンの理論では、関係者がコミュニケーションを続ける時間経過のなかで創発していく秩序に目を向けている。
5) ルーマンの体系を解説したクニール=ナセヒ[1995]によれば、社会システムは、世界の無限定な複雑性と、個々の人間の複雑性処理能力とを媒介するものである。たとえば、歯科診療という社会システムのなかで実現される行為は事物的側面としては、歯の治療に関するサービスだけが提供されるのであり、患者に料理が供されることはない。また、社会的側面としては、歯の問題を抱える患者だけに対して提供されており、時間的側面としては、予防的、応急的、長期的な治療のいずれかが選択的に提供される。社会システムにより、複雑すぎる世界のなかで、より少ない複雑性の島が形成される。クニール=ナセヒ[1995]p.47参照。
6) 春日[1984]では、ルーマンが社会理論には時間的、物的、社会的の3局面を考え、それぞれに対応して、進化、分化、コミュニケーションに関する命題が定式化されると考えたことを示している（春日[1984]pp.71-74）。ルーマン[2009]の『社会の社会』では、社会のオートポイエーシス（自己準拠）は、社会的、時間的、事物的な面について、コミュニケーション、進化、分化を通じて進展することを示している。この点は、長岡[2006]p.230においても示されている。なお、筆者がこういう3次元への着目と対比できるものと考えているのは、中橋[2005]において示されたGilbert et al.[1988]での適切な戦略論が有すべき3つの原則についての議論である。そこで示された3つの原則とは、①人間についての原則、②事業の基本原理の原則、③時期に適った行為の原則である。なおGilbert以外の著者には、ステークホルダー理論を主張したフリードマンも名を連ねており、ステークホルダー理論とは、社会的次元の面の重要性を訴えたものと位置づけられる。なお、Gilbertの議論については、中橋[2005]pp.90-98参照。廣田[2012]pp.74-77では、Gilbertの議論とルーマンの意味の3次元との対応関係を論じている。
7) ドラッカー[2008]pp.74-84参照。
8) 石井・奥村・加護野・野中[1996]pp.6-7参照。

第2章

環境変化のもとでの戦略形成と環境分析手法

第1節　企業環境変化に対する戦略的対応の必要性

　企業が手がける各種事業の成功を持続させ，より発展させるには，自社を取り巻く環境で生じている機会と脅威についての情報を把握し，適切な対応を行う必要がある。環境での機会と脅威に対して，企業側が適切な対応を行わない場合，絶好の機会を逃したり，迫りくる脅威による悪影響を受けたりする可能性がある。企業環境からもたらされる各種情報の不確実性の程度や各種資源供給の制約の程度に変化が生ずる場合，それらへの適切な対応が必要である。

　この点に関連して，戦略的決定とは，「企業とその環境との間に，"インピーダンス・マッチ"（外力と内部運動との適合）を作りあげるためのもの」である（アンソフ[1969]p.7）との見解が示された。また，どの業種では収益性が高く，どの業種では収益性が平均以下だといったビジネス・ランドスケープ（ビジネスの風景）の分析に基づいて，その環境状況に適応した戦略形成を行うか，あるいはより積極的に新たな状況を作り出すための戦略形成に取り組むかを決めることが重要であるとも指摘された（Ghemawat[1999]pp.43-46）。

　つまり，環境状況に対して効果的に対応するには，まず企業環境状況とその変化がどのようなものかを解明する必要がある。そこで，企業環境を2つの異なる領域に分け，領域別に解明を図るという方法が考えられる。その考え方に基づいて区分できる第1の領域は，マクロ的な環境領域であり，それを経済社会環境と呼ぶことにする。第2の領域は，企業経営に対して直接的な影響を与える環境領域であり，それを経営環境と呼ぶことにしたい。

第2節　経済社会環境状況とその変化についての対応

1．経済社会環境状況とその変化

　企業環境を取り巻くマクロ的な環境領域としての経済社会環境では，「環境の乱気流」ともいうべき事態が出現し始めている（アンソフ[1980]p.58）。経済社会環境状況がより変動的になり，不測の事態が頻繁に発生し始めている。

　「情報社会の到来」が語られるようになり，グローバル化が20世紀末から急速に進行し始めたのは，「環境の乱気流」が現実化し，経済社会での大転換が生じ始めてきたことを示している。こうした大転換はさまざまな表現で語られてきた。『断絶の時代』(ピーター・ドラッカー)，『情報化社会』(林雄二郎)，『知識社会の衝撃』(ダニエル・ベル)，『脱工業化社会の到来』(ダニエル・ベル)，『資本主義の文化的矛盾』(ダニエル・ベル)，『フラット化する社会』(トーマス・フリードマン)，『マクドナルド化した社会』(ジョージ・リッツア)，『暴走する資本主義』(ロバート・ライシュ)，『World 3.0』(パンカジュ・ゲマワット）などと表現されてきた。こうした大きな変化のなかで，オイルショック，プラザ合意，バブル崩壊，リーマン・ショックなどの世界秩序を揺さぶる出来事が生じてきた。

　こうした経済社会の変化を説明するべく，フリーマン[1989]は，テクノ・エコノミック・パラダイムという用語を示した。それは，製品，プロセス，組織の組み合わせから成るもので，その変化は1世紀に2度しか現われないが，それが現われるときは，大部分の企業における変化だけでなく，制度的，社会的フレームワークにおける変化が惹起される。不況は，出現しつつある新しいテクノ・エコノミック・パラダイムと古い制度的フレームワークのあいだのミスマッチの期間を表している。そうした技術面の動態と制度面の動態のリズムのズレと同期化の回復によって，コンドラティエフの長期波動が生じると考えられる（フリーマン[1989]pp.80-82）。また，ダニエル・ベルによると，社会の変化には3つの領域での異なったリズムがある。その3つの領域とは，①技術－経済体系，②政治形態，③文化である。技術－経済体系では，効率性が重視さ

れ，革新や代替について，より効率的な機械やプロセスが劣るものにとってかわるという明白な規則が当てはまる。それに対して，政治形態では，形式上は平等と参加を建前とするため，合理性だけでは結論を出せず，さまざまな駆け引きが行われる。さらに，文化の領域では，自己を高め，完全な人格の達成に関心をもちつつ，人間の実存的基盤からの関心や疑問への回帰が常に行われる。こうした技術－経済体系，政治形態，文化のあいだのリズムの相違や相互矛盾が多くの社会変動の根本原因なのである（ベル[1976]（上）p.44）。

　経済社会での大きな変化が，技術，経済，政治，文化などの領域で生じており，それらが相互に関連しあいながら，大きなうねりをもたらしている。そうした大きなうねりのなかの1つの面は，インターネットの浸透をはじめ，情報・通信技術の進歩など著しい情報化を通じた合理化の進展の面である。こうした変化は，知識経済化と表現され，生産性を規定する要因の1つとしての知識の重要性がより高まってきている。その結果，知識を基盤とする技能として，プログラマー，システム・デザイナー，医療技師，ソーシャル・ワーカーなどが現れてきている（ドラッカー[1969]p.354）。

　他方で，グローバル・ウォーミング，資源枯渇，人口爆発などの事態は，資源の面の重要性が決して低下していないことを示している。世界人口が2016年の73億人から，2030年には83億人に増えると予想され，そうなると，長期的には食料や水，エネルギーの不足は不可避的である。他方で，国内では人口の減少がもたらす活力低下が危惧されている。資源をめぐるその他の状況には，レアメタルの確保の問題，シェール・オイル革命が生じてきたことによる原油価格の乱高下の問題などがあり，農業生産物，水産物資源の確保についても多くの問題を抱えている。国と国のあいだで領土をめぐる国際的紛争が頻発しているが，その背後には資源についての支配権をめぐる紛争が多く見られる。

　また，イスラム諸国にはびこる勢力と西欧諸国との対立は，宗教や文化の面が引き続き，重要な面であることを示している。こうした宗教や文化の面とは，人間の心理的エネルギーの面にも関わる面であり，その面での根源的なコンフリクトは今なお重要な問題である。経済発展によって，人々は宗教を相対化す

る傾向にあると考えられるが，他方で，世界人口の大部分を占める貧困諸国では，宗教復活のまっただ中にあるのも事実である（英『エコノミスト』編集部[2012]p.135）。現代資本主義のもとでの合理性と打算に基づいた生活態度の強調により，人間性の根本たる「とらわれのない自発的な衝動 (unreflective spontaneity)」が抑えられ，それがニヒリズムの原因となりかねないという面もある (Bell[1976]p.3)。現代の経済社会環境では，資源と情報をめぐる根源的変化に加えて，人々の生の形式に関わる文化の面でも大きな変化が生じており，人々の心理的エネルギーのあり方にも深遠な影響をもたらしている。

その他の大きな環境変化として，グローバル化の進展の動きが挙げられる。「フラット化する世界」といった表現に見られるように，情報技術の進展もあって，距離的な隔たりはビジネスの展開での妨げとはならなくなった。インターネットの進展により，グローバルな規模での企業運営がより容易になってきている。その反面で，かつてネイスビッツ[1983]が述べた「地球規模で考え，足元から行動せよ」(Think globally, Act locally) との信念も再び注目され始めている。Ghemawatも，その著『World 3.0』において，国ごとの規制が厳重に行われていた世界をWorld 1.0と表現し，グローバル化が進展し，市場統合が進んだ世界をWorld 2.0と表現して，グローバル化にともなうさまざまなリスクに対する警告を発している。グローバルな市場統合を進めるとしても，国ごとの規制を適度に復活させたWorld 3.0が必要だと主張している。

2．経済社会環境変化に対する戦略的対応

経済社会環境では，資源，情報，心理的エネルギーをめぐる根源的な変化が生じている。それらの変化に対して，企業は，企業活動領域の再設定，企業目標（ビジョン）の見直し，活動システムの変更などを通じて戦略的対応を図ろうとする[1]。ここで，企業活動領域の再設定とは，どのような事業を行い，どのような製品・サービスを提供するのかを見直すとともに，企業境界をどこに設けるかについての見直しを行うことである。次に取り組む企業目標の見直しとは，企業組織として達成を目指す目標を再検討することであり，経営理念や

ビジョンの見直しを行うことである。さらに，活動システムの変更とは，企業が遂行する諸活動の相互依存関係から成る企業活動システムの内容を見直すことである。元来，活動システムの内容は，用いるテクノロジーのタイプや経営資源の内容を反映して定められる。経済社会環境の変化にともなって技術体系が大きく変化し，企業が利用できる経営資源内容も大きく変わってきているため，活動システムの見直しも戦略的対応を行うには不可欠なのである。

　経済社会環境で生じている大きな変化には，デジタル化，少子高齢化，グローバル化，モバイル化，サービス化などがある。これらの変化は，技術面，制度面，文化面でのフレームワークに変化をもたらしており，それらの変化に対して，企業活動領域の再設定，企業目標の見直し，活動システムの変更という３つの面での戦略的対応が図られる。富士フイルムの場合，デジタル化という環境変化に対して，企業活動領域を見直して，医療用品業界や化粧品業界への参入を行った。また，そのビジョンを，従来は「映像と情報の文化」と設定していたのに対し，「先進・独自の技術によるクォリティ オブ ライフの向上に寄与」と変更した。さらにその活動システムについては，画像技術＋ナノテクに関わるものとすると変更した。

　ヤマハの場合，ピアノなど楽器製品とともに，スポーツ用品やリゾート地経営などの事業に乗り出していたが，モバイル化という環境変化とともに，若者が携帯代に多額の出費を行い，スポーツ消費などの低迷につながったのを受けて，テニスラケットやスキー板などのスポーツ事業から撤退するとともに，リゾート地経営からも撤退した。その代わりに，音楽関係の強みを活かすべく，音づくりの技術を活かせる音源チップ（携帯着メロ用）の製造という電子デバイス分野に進出した。このように，モバイル化に対応すべく企業活動領域の見直しを行い，スポーツ関連事業からは撤退した。企業目標の見直しとしては，新たな企業目標をザ・サウンド・カンパニーと定め，音作りについてのビジネスをあくまでも行っていくことを再確認した。また活動システムの見直しについては，音づくりの技術を活かす事業を中心とすると原点回帰を決定し，その一環として，携帯着メロ用の音源チップの製造へ乗り出すと決めた。

第3節　経営環境状況とその変化についての対応

1．経営環境状況とその変化
　企業活動に対して直接的な影響を与える経営環境でも，情報と資源をめぐる多様な動きが見られる。その動きが企業にさまざまな影響を及ぼしている。

(1)　企業と資源の交換を行う経営環境
　経営環境が企業に及ぼす影響の第1の面は，企業に対して各種の資源を供給するとともに，企業の作り出した製品を買い入れる，など企業と各種資源の交換を行うことに基づいている。経営環境には当該企業と関連を有する数多くの業種があり，それぞれの業種に数多くの企業が存在し，それらの企業が種々さまざまな資源を供給したり，当該企業の製品を買い入れたりしている。
　企業は，資源，情報，心理的エネルギーなどの要因を活用して諸活動を遂行するので，資源の確保と活用は，企業組織の諸活動にとって基本的に重要な課題の1つである。ところで，企業が資源の確保を行うに当たり，企業を取り巻く経営環境に大いに依存せざるを得ない。そのため，その経営環境の側で，資源が豊かで利用可能性が高いかどうか，資源供給を行う企業が多数存在するかどうかによって，経営環境からの資源供給が安定的に得られるかどうかが定まる。当該企業の製品の販売市場で強力な買い手が存在するかどうか，などの状況によっても当該企業が製品を容易に売りさばけるかどうかが決まる。
　製造業企業を取り巻く経営環境の諸主体は，当該企業に対して部品や原材料を供給し，製品の買い入れを行っている。つまり，企業は経営環境と資源の交換を行っている。そこで，当該企業は，資源確保や製品売却を行ううえで，環境の諸主体に対して程度の差はあれ，依存せざるを得ない状況にある。そのため，経営環境での資源供給の順調さの度合いや製品の売れ行き動向によって，企業活動をどのように推進すれば良いのかの判断は大きく影響される。つまり，企業は経営環境への資源依存性を見いだしていると考えられる。

(2) 企業と情報の交流を行う経営環境

　経営環境が企業に及ぼす影響の第2の面は，企業に対してさまざまな情報を発信するとともに，企業から発信された情報を環境のなかで広めることに基づいている。経営環境の諸主体は，さまざまな活動を繰り広げ，各種の情報を発信している。家電メーカーの場合，製品の改良によって省エネが大幅に改善されたことをアピールしている。自動組み立てロボット・メーカーの場合，その導入によって，コストを大幅削減できることをPRしている。このように，経営環境からは，企業活動を遂行するのにきわめて重要な各種の情報が発信される。企業の側では，原材料の値上がり傾向，逼迫状況，製品の売り上げ動向，新製品の発売動向，他企業の活動や消費者についての情報など，種々のことがらについての情報を入手している。企業が効果的な企業活動を遂行するには，経営環境から発信された情報の的確な把握が必要不可欠である。

　経営環境の諸主体が部品や原材料の供給方針をしばしば変化させる場合もあれば，それほど変化させない場合もある。経営環境に関する情報がかなり確実な場合もあれば，きわめて不確実な場合もある。企業は，経営環境動向について入手した情報を分析したうえで意思決定を行い，適切な対応を定めようとする。ただし，経営環境からもたらされた情報を分析し，解釈する場合，企業組織の側には，限定された合理性しかない場合が多い[2]。それゆえ，情報を受け取る側の分析や解釈に基づく独自な対応が見られる場合もある。企業活動内容の決定に影響を及ぼす多様な情報が経営環境から発信されているが，経営環境状況は多様であり，しかも経営環境の諸主体が示す情報はしばしば変化するため，企業は経営環境に対して情報不確実性を見いだしている。

2．経営環境から得られる資源と情報に基づく戦略形成

　企業は，その諸活動を，経営環境から得られる資源と情報を活用して遂行する。ただし，資源は十分とは限らず，情報も確実とは限らない。そこで企業は，経営環境に対して，資源依存性と情報不確実性を見いだしている。こういう状況のもとで，企業諸活動遂行の方針を定めるには，経営環境から資源と情報を

得るのに，いかなる問題があるかについての状況把握が必要となる。そこで状況把握が試みられ，得られた状況情報に基づいて，戦略形成へ向けた心理的エネルギーの程度と方向が形成される。つまり，戦略形成をより積極的な方向で行うのか，それとも消極的な回避策を目指すかが定められる。

　この点に関連して，「アフォーダンス」という概念が注目に値する[3)]。アフォーダンスとは，ジェームズ・ギブソンによって提出された概念であり，ギブソンは，生きもののまわりにあるのはアフォーダンスだと主張した。英語の動詞（afford）は「与える，提供する」などを意味し，ギブソンによる造語アフォーダンス（affordance）は，「環境が動物に提供するもの，用意したり備えたりするもの」を意味する。それは，動物の行為のリソース（資源）となるものである。また，特定されたアフォーダンスは「生態学的情報」と呼ばれる。ギブソンは，生きものが環境に見いだす意味を利用するという知覚モデルを「情報ピックアップ（抽出）」理論と呼んだ（佐々木[2008]pp.72-79）。

　ギブソンが環境にまず発見したのは，地面と水と大気（固体，液体，気体）という3つのものがもつ新鮮な意味であった。地面は「移動のアフォーダンス」をもたらす。地面は，固く，ほぼ平らなので，動物がその上を移動するのを可能にさせる。大気には，音声を伝えるアフォーダンスがある。大気があるため，音の振動が伝わる。水は，喉の渇きを癒やし，汚れを落とすを可能にし，溶解力があるので洗濯を可能にする。アフォーダンスの充満しているところが「環境」なのである。有機体は環境のなかの何らかの対象または事実との関連を保ちながら運動を繰り広げる。その運動に先立つ有機体の思考は，環境との関連を保ちながら行われる潜在的な行為であるととらえられる（ホルト[2005]pp.69-94）。すべての行為（アクション）は，環境がもつ意味，つまりアフォーダンスに動機づけられて始まる（佐々木[2008]p.137）。

　以上のようなアフォーダンス理論の視点をもって企業と環境との関係を見ていくと，企業環境からもたらされるアフォーダンスとは，種々の資源や情報がどれほど容易かつ確実に得られるかを意味する。それは，経営環境に対する資源依存性の高低や情報不確実性の高低として示される。このように示される資

源依存性と情報不確実性の程度の組み合わせに基づいて，4つのタイプの経営環境状況を想定できる（表2-1参照）。それぞれのタイプの環境状況ごとに企業活動遂行上のアフォーダンスの程度は異なり，それにより心理的エネルギーの程度や方向が異なったものとなり，戦略形成の仕方も異なったものとなる。

　第1の経営環境状況とは，経営環境への資源依存性が低く，経営環境の情報不確実性も低い場合である（表2-1の左下の状況）。それは，部品や原材料についての数多くの供給業者や数多くの買い手が存在し，当該企業は特定供給業者へ依存することなく，資源確保ができる状況なので，資源依存性は低い。さらに，部品や原材料の価格変化があまり見られず納期も確実なため，経営環境の情報不確実性も低い。こういう状況での企業は，経営環境からの制約をあまり受けることなく，企業としての戦略方針を明確に示すことができる[4]。

表2-1　資源依存性と情報不確実性を示す経営環境のもとでの戦略形成

経営環境への資源依存性

経営環境の情報不確実性		低い	高い
	高い	③多くの取引相手のなかから，自らのリーダーシップを行使して取引相手を選択	④企業としての一貫した戦略的対応の余地は限られ，経営環境からの圧倒的影響力のため，当初は想定していなかった対応が創発
	低い	①経営環境からの制約をあまり受けることなく，明確な戦略方針を示す	②原材料や備品の入手に当たり，現在の供給業者と長期的な契約を結んで資源の安定的入手を確実なものとする

〔出所〕　Aldrich［1979］p.133の図を修正。

　第2の経営環境状況とは，経営環境への資源依存性は高いものの，経営環境の情報不確実性は低い場合である（表2-1の右下の状況）。この状況では，少数の供給業者に仕入れを依存するので資源依存性は高いものの，供給業者との関係は安定的なので，価格はあまり変化せず，納期も確実であり，経営環境の情報不確実性は高くない。こういう状況では，当該企業が環境から被る制約は中程度であり，他組織の要求を聞き入れる必要はあるが，その要求は予測可能なものである。ただし，当該企業が原材料や部品の入手を外部環境に依存しているのは事実なので，現在の供給業者と長期的な契約を結んで情報不確実性を低

下させつつ，資源の安定的入手を確実なものとすることに心理的エネルギーを注ぐと想定できる。

　第3の経営環境状況とは，経営環境への資源依存性は低いものの，経営環境の情報不確実性が高い場合である（表2-1の左上の状況）。それは，ある資源について多くの供給業者を見いだせる場合であり，経営環境から資源を確保するうえでの資源依存性は低い。しかし，供給業者との取引では価格変更がしばしば行われ，納期も不安定な場合，経営環境についての情報不確実性は高くなる。こういう状況での当該企業は決して弱い立場に置かれているわけではなく，自らのリーダーシップを行使して，取引相手の供給業者を選択し，取引を行おうとする。そのため，取引を決定するための手続きを標準化させ，取引相手の選択についての決定に心理的エネルギーを集中させようとする。

　第4の経営環境状況とは，経営環境への資源依存性が高く，経営環境の情報不確実性も高い場合である（表2-1の右上の状況）。それは，当該企業に対する資源供給業者が少数で，その少数業者との取引が資源供給取引のかなりの割合を占めている場合であり，当該企業が経営環境から資源を確保するうえでの資源依存性は高いものとなる。しかも，部品や原材料の供給価格や納期に，予想しがたい変更が頻繁に生じる場合は，情報不確実性も高い状況となる。こうした状況では，環境によって提供されるアフォーダンスの程度は限定されたものであり，こうした状況に対処するため，複数の専門分野担当者がそれぞれの担当分野での対応を行おうとする。とはいえ，複数の専門分野担当者の意見の不一致や，経営環境での激烈な市場競争の圧倒的な影響力によって，企業としての一貫した戦略的対応が行いにくい面がある。そのため，結果的には，当初の意図とは異なる対応が創発する場合がある。

3．「戦略の5P」を用いた戦略形成プロセスの相違の説明

　以上では，環境状況に見られるアフォーダンスの程度が戦略の形成にどのように影響するかを見てきた。知覚したアフォーダンス環境状況の特徴を踏まえて，経営者などの意思決定者は，状況ごとに異なった仕方で戦略を形成しよう

とする。こうした戦略形成プロセスの相違を説明するのに，ミンツバーグの「戦略の5P」という考え方が有効である。

「戦略の5P」とは，戦略という言葉に，Pを頭文字とする5つの異なる側面があることを示すものである。5Pとは，プラン（plan，計画），パターン（pattern），パースペクティブ（perspective，理念，視点），ポジション（position，領域，位置），プロイ（ploy，策略）という5つの側面である[5)]。まず，「プラン（計画）としての戦略」とは，企業として進むべき方向を意図して計画的に作りあげるのが戦略だと考える見方である。次に，「パターンとしての戦略」とは，事前には想定もしなかった企業活動パターンを試行錯誤の結果，作りあげるのが戦略だと考える見方である。ここで「プランとしての戦略」が計画的に戦略を形成する面を示すのに対し，「パターンとしての戦略」は創発的に戦略を形成する面を示している。この2つの戦略観は，戦略を形成するとき，環境とどのように関わるかについての対照的なあり方をも示している。「プランとしての戦略」が，環境分析に基づいて企業組織が計画的に戦略内容を定めていく側面を示すのに対し，「パターンとしての戦略」は，企業組織が環境との相互作用を通じて，企業の進む方向やパターンを創発的に作りあげていく側面を示している。環境がそれほど不確実性を有しないときは，企業が「プランとしての戦略」を一方的に打ち出しても問題は少ない。しかし，環境がさまざまな面で不確実性を有しているときは，環境との相互作用を行うことによって初めて，有効な「パターンとしての戦略」を生み出しうる。

また，「ポジション（領域，位置）としての戦略」とは，目指すポジション（製品と市場）が何なのかを明確化するのが戦略だと考える見方である。さらに，「パースペクティブ（視点）としての戦略」とは，世界を見る眼，パラダイムの明示化が戦略だと考える見方である。ここで，「ポジションとしての戦略」が，企業組織を取り巻く外部環境状況のなかでの有望ポジションを目指して戦略を形成する面を示すのに対して，「パースペクティブとしての戦略」は，企業内部での独自パースペクティブ（考え方や視点）を重視して戦略を形成する面を示している。最後に，「プロイ（策略）としての戦略」とは，競争相手の

思惑の裏をかき，攪乱させるための術策の遂行が戦略であると考える見方である。プロイ（ploy）とは，もともと軍事用語で，縦に並んでいた兵を横に並べ直すことであり，自社の活力とエネルギーを導き出し，相手方の活力とエネルギーを挫くための方策が戦略だと考えるのである。

表2-1で示したように，経営環境状況はいくつかの類型に分けられる。企業は，そうした異なる経営環境状況に対して適切に戦略形成を進めるべく経営環境との相互作用を試みるが，その相互作用の仕方は経営環境状況ごとに異なっている。「戦略の5P」という考え方を用いると，そうした戦略形成を行うときの企業と環境主体との相互作用パターンがなぜそういう形態のものとなるかを，企業という行為主体の側からの視点も交えて説明できる。

(1) 既存のパースペクティブのもとでの計画的戦略形成

経営環境に対する資源依存性のみならず経営環境の情報不確実性も低い場合（表2-1左下の状況），企業としては，環境主体との相互作用を密接に行うことにより自社の考え方を再検討する必要性をそれほど感じない。そこで，自社の既存のビジョンやパースペクティブに基づいて，きわめて論理的に将来の姿をプラン（計画）として提示し，目指そうとするポジションも明らかにする。そして，そういう取り組みを続けるなかで，その企業に固有なパターンを形成していくという仕方で戦略形成を行う。このタイプの戦略形成の様子は，図2-1aによって示される（Mintzberg[1987]pp.17-18）。各企業のパースペクティブは，その図における円の外側の網掛けゾーン部分によって示され，各企業のあり方と進路を決め，各種の選択を導く考え方の枠組みを示している。

(2) 既存のパースペクティブのもとでの創発的戦略形成

経営環境の情報不確実性がそれほど高くはないものの，経営環境に対する資源依存性が高い場合（表2-1右下の状況），かなり予測可能な環境状況のもとにあるとはいえ，当該企業が経営環境主体に依存しているのも事実である。このように，経営環境状況がそれほど順調ではない場合，既存のパースペクティ

ブのもとで計画的に戦略形成を図るだけでは適切な対処を行うことができない。その場合，既存のパースペクティブ自体の変更は行わないが，実際の活動パターンを試行錯誤により色々と変更することが試みられる。こうした試行錯誤に対する経営環境主体の反応を見きわめながら，そのなかで満足できる結果をもたらしたパターンをプランとして採用するというように試行錯誤的かつ創発的に戦略形成を行う。たとえば，当該企業は経営環境諸主体との相互作用を通じて，かなり独占的な供給業者との長期契約を結ぼうとする。そうした試行錯誤パターンを通じて目指すことにしたポジションへの取り組み結果が満足すべきものである場合，それを公式に自社のプランとして採用するというタイプの戦略形成を行う（図2-1b）[6]。

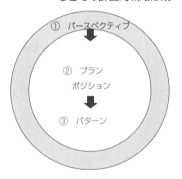

図2-1a　既存のパースペクティブのもとでの計画的戦略形成

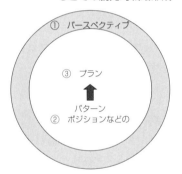

図2-1b　既存のパースペクティブのもとでの創発的戦略形成

〔出所〕　ミンツバーグ[1987]p.18参照。

(3)　試行錯誤を通じて独自なパースペクティブを生み出す戦略形成

　経営環境に対する資源依存性がそれほど高くなくても，価格や納期状況が変動しがちであるため，経営環境の情報不確実性が高い場合がある。それは，取引環境諸主体の取引への意向が不明確な場合や，自社の戦略に対する反応がかなり不確実な場合である。こういう状況のもとで，当該企業は，さまざまなポジションを目指す戦略を試行錯誤的に試みる。その試みのなかで，ある戦略パ

ターンが満足できる結果をもたらす場合は，その戦略パターンと適合する新たなパースペクティブを作りあげようとする。

ホンダが米国の大型オートバイ市場での展開を当初，目指そうとしたのに成功を収められず，状況打開のために始めたスーパーカブの販売で成功を収めるうちに，新たなパースペクティブをもつようになったのがその例である。なお，ホンダの事例での経営環境の情報不確実性とは，国内とは異なる米国市場での大型オートバイの用いられ方や，米国における小型オートバイに対する潜在的ニーズについての情報不足によるものであった。

個人の場合も，個人を取り巻く不確実性への対処を通じて，自身のパーソナリティを次第に形成していく場合がある。それと同様に，企業組織も経営環境の情報不確実性に対し，試行錯誤的にさまざまな戦略パターンを試みるなかで，適切なポジションを見いだすとともに，新たなパースペクティブを作りあげ，組織性格を形成していく場合がある（図2-1c参照）。

図2-1c　独自なパースペクティブを生み出す戦略形成

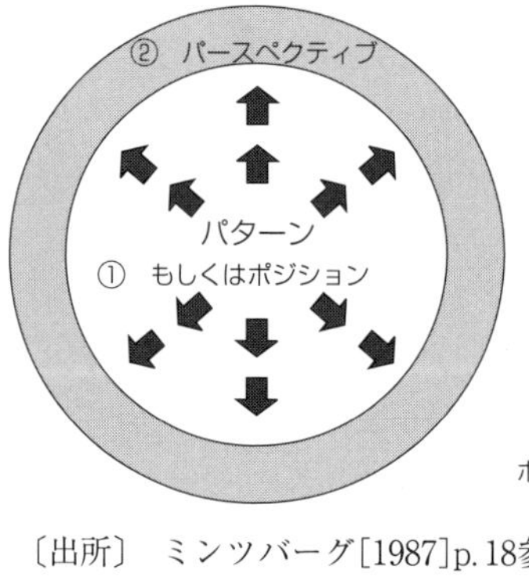

図2-1d　経営環境による圧倒的影響のもとでの戦略形成

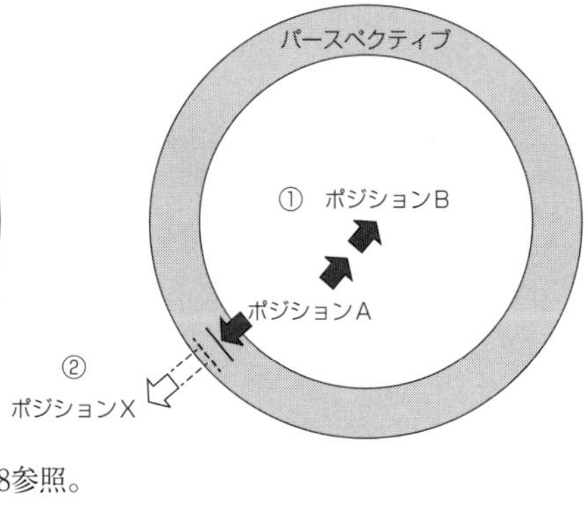

〔出所〕　ミンツバーグ[1987]p.18参照。

(4) 市場競争の激化による圧倒的影響力のもとでの戦略形成

経営環境に対する資源依存性が高く，経営環境の情報不確実性も高い場合，企業は，環境での市場競争の激化による圧倒的な影響を受けている。こういう

状況に対して，企業としては最大限の戦略的対応を行おうとする。そこで企業としては，色々と対応を試みるものの，環境の側からの影響をはねのけるだけの自由度をほとんどもたない場合がある。その結果，市場競争による淘汰の影響を受ける破目になるというタイプの戦略形成が行われがちとなる[7]。

　グローバル競争の進展に由来する情報不確実性の高まりと資源依存性の高まりの結果として，こうした戦略的対応事例が数多く見られ始めている。それは，表2-1でいえば，右上の状況である。たとえば，わが国の半導体事業は，かつては世界をリードしていたが，米国のインテル，韓国のサムスン電子などに圧倒されるという状況への戦略的対応として，日立とNECの半導体部門の合併が図られ，エルピーダ・メモリーが設立された。その後，富士通や東芝がDRAM事業から撤退するなか，エルピーダ・メモリーは三菱電機のDRAM事業を受けついだが，2012年には倒産する破目となり，その後，アメリカ企業のマイクロン・テクノロジーの子会社として製造を続けている。

　このように，適切な対応が取れないまま市場競争による淘汰に支配されるという結末に終わる戦略形成がなぜ見られるのかといえば，それは，企業としてあるパースペクティブを形成した後は，それを変えるのが容易ではないからである。そのため，企業はしばしば既存のパースペクティブと両立する範囲内でのポジション変更（ポジションA→ポジションBなど）を目指すだけの戦略形成を行いがちである。既存のパースペクティブからは枠外にあるポジション（X）を目指した取り組みを試みようとはしない。ところが実際には，環境の側からの圧倒的影響のもとで，従来のパースペクティブの枠外にあるポジション（X）の採用を迫られることになり，やむを得ず，そうしたポジションの選択に踏み切るとの結末を迎える場合も多いのである（図2-1d参照）。

第4節　企業環境状況を解明するための分析手法

　以上で示したように，環境状況がどのようなものかによって戦略形成の仕方は異なる。それゆえ，的確に戦略形成を行うには，企業環境状況とその変化が

どのようなものなのかを解明する必要がある。その企業環境は，マクロ的環境領域としての経済社会環境と，企業活動に直接的な影響を与える環境領域としての経営環境とに区分できる。

1．経済社会環境の解明を図るための分析手法

経済社会環境の解明を図る分析手法には，経済社会環境を領域別に解明しようとする手法と，経済社会環境の全体像を解明しようとする方法がある。

(1) 経済社会環境の領域別解明を図るPEST分析

経済社会環境の領域別解明を図る分析手法の1つがPEST分析である。PESTとは，Political, Economic, Social, and Technological Environment（政治的・経済的・社会的・技術的環境）の各側面の頭文字を示している。PEST分析とは，企業を取り巻く経済社会環境を政治的環境，経済的環境，社会的環境，技術的環境などの領域に区分したうえで，各領域でいかなる事態が生じているかを解明しようとする分析手法である[8]。

政治的環境については，政府の政権がどの政党によって担われているか，どのような政策を推進しているか（デフレ脱却の方策など）が重要である。なお，中央政府だけではなく地方自治体での新たな取り組みも政治的環境に関わる動きであり，規制緩和の動きも政治的環境に影響を及ぼしている。また，各種の法規制の変更がどのように推進されているかも政治的環境における重要な動きである。租税体系の変更，また選挙制度や政治資金規正法などの政治的な法制度の変化に加えて，経済的な面に関する法規制変化（貸金業規制法，金融商品取引法，人材派遣業に関する規制法など）がどのように推移しているのかの解明が必要である。政治的環境については，政府や官公庁の動向，法律（規制，税制，補助金等），外圧，海外政府の動向，などの解明も必要である。

経済的環境については，GDPの額と年間成長率，国債発行残高と政府負債額，失業率，貿易輸出入額，直接投資（受入）額，消費者物価指数，失業率，インフレ・デフレ傾向，為替レート，金利，株価，などの動向を把握するとともに，

産業構造の変化，個人消費の動向などを解明しなければならない。現在の経済情勢が景気循環のどの位置にあるのかも把握しなければならない。

　社会的環境については，社会問題，自然災害，人口構成，出生率などとともに，ライスタイル，価値観の変化を解明し，各種トレンドの動向を解明する必要がある。そのほか，人口構成の変化，高齢化進展度合い，犯罪率，自殺率，ニートの増加などに見られる労働倫理の問題なども重要である。

　技術的環境については，技術革新の動向，特許の動向，大学研究機関の研究テーマのトレンドを解明するとともに，自社関連技術や代替技術の動向なども明らかにしておく必要がある。さらに，マイクロエレクトロニクス，コンピュータ，コミュニケーション技術，バイオテクノロジーなど一連の新技術が製品イノベーションと工程イノベーションとにいかなる影響を及ぼすのかも解明する必要がある。また，インターネットを初めとする情報通信技術が生産，流通，消費などにいかなる影響を及ぼすかも解明しなければならない。

　経営戦略を定めるうえで，PEST分析のような多様な領域についての分析がなぜ必要なのかと言えば，企業組織自体が多様な側面をもつシステムだからである。バーナードによれば，企業組織とは，物的要因，社会的要因，個人的要因，生物的要因などの要因から成る協働システムである[9]。これらの諸要因から成る協働システムに対して，環境からは，経済的または技術的影響のようにどちらかといえば物的な影響が及ぼされるとともに，社会的または政治的影響のような社会的な影響も及ぼされている。企業組織自体の多様な側面に対し，多様な環境諸領域がそれぞれ影響を及ぼしている。それ自体が多様な企業組織に及ぼされる経済社会環境からの多様な影響動向を把握するには，政治的環境，経済的環境，社会的環境，技術的環境などで，どういう動きが生じているかを解明するためのPEST分析が必要なのである。

(2) 経済社会環境の全体像解明を図る方法

　経済社会環境を経済，政治，社会，技術などの領域に分けて解明するのではなく，経済社会環境の全体的特徴を把握しようとする方法がある。それは，時

間的な経過にともない，経済社会環境の全体像がどのように変化するかを解明しようとするものである。たとえば，アンソフ[1980]は，経済社会環境全体像の変化を，①産業革命，②大量生産時代，③大量マーケティング時代，④脱産業時代への移行，と区分している。その他の例として，戦後日本の経済社会環境のあり方を，終戦直後，高度経済成長期，低成長期，バブル期，バブル崩壊後のデフレ期と区分したうえで，時期ごとの経済社会の全体的特徴を把握する方法も挙げられる。そのほかにも，バブル経済までの経済社会の全体像と，バブル経済崩壊後の経済社会の全体像の比較が表2-2のように示される。

経済社会環境の全体像解明を図る方法には，国ごとや地域ごとの全体的な特徴を明らかにしようとするものもある。たとえば，米国の経済社会の全体的な特徴の明確化，あるいは日本の経済社会の全体的な特徴の明確化を図ろうとするものがある。さらに，日本のなかでも，関東地方，中部地方，近畿地方など，地方ごとの経済社会環境の全体的な特徴を把握しようとするものもある。

表2-2　経済社会環境の全体像についての基本フレームの変化

	バブル経済まで（～1980年代）	バブル経済崩壊後（1990年以降）
マクロフレーム	成長型経済，官主導・護送船団，豊かな労働力，中央集権	低経済成長，規制緩和，民間自立，少子・高齢化社会，地方分権
産業システム	工業社会，大量生産，大量販売・大量廃棄，仕切られた競争，モノの豊かさ，機能志向	脱工業社会，資源有限・サステイナビリティ，グローバル・大競争，ココロの豊かさ，健康・自然志向
企業経営	多角化，フルセット型，国内ピラミッド型生産統合，親会社の大規模化・集中化	専門化，コア・コンピタンス，アウトソーシング，グローバル立地，分社化・ネットワーク化，連結会計重視
地域経済	国主導・中央陳情型，東京一極集中，大都市工業の地方分散，工業優先政策，産業政策画一化	大都市工業の海外立地・地域経済空洞化，地域自立化・個性化，新産業創出，地域文化を内包する地場産業振興

〔出所〕　野間[2000]p.36参照。

2．経営環境の解明を図るための分析手法

企業経営と企業活動に対して直接的な影響を与える環境領域としての経営環境を解明する分析手法には以下に示すものがある。

（1） 関係市場分析

　市場取引という形態で当該企業との関わりをもつ経営環境主体が多く存在する。供給業者，資金提供者，被雇用者，顧客，競争相手などが，原材料市場，資本・金融市場，労働市場，製品市場などでの市場取引を通じて企業と関わりをもつ（伊丹・加護野[1989]pp.16-20）。つまり，企業は，原材料市場では，企業活動に必要な諸資源を供給業者から入手しようとする。また資本・金融市場では，企業活動に必要な資金を資金供給者から獲得しようとし，労働市場では，被雇用者から労働力を確保しようとする。さらに製品市場では，作りだした製品を，競争相手と競争を繰り広げながら，より多くの顧客に対して販売しようとする。企業が取引を行う市場は，原材料市場，資本市場，労働市場などのインプット市場と，製品市場などのアウトプット市場とに区分できる。

図2-2　関係市場分析

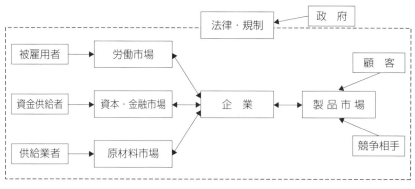

〔出所〕　伊丹・加護野[1989]p.17の図を参照して筆者作成。

　一連の市場を通じた取引には，不確実性がともなう。たとえば，インプット市場としての原材料市場やアウトプット市場としての製品市場では，取引相手や競争相手が予想さえしていなかった行動を示す場合がある。さらに，インプット市場としての労働市場や資本・金融市場を通じて，企業はヒトとカネという資源を入手するが，その入手には不確実性がともなううえに，政府によって課された法制度と整合的な仕方で各種資源を入手しなければならない（伊

丹・加護野[1989]pp.16-17)。そのため，政府との関係については，新たな規制の可能性などの不確実性が生じる可能性がある。こうした一連の不確実性に対して，関係市場分析を通じて，いかなる問題が生じているかの情報を入手し，分析することにより，取るべき対応とは何なのかを解明できる。

(2) 組織間関係（ビジネス・ネットワーク）分析

　市場取引という形態以上に密接な関わりを当該企業と有する経営環境主体が存在する。それらの経営環境主体は，当該企業と単なる市場取引を超える提携行動を行っている。そのように，企業組織同士の提携行動の遂行を通じて，相互に資源や情報のやり取りを行う場合の企業組織同士の関係を組織間関係という。こうした組織間関係をビジネス・ネットワークと呼ぶこともできる。ただし，そうしたビジネス・ネットワークが，ずっと以前から形成されていたわけではない。むしろ，1900年以来の大半の期間にわたって近代企業は，垂直統合をスローガンに掲げ，デュポンやフォード，IBMなどの組織は，オペレーションに必要な膨大な資産を直接的に所有する巨人として発展してきた（イアンシティ＝レビーン[2007]p.7)。ところが20世紀の後半に生じた法的環境や経営管理的・技術的能力の著しい変化によって，企業による多数の組織との協働や，分散したオペレーションの実行が容易となり，多数の組織間の協働がビジネス・ネットワークの形態で行われるようになった。ウォルマートやマイクロソフトなどは，ビジネス上のプラットフォームを作り出し，そのプラットフォーム上で多種多様な企業群が補完的な企業として活躍できるビジネス・ネットワークを形成するのに寄与した[10]。こうして形成されたビジネス・ネットワークは，企業生態系（ビジネス・エコシステム）とも呼ばれる。ビジネス・ネットワークや企業生態系として形成された各企業の関わる組織間関係の分析を通じて，不確実性がともないがちな資源や情報の入手を確実なものとするには，どう対処すべきかを解明できる。

　製パン業界の山崎製パンの場合，組織間関係の形成を通じて，製パンに必要な原料を安定的に確保しようとしている。製パンには，何よりも小麦粉が必要

である[11]。そのため山崎製パンは，小麦粉製粉業界の最大手である日清製粉と株式を相互に所有し合う資本提携関係を結んで，小麦粉の安定的な確保を目指している。また製パンには，酵母イーストも不可欠である。そこで，酵母イーストに関しては，日清製粉の子会社であるオリエンタル酵母工業と特に強い取引関係を形成している。さらに製パンには，油脂も必要である。そこで，食品油脂最大手のミヨシ油脂に対して山崎製パンは出資を行い，製品開発などで提携を行っている[12]。このように，山崎製パンは，製パンに必要な諸活動に関わる資源，情報，心理的エネルギーを確実に確保するための組織間関係を形成している。こうした組織間関係が，同社の経営環境のなかの重要な部分をなしている。そうした組織間関係の特徴を分析することにより，同社がどういうタイプの資源や情報の入手に問題を見いだしており，形成された組織間関係によって，その問題に適切に対処できているかどうかを明らかにできる。

(3) ステークホルダー分析

　企業を取り巻く経営環境には，当該企業に対して何らかの支援を行い，当該企業に対して固有の利害関係をもつさまざまな主体が存在する。それらの利害関係者はステークホルダーと呼ばれる。ステークホルダーに挙げられるのは，株主，各種運動家，顧客，消費者，労働組合，地域コミュニティ，同業組合，競争業者，供給業者，金融業界，政府，政治集団などである。こうしたステークホルダーの支援があるからこそ，企業は価値創造を行うことができる。そこで，企業として作り出した価値を，各ステークホルダーに対して何らかの形で還元し，支援に対する誘因を提供するならば，各ステークホルダーからは，引き続き支援が得られる。しかしながら，各ステークホルダーが当該企業に対して有する利害関心はそれぞれ異なる。株主の利害関心は株価や配当の水準に向けられており，従業員の利害関心は他社に引けを取らない賃金や雇用の安定性，昇進の可能性に向けられている。また，政府の利害関心は，自らが提唱した政策が有効に機能しているか，制定した法や規制の遵守がなされているか，などに向けられている[13]。ステークホルダー（利害関係者）分析とは，多様な利害

関係者のもつさまざまな利害関心に焦点を合わせて経営環境の解明を図り、ステークホルダーによる企業への支援を高めるには、成果分配を含め、どのような対応を行うのがよいかを明らかにするための分析手法である。このステークホルダー分析は、大いに社会的次元に着目した環境分析手法である。

(4) SWOT分析

経営環境分析の手法には、純粋に環境動向を把握するためのものや、企業側の取り組みとしては何が可能かを解明するために環境分析を行うものなどがある。さらに、環境での機会や脅威の解明を行うだけでなく、同時に自社の強みと弱みの解明も行い、自社能力の実態を踏まえた環境対応方策とはいかなるものかを解明する分析手法もあり、それがSWOT分析である。SWOT分析では、まず経営環境に見いだされる機会（opportunity）と脅威（threat）とはどのようなものなのかを明らかにする。その際、顧客の状態（ニーズ内容と需要動向）、業界の競争環境（新規参入、代替品、供給業者の圧力）、競争業者の強み、弱み、業界を取り巻く法規制などをめぐる機会と脅威を明らかにする。その後、自社の強み（strength）と弱み（weakness）も明らかにする。SWOTとは、強みと弱み、機会と脅威の頭文字を連ねたものである。

表2-3　SWOT分析

自社＼環境	機会（opportunity）	脅威（threat）
強み（strength）	事業機会に対し、自社の強みを最大限に活かす	他社にとって脅威でも、自社の強みを活かして逆にチャンスにすることができる
弱み（weakness）	事業機会を弱みのせいで取り逃がさないようにする／誘惑に負けないようにする	脅威と弱みの二重のマイナス要因のため最悪の事態に陥らないようにする

〔出所〕　HRインスティテュート[2001]p.145を参照のうえ、筆者が修正。

SWOT分析のための表では、表頭に環境によってもたらされる機会と脅威を設定し、表側には自社の強みと弱みとを設定している。そのうえで、環境と

自社の側でどういう状況が見られるかの組み合わせを踏まえて，最適な対応策とはいかなるものかを示そうとする。たとえば，環境の側で事業機会が見いだされており，自社が強みをもつ場合，そうした機会に対し，自社の強みを最大限に活かすことができるように取り組めばよいとの対応策を明らかにできる。このようにSWOT分析を試みることにより，環境の側での資源確保と情報入手をめぐる機会と脅威がどのようなものかを明らかにできる。それとともに，自社の側での資源転換や情報創造上の強みと弱みがどのようなものかも明らかにすることにより，自社として心理的エネルギーを高めて取り組む対応策としては何があるのかを明らかにできる。SWOT分析は，自社のどの部分が自社の強みであり，どの部分が弱みであるかを明らかにしたうえで，環境の側に見いだされる機会と脅威を踏まえて，自社能力の実態に基づいた環境対応方策を解明する分析手法なのである。

第5節　ま　と　め

　経営戦略は，環境変化への対応を行うために設定される。それゆえ，企業環境動向の解明は，経営戦略形成に取り組むうえで不可欠である。解明しようとする企業環境は，経済社会環境と経営環境に区分できる。経済社会環境での資源と情報をめぐる根源的な変化に対して，企業は，企業活動領域の再設定，企業目標（ビジョン）の見直し，活動システムの変更を通じて戦略的対応を図っている。それに対し，企業経営や企業活動に直接，関わる環境部分としての経営環境に対して，企業は，資源依存性と情報不確実性とを見いだしている。経営環境での資源と情報をめぐるアフォーダンス状況によって，企業に関わる人々の心理的エネルギーに影響が及ぼされ，その結果，経営環境状況ごとに異なる仕方で戦略形成が図られる。

　そのため，適切な戦略形成の仕方を明らかにするには，企業環境状況とその変化がいかなるものかを解明する必要がある。企業環境のなかの経済社会環境部分は，マクロ的な環境であり，それを経済的，社会的，政治的，技術的な側

面に区分して解明するのがPEST分析である。経済社会環境が時期や地域ごとに固有なあり方を示す面に着目して，その全体的特徴を解明する分析手法もある。他方，企業環境のなかの経営環境部分を解明する分析手法には，関係市場分析，組織間関係分析，ステークホルダー分析，SWOT分析などがある。

【注】
1) Aldrich[1979]pp.4-6において，企業組織の基本側面として，①目標をもち，②境界をもつ，③活動システムであることが示されている。これらの側面が環境との関係でどのような影響を受けるかは同書のpp.14-18で示されている。
2) サイモン[2009]pp.184－187参照。
3) アフォーダンス概念は，知覚心理学のジェームズ・ギブソンが提唱したもので，環境のなかには人間の行動を誘発するような情報（データ）が含まれているという視点を提示している（野中・紺野[1999]p.171）。すべての行為は，環境にある意味，つまりアフォーダンスに動機づけられて始まると考えられる（佐々木[2008]p.137）。
4) Aldrich[1979]pp.132－134参照。
5) Mintzberg[1987]pp.11－17参照。
6) Mintzberg[1987]pp.18－19参照。
7) Mintzberg[1987]p.19参照。
8) Luthans[1976]では，企業を取り巻く環境を一般環境と特定環境とに区分している。Luthans[1976]でも一般環境を社会的，技術的，経済的，政治的の4領域に区分している（Luthans[1976]pp.56－72)。
9) バーナード[1956]pp.46－63参照。
10) イアンシティ＝レビーン[2007]pp.7－19参照。彼らは，多種多様な企業群から成るビジネス・ネットワークをビジネス・エコシステム（ビジネス生態系）と呼んでいる。
11) 平成17年8月2日に行われた山崎製パン(株)の平成17年2月期の中間決算短信における2ページで示された山崎製パン(株)をめぐる子会社などの図も参考にした。http://www.yamazakipan.co.jp/ir/ir-library/tanshin/pdf/2004kessan/200412all.pdf，それ以外の情報としては，新聞記事検索によって解明を行った。「攻防パン・ビジネス山崎パンvsセブン－イレブン，関連業界のむ再編の波」『日経産業新聞』1994年4月19日参照。なお，製粉会社と製パン会社の関係については，日清製粉－山崎製パンのほか，日清製粉と業界3位のフジパン，日本製粉と業界2位の敷島製パンとの密接な関係がある。製パン企業にとっては，原料メーカーと親密な関係を築いた方が，優先的に良質な小麦粉を供給してもらうことができ，急に小麦粉が必要になったときに無理を聞いてもらえる可能性が高まる。原料メーカーにとっても供給先の安定確保になる。
12) 「山崎製パン，日清オイリオ，ミヨシ油脂に出資，筆頭株主に，製品開発など連携」『日本経済新聞』2009年10月27日朝刊参照。
13) Freeman[1984]pp.24－27参照。

第3章

企業ドメインの設定と変革

第1節　自社ビジネスの明確化としての企業ドメイン設定

　企業を取り巻く環境では，企業が各種の事業展開を図るのに絶好の機会が現れているだけでなく，これまでの事業運営の続行を危うくしかねない脅威も生じてきている。企業は，さまざまな動きが見られる企業環境のなかに，自社が利用可能な資源と情報を活用しつつ，組織成員の心理的エネルギーを結集して取り組める企業活動領域を設定しようとする。それは，自社に独自な使命感や発想に基づいて，特定の製品・サービスを，特定の顧客や社会層へ向けて提供するべく組織化した活動を継続的に遂行しようとする活動領域である。

　こうした企業活動領域の全体を企業ドメインと呼ぶ。この企業ドメインは，いかなる製品・サービスをどのような市場へ提供するのか，そのためどのようなテクノロジーを用いるのか，その際どのような経営理念やビジョンをもって取り組むのか，などによって特徴づけられる。企業ドメインの設定を通じて，企業ドメインと，それ以外の環境領域とは明確に区分される。企業ドメインのなかでは，自社によるコントロールのもとに組織化した活動を遂行しているが，それ以外の環境領域では自社のコントロールが及ばないため，企業として対処すべきさまざまな不確実性が生じている。

　企業ドメインの設定とは，自社が関わるビジネス（事業）の全体像が何であるのかを明確化することでもある。オムロンの場合，「あらゆる事象から必要な情報を的確に取り出し，新しい価値に変える"センシング＆コントロール"に関わる分野」を自社の活動対象領域と定めている。同社は，そのように定め

た企業ドメインにおいて，生産・製品・社会システムなど幅広い分野での先進的なソリューションをもたらそうとしている[1]。

第2節　企業ドメインの設定と変革で重視される観点

さまざまな観点に基づいて企業ドメインの設定と変革が行われる。企業ドメインの設定と変革に当たって重視される観点には以下のようなものがある。

1．戦略的ポジショニング

企業ドメインの設定と変革に当たって第1に重視されるのは，戦略的ポジショニングの観点である。ここで戦略的ポジショニングとは，企業活動領域として有望と思われる領域を期待収益性や成長性の観点から特定化し，その有望領域に自社活動領域を設定することである。なお企業が，ある有望領域を自社活動領域として設定する場合，①提供する製品やサービス，②用いるテクノロジー，③ターゲット顧客などについて特定化を行う。このように戦略的ポジショニングの観点から企業ドメインを設定することを通じて，より高い収益性や成長性を実現させようとしている。

アイリスオーヤマの場合，当初は大山ブロー工業所の社名で東大阪に本拠を置き，プラスチック製の漁業用ブイなどを製造・販売していた[2]。ところが1978年にオイルショックが到来したとき，既存の製品を提供するだけでは企業の存続が危うくなるとの判断のもとに，新規分野進出の可能性を模索した。その判断材料としてデータ調査機関から各業種の収益性データ情報を購入し，入手した収益性データから，園芸用品業界が高い収益性をあげているとの情報を得た。その情報に基づいて，園芸用のプランター製造に転進し，それとともに宮城県に工場を設立し，東日本市場開拓を目指した。さらに本社も仙台へ移転させた。また，家庭用の収納用品は，これからも成長性が見込め，収益性が高い分野だと判断して手がけ始めた。1991年には，園芸ブランドのアイリスをもとに社名をアイリスオーヤマに変更した。同社は，戦略的ポジショニングの観

点から新たな企業ドメインの設定と変革を図ってきた。

2．経営環境変化への対応

　企業ドメインの設定と変革に当たって第2に重視されるのは，経営環境変化への対応の観点である。以前に有望な領域だと見なして設定した企業ドメインだとしても，経営環境変化によって，発展性や収益性の点で十分に満足すべきものではなくなる場合がある。そういう状況のもとで，当該企業は，生じた経営環境変化への対応を図るべく，企業ドメインを変革しようとする。

　日本郵船の場合，本業の海運事業にはムラがあって，全世界的に景気が落ち込むと貿易量が落ち込む傾向があった。景気後退期には，同社の売り上げも大幅に低下し，収益が悪化する問題にしばしば直面していた。他方で，海運事業には各種の規制が課せられており，他社は容易には参入できなかったため，収益の急激な落ち込みは回避できていた。ところが，各種規制が急激に緩和され，多くの業者が海運事業に参入し始めた。そのため，グローバルに競争激化が生じ始め，経営環境はより一層厳しくなった。そこで，日本郵船としては，環境変化への対応が重要だと考える立場から，海運事業を中心とする企業ドメインという考え方の変革に着手した。その結果，「総合物流企業」なるコンセプトのもとに，中国内陸部の運送事業や倉庫事業などの新たな事業領域を含むように企業ドメインを再設定した[3]。こうした企業ドメインの変革を通じて，同社は，海運事業を中心とする企業ドメインの収益性変動問題を解決できた。同社は，経営環境変化への対応を通じて，かつての海運事業から，より事業機会が多く見いだせる総合物流会社へと企業ドメインを変革した。

3．経営資源ベースに基づく強みの活用

　企業ドメインの設定と変革に当たって第3に重視されるのは，経営資源ベースに基づく強みの活用の観点である。定めた企業ドメインが有望なものであり，経営環境変化への対応も適切であったとしても，経営資源ベースに基づく強みが活用できるように企業ドメインが設定されていない場合がある。そのときは

経営成果の水準が低位にとどまりがちになる。その場合，自社経営資源ベースをより有効に活用できるように企業ドメインを設定し直そうとする。

ただし，経営資源ベースを常に先行して形成し，それに基づいて企業ドメインの設定を図るとは限らない。ある企業が，自社の既存の経営資源や組織能力だけでは取り組めない領域に対し，何らかの理由で参入を決定する場合もある。そのとき，目指す新たな企業ドメインでの活動に必要とされる経営資源を増強させ，新たな企業ドメインへの取り組みを開始する。ところが増強させた経営資源のすべてが常に完全利用されるとは限らず，一部について余剰能力が生じる場合がある。その場合，その余剰能力の有効活用を図るべく，新たな分野へのドメイン拡大をさらに試みる[4]。この場合も，経営資源ベースの強みを活かせるように企業ドメインの設定を図っている。設定した企業ドメインでの諸活動の遂行を通じて，新たな経営資源や組織能力の蓄積が実現されている場合には，それらを有効活用すべく，多角化などドメイン拡大への取り組みをさらに試みる。ときには，ある領域を企業ドメインに加えれば，経営資源と組織能力の蓄積を進められるとの期待に基づいて，企業ドメインを設定する場合もある。この場合も，経営資源ベースに基づく強みを長期にわたって活用できるように企業ドメインを設定している。

4．経営理念とビジョンの実現

企業ドメインの設定と変革に当たって第4に重視されるのは，経営理念やビジョンの実現の観点である。企業は，定めようとする企業ドメインのもとで，自社の経営理念やビジョンの実現が可能であるかどうかを重視する。自社の経営理念やビジョンの実現に結びつかない活動領域は自社ドメインとして選ぼうとはしない。こうした側面が注目されるきっかけとなったのは，ピーターズ＝ウォータマン［1983］の『エクセレント・カンパニー』なるベストセラーの登場であった。同書では，1980年当時にアメリカ企業が失い始めていた国際競争力を挽回する一つのカギは経営理念や文化の重視にあると考え，基軸から離れない分野でのドメイン設定と価値観に基づく実践の重要性を強調した。コリンズ

＝ポラス[1995]も，基本理念を重視するビジョナリー・カンパニーでは，社運を賭けた大胆な目標を追求しつつ，基本理念を重視して企業ドメインを定めていることを明らかにした[5]。

5．競争優位の獲得可能性

　企業ドメインの設定と変革に当たって第5に重視されるのは，競争優位の獲得可能性の観点である。1980年代の米国企業経営では，多角化経営を当然とする考え方が一般的であり，企業としては，どのような事業群を企業ドメインとするかを定めた後に，個別事業の競争戦略のあり方を検討するという発想が一般的であった。ところが近年の各事業分野での競争激化を見すえて，競争優位の獲得可能性がある領域だけを企業の活動領域と定めたうえで競争戦略のあり方を考えるという発想が見られるようになってきた[6]。なお，競争優位の獲得可能性をどの点に見いだすかについては，絶好の事業機会などの企業外部側面に見いだす考え方と，技術力や販売力などの企業内部側面に見いだす考え方とがある。このように，競争優位の獲得可能性という観点には，絶好のポジションを目指した競争優位獲得という戦略的ポジショニングの観点と，自社の強みを活かした競争優位獲得という資源ベース活用の観点の両方がある。

6．取引費用の最小化

　企業ドメインの設定と変革に当たって第6に重視されるのは，取引費用の最小化の観点である。企業は，各種の企業活動の遂行を通じて，価値を作り出し，価値を獲得しようとする。そうした企業の諸活動は，組織内活動と市場取引活動とに区分できる。それらの複合的な企業諸活動の全体を，できるだけ効果的なものとするには，どの分野を組織内活動として取り組み，どの分野を市場取引活動として取り組むのかを決定する必要がある。その際，市場取引活動を選択する方が良いと判断する根拠が取引費用の水準である。

　取引費用とは，ロナルド・コースによって提唱された概念で，市場取引に必要とされる「模索と情報の費用，交渉と意思決定の費用，監視と強制の費用」

から成るものである（コース[1992]p.9）。市場とは，市場取引を支えるために形成されてきた制度であるが，適切な市場取引を行うには，取引相手に関する情報入手，取引相手のモニタリングなどの取引費用が必要とされる。そのため，企業としては，取引費用をかけて市場取引を行うよりも，組織内で生産プロセスを組織化し，管理する方が経済的であると判断する場合もある。その場合は，市場取引によらず，組織内活動による対処を行う。つまり，組織での権威をベースにした資源配分の方が取引費用節約の面で比較優位をもつ場合は，自社内での生産活動を選択する。逆に，取引費用を負担したとしても市場交換取引の方が経済的だと思われる活動については組織内での生産を行わずに市場取引を行い，外部委託（アウトソーシング）を活用する。

　市場取引活動と組織内活動のいずれを選択するかに関して重要な意味をもつ取引費用の水準は，人間と環境という2つの側面の特性を反映している。取引を行う人間の側面には，「機会主義」と「限定された合理性」という特徴があり，環境の側面には，「少数性」と「不確実性」という特徴がある。これらの組み合わせによって，市場取引にともなう取引費用が低位にとどまるか，それともきわめて高いものとなるかが定まる（ウィリアムソン[1980]pp.64-65）。たとえば，ある財を市場取引しようと考える企業に対して当該資源を供給する業者が少数にとどまるという「少数性」が見られる状況では，少数の供給業者同士が談合を行い，価格のつり上げを図るなどの機会主義的な行動を取る可能性が高まり，当該財の市場取引にともなう取引費用が高くなる。他方，環境の側で不確実性が見られ，そのもとでの人間に「限定された合理性」が見られる状況では，適切な判断を下すためのかなりの努力が求められ，取引費用は高くなる。こうした2つの状況で高い取引費用が生じる場合，市場取引活動ではなく，組織内部での生産活動を選ぶ方が良い。つまり，市場取引費用や部品調達費用と，自社内部での管理のもとで財を生産する費用を比較したうえで取引費用を最小化するという観点から，その財を市場取引で購入するか，自社生産で調達するかを選択する。このように，市場取引活動を行うか，組織内活動を行うかの選択の総和として，取引費用を最小化できる企業ドメインが形成される。

7．企業ドメインについての合意（ドメイン・コンセンサス）の形成

　企業ドメインの設定と変革に当たって第7に重視されるのは，利害関係者のあいだでの企業ドメインについての合意（ドメイン・コンセンサス）形成の観点である。経営者が一方的に企業ドメインを設定するとき，利害関係者の一部が設定された企業ドメインに異論を唱える場合がある。当該企業として取り組むのを関係者の一部が疑問視するような企業ドメインは活力に満ちた活動領域とはなり得ない[7]。

　環境の急激な変化や，利害関係者の考え方の変化などを原因として，企業ドメインのあるべき姿が変化し，以前に形成された企業ドメインについての合意（ドメイン・コンセンサス）の有効性が失われる場合がある。企業スポーツ活動を支援している企業が，業績の悪化といった事態に直面した場合，取引銀行などから企業スポーツの支援に対する疑念が示されるのを踏まえて，企業スポーツ活動の支援を中止したりする場合などもその例である。こういう状況では，ドメイン・コンセンサスが再び得られるように企業ドメインの再設定が行われる。

8．企業ドメインの設定と変革についての統合的分析枠組み

　企業ドメインの設定と変革に当たって重視される諸観点を，3つのグループに区分できる。第1のグループでは，企業外部への着目に基づいて，戦略的ポジショニングあるいは環境変化への対応の観点から企業ドメインを設定する。また，第2のグループでは，企業内部への着目に基づいて，資源ベースの強みの活用あるいは経営理念とビジョンの実現の観点から企業ドメインを設定する。さらに，第3のグループでは，企業外部と企業内部双方への着目に基づいて，競争優位の獲得可能性あるいは取引費用の最小化の観点から企業ドメインを設定する。これらの3つのグループから成る諸観点に基づきつつ，企業経営者，管理者，組織成員，などのあいだでのドメイン・コンセンサスが形成できるように企業ドメインの設定と変革が図られる。図3－1は，企業ドメインが，以上の諸観点に基づいて設定され，変革されることを示している。

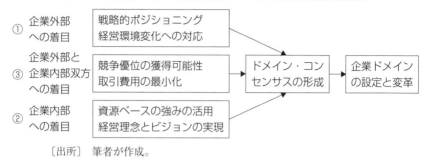

図3-1　企業ドメインの設定と変革についての統合的分析枠組み

〔出所〕　筆者が作成。

第3節　企業ドメインの設定と変革によって得られる結果

以上の諸観点に基づいて企業ドメインを適切に設定し、変革することによって、以下に示すような結果が得られる。

1．環境不確実性増大への対処

資源供給や製品販売の活動を経営環境のなかの他企業に依存する場合、当該企業は安定的に生産活動を行いたいと思っていても、他企業の思惑や気まぐれによる価格や生産量の変動という不確実性の増大に直面しかねない。そこで企業ドメインの一部に含めず、他企業による運営に委ねた場合に不確実性を生じかねない活動や事業分野を、自社が直接手がけるならば、そうした不確実性の増大への歯止めをかけることができる。このように、企業ドメインを適切に拡大したり、限定したりすることにより、環境の不確実性や複雑性による悪影響を回避することができる。環境のなかの有望領域を企業ドメインとして設定する際にも、関連領域の組み込みを適切に行うことにより、環境不確実性増大への対処が可能となる。ただし、当該企業が用いるテクノロジー類型に応じて、環境不確実性増大への対処を行うための企業ドメインの設定の仕方は異なる。

製造業企業の場合、長連結型（long-linked）と呼ばれるテクノロジーを用い、

数多くの活動を逐次的に連結して価値創造を行うことが多い。その場合，垂直統合を通じて原材料の分野や流通経路を企業ドメインに加えることによって，原材料の入手や販路の確保での不確実性増大へ対処できる。石油精製企業は油田開発に関わったり，ガソリンスタンドビジネスに乗り出したりすることにより，原材料入手や販路確保での不確実性増大が生じないように対処している。

　銀行，保険などの場合，媒介型（mediating）と呼ばれるテクノロジーを用い，多くの人々を媒介して関連づけて価値創造を行っている。その場合，預金者や加入者などの顧客の数が多ければ多いほど，サービス提供にともなう不確実性を少なくできる。それゆえ，ドメイン設定と変革の際の焦点は顧客を増大できるかどうかに置かれる。銀行の場合，多くの預金者の確保により財務的安定性が高められるので，より多くの預金者を確保するための布石として，支店数を増加させようとする。そうした発想のもとに，ATMを増設し，より確実にサービスを提供できるように試みる。保険会社の場合も，加入者が多ければ多いほど，財務的安定性が増す。そうなると，顧客からの信頼がより高まるので，保険会社は新規顧客をより獲得しやすくなる。こうした媒介型のビジネスを展開する企業では，顧客の増大が図れるようにドメインをより一層拡大することにより，不確実性の増大が生じないように努めている[8]。

　病院，建設業などの場合，集中型（intensive）と呼ばれるテクノロジーを用いて，サービス対象がもつ問題を解決するべく，サービス対象に向けてさまざまな働きかけを集中的に行う。そうした働きかけが適切でない場合は，サービス対象のもつ問題は解決できず，環境不確実性の増大が生ずる。そこで，このタイプのテクノロジーを用いる場合，クライアントを自社活動の一部に組み込ませ，クライアントの協力を活用しつつ，クライアントの問題解決を図ろうとする。こうした取り組みを通じて，クライアントの問題解決を進めることにより，環境不確実性の増大を抑えることができる。それにより，活動領域拡大にともなう制約を軽減させつつ，ドメインを拡大したときの混乱を回避できる[9]。

　テクノロジー類型に固有な環境不確実性増大への対処とは別に，各事業のライフサイクル上の局面推移に対応して企業ドメインの変革を図ることにより，

環境不確実性増大への対処ができる。どの事業についても，成長期を過ぎると成熟期や衰退期へ転じる可能性が避けられない。そうしたライフサイクル上の局面推移の影響を考えると，企業ドメインを本業だけに絞り込む戦略にはリスクがともなう。味の素の場合，本業のグルタミン酸ソーダの生産だけではコモディティ化など成熟化の可能性があったので，加工食品事業などへの多角化を試みてきた。そうした企業ドメインの変革を通じて，本業の成熟化にともなうライフサイクル上での不確実性の増大への対処が可能となる。

2．自社アイデンティティの確立と組織学習課題の明確化

企業ドメインの適切な設定によって，自社ビジネスが何なのかをより明確に表現できる。それにより，自社アイデンティティも確立でき，組織学習課題が何なのかもより明確にできる。3M社の場合，明確な方針のもとに企業ドメインを設定することにより，「わが社のドメインはコーティングと接着技術に関わるものである」とのアイデンティティを確立させてきた。こうした「コーティングと接着技術の会社である」との自社アイデンティティの確立によって，同社は企業として組織学習すべき課題内容も明確化させてきた。その結果，コーティングと接着技術に関わる新製品を毎年100以上生み出し，そのなかで成功を収めた製品に用いた技術を応用してさらに新製品の幅を広げてきた[10]。このように，企業ドメインを適切に設定することにより，自社アイデンティティの確立と組織学習課題の明確化が可能となる。

3．各種の経済の実現

企業ドメインの適切な設定によって，各種のメリットが実現できる。実現されるメリットを，「経済」という用語で表現できる。

（1） 外部経済の実現

当該経済主体の活動以外の外部的な原因で得られるメリットが「外部経済」である。地下鉄の新駅建設により，新駅周辺の商店の客が以前より増えたとす

れば，商店の経営者は地下鉄の新駅建設による外部経済の恩恵を得ている。たとえば，ハイテク企業が集積し，繁栄しているシリコンバレーには，スタンフォード大学というセンター・オブ・エクセレンスともいうべき優秀な研究拠点があり，さまざまな知識を生み出す一方で，企業家精神にあふれた起業家を生み出している。スタンフォード大学を有するシリコンバレーという環境が，その地に立地する企業群に外部経済をもたらしている。そういう地域での活動を企業ドメインの一部に加えることにより，「外部経済」によるメリットの実現が可能となる。

(2) 規模の経済の実現

　企業ドメインの拡大による生産量増大にともなって平均費用を低下させることができ，「規模の経済」を実現できる。規模の経済には，規模の拡大にともなって生産技術上の大幅なコストダウンができるという生産技術に関連した側面と，規模の拡大にともなって取引上の優位が得られやすくなり，各種の部品，原材料をより安く仕入れられるという取引上の交渉力に関連した側面とがある。近年，多くの業種で上位企業同士の合併が図られるのは，生産規模拡大による「規模の経済」の実現を目指しているからである。

(3) 範囲の経済の実現

　ある企業が，幅広い事業群を企業ドメインのなかに含めて事業活動を行うとき，それぞれの事業活動を別々の企業として行うのよりも少ない費用で，より効果的に事業活動を行える場合がある。そうした幅広い事業活動の遂行によって得られるメリットが「範囲の経済」である。多角化に基づく企業ドメインの拡大によって複数事業の展開などの総費用の引き下げや企業組織全体としての活動水準の向上などの「範囲の経済」が得られる。

(4) スピードの経済の実現

　数多くの企業の共存が困難だと思われる事業分野に対して，その分野にいち

早く進出することにより，先発者利益（first-mover advantages）が得られる場合がある。他企業に先駆けて市場へ参入することにより，自社製品名を当該製品の代名詞のようにさせるなど，ブランド形成やデファクト・スタンダードの確立が可能となる。アドビ社の「アクロバット」やマイクロソフト社の「オフィス」など，早期の進出によって不動の地位を築いている例が多く見られる（沼上[2009]p.255）。そのように，速やかな意思決定に基づくドメイン設定を通じて「スピードの経済」が実現できる。

(5) 連結の経済の実現

「連結の経済」とは，ある企業が他企業との連携を通じて，他企業の経営資源が利用可能になることから得られるメリットである。自社の企業ドメインを得意分野だけに絞り込む一方で，他企業との連携を通じて，自社の不得意分野については他企業の経営資源を活用できるように取り決めることにより，「連結の経済」が実現できる。自社の企業ドメインを得意分野に絞り込む際に，他社との補完や連携が可能なように企業ドメインを設定することにより，「連結の経済」の実現可能性を高めることができる。

第4節　3つの意味次元から見た企業ドメインの妥当性

企業は，さまざまな観点に基づく判断を踏まえつつ，好ましい結果が得られるように企業ドメインを設定している。ところで，経営戦略論の先駆的業績と見なされるアンソフ[1969]では，企業が関わる資源転換活動領域（企業ドメイン）を，「製品‐市場範囲（分野）」という用語で表現し，企業活動分野を広げる動きを，成長ベクトルという用語で表現した。多くの論者が設定された企業活動領域を表現するときに，アンソフの「製品‐市場範囲」概念や「成長ベクトル」といった言葉をたびたび用いてきた。それはなぜなのだろうか。

この問いに対する答えを，事物次元，社会的次元，時間次元の3つの意味次元の立場からシステムの妥当性を検討するという観点に基づいて示すことがで

きる。ここで事物次元の立場とは，何を（What）どうするのかについての妥当性が重要だと考えるものであり，社会的次元の立場とは，誰に（Who）関わることなのかについての妥当性が重要だと考えるものである。また，時間次元の立場とは，いつ（When），あるいは，いつまでにどのような変化が生じるのかについての妥当性が重要だと考えるものである。

　こうした立場からアンソフの「製品-市場範囲」概念の理解を試みると，企業が提供する「製品」とは，物理的な実体であり，事物次元の立場から特定化されるものである。また，「市場」とは，どのような人々のどのようなニーズに対して製品の提供を行うのかという意味で社会的次元の立場からとらえられるものである。さらに「成長ベクトル」とは，現在の企業ドメインから将来の企業ドメインへの製品・市場範囲の時間的な変化を示すものであり，時間次元の立場からとらえられるものである。アンソフの「製品-市場範囲」や「成長ベクトル」という概念は，事物次元，社会的次元，時間次元の3つの意味次元にわたって企業活動領域を包括的に説明していたからこそ，企業ドメインを説明するときに繰り返し言及されてきたのであろう。従来からも，設定された企業ドメインが3つの意味次元の立場から見て妥当性を有するかどうかの検討が，暗黙のうちに行われていたのである。以下では明示的に3つの意味次元の立場から見た企業ドメインの妥当性について検討していきたい。

1．事物次元の立場からの企業ドメイン妥当性の検討

　事物次元の立場からの企業ドメイン妥当性の検討とは，どのような（What）事業を展開し，いかなる（What）製品を作り出そうとするのかを明らかにしたうえで，取り組もうとする事業自体が魅力的なものか，それとも事業自体がとうてい良いとは言えないものかどうか，製品そのものが優れていて，魅力があり，欠陥の少ないものか，などの観点から企業ドメインの妥当性があるかどうかを検討することである。つまり，事業や製品など事物的にとらえられるものに目を向けて，設定された企業ドメインが，そうした事物次元の立場から見て妥当性をもつかどうか，有望かどうかを評価するのである。トヨタとダイハツ

の企業ドメインを事物次元の立場から評価すると，トヨタとダイハツの企業ドメインは，ともに自動車製造に関わる点では共通性を有するが，製品の特徴や製品ラインの幅などの点では相違がある。トヨタの製品ラインは，レクサスからパッソまで多数車種を含むのに対し，ダイハツの場合は，軽自動車など比較的，小型車に重点を置いている。トヨタと比較して企業規模がより小さく，技術能力の幅もトヨタほどではないダイハツが小型車に焦点を絞るのは事物的に見てきわめて妥当な戦略だと言える。

　企業がその製品やサービスを顧客へ提供するには，種々の原材料と部品を確保し，活用しなければならない。企業は，それらの原材料と部品の一部は自社での生産活動を通じて確保しようとするが，他の多くは市場取引を通じて購入しようとする。原材料から最終製品までの一連の活動を自社で担当することを垂直統合と呼ぶが，企業が垂直統合度をどのように定めるかも事物次元の立場から企業ドメインを設定するときに検討が必要な重要側面の１つである。こうした企業ドメインの事物的な面が，企業が用いるテクノロジーや経営資源の特徴を反映して意味あるように設定されているかなど，事物次元の立場から企業ドメイン妥当性を検討することにより，企業ドメイン変革の必要性はないのかを明らかにできる。

２．社会的次元の立場からの企業ドメイン妥当性の検討

　社会的次元の立場からの企業ドメイン妥当性の検討とは，設定された企業ドメインに関して，製品・サービス提供の対象とする顧客や社会層をどのようなものと考えているか，それらの対象顧客層から見て，設定された企業ドメインの妥当性があるかどうかを検討することである。製品・サービス提供の対象とする顧客や社会層も企業ドメインを構成する一側面ではあるが，対象顧客あるいは対象社会層などの利害関心が自社と完全に一致することはなく，対象顧客や対象社会層は，自社とは異なる社会的存在である。そのため，設定された企業ドメインが，対象顧客や対象社会層からどのように受け止められているかを検討する必要がある。たとえば，スーパー業界企業の対象顧客は，全国に店舗

をもつナショナル・チェーンの場合と特定地域に店舗を集中させるローカル・チェーンの場合で大きく異なる。ローカル・チェーン業態を取る平和堂の場合，滋賀県では店舗が60数店あるのに対し，京都府，岐阜県，大阪府，愛知県などで計40店前後，その他4県に計10数店をもつという布陣をとっており，基本的に足場を滋賀県に置いている。それに対し，ナショナル・チェーン業態を取るイオンの場合，北海道から沖縄まで合わせて300店，さらにマレーシア，タイ，香港，中国，台湾など計50店近くと，日本全国のみならず東南アジア，東アジアにも店舗を保有している。イオンと平和堂は，同じスーパー業界の会社といっても，その企業ドメインは地理的範囲の面で異なっている。このように，企業ドメインの地理的範囲の側面は，どの地域の人々を取引相手とするかといった社会的次元の立場から企業ドメインを定めており，この面で妥当性を有するかどうかの検討が必要である。滋賀県に本拠を設定してローカル・チェーンとしての取り組みを行う平和堂が地元住民から高い支持を得ているのは，社会的次元の立場から見て妥当な取り組みを行っているからだと考えられる。

地理的範囲以外の別な社会的次元の面に着目して，企業ドメインが設定される場合がある。たとえば，若年層に焦点を合わせたり，富裕層をターゲットにしたりして製品・サービスの提供を行ったりする場合がある。その場合の企業ドメインは，年齢別・所得階層別の特定社会層がもつニーズへの対応といった社会的次元での配慮に基づいて設定されている。マリオット・ホテル系列に属するリッツ・カールトンホテルは，富裕層へのサービスの提供を自社の企業ドメインとしており，対象とする社会層のニーズに対応した活動を行うことを心がけている。社会的次元の立場から企業ドメイン妥当性の検討を行うことによっても，企業ドメイン変革の必要性はないのかを明らかにできる。

3．時間次元の立場からの企業ドメイン妥当性の検討

時間次元の立場からの企業ドメイン妥当性の検討とは，企業が現在，関与する事業とは何であり，これから関与しようとする新規事業とは何なのかを明らかにしたうえで，そうしたドメイン変革への取り組みの妥当性について検討す

ることである。企業が，未来へ向けて新規事業創造に着手するのは，時間次元の立場から見ると既存の企業ドメインだけにこだわることについての妥当性には問題があるからである。

そうした新規事業への進出ではなく，既存企業ドメインの深掘りを目指す場合もある。そのため，企業ドメインが深耕可能性を有するかどうかの検討を行うことがあるが，それは，ドメインの持続的発展可能性という時間次元の立場から企業ドメイン妥当性の検討を行うことにほかならない。石井・奥村・加護野・野中[1985]では，ドメインの深耕可能性を，①技術の奥行き（革新，洗練，高度化の余地，関連技術の創造，他の技術体系との融合可能性）と②市場の奥行き（ポテンシャルも含めた規模，顧客の価値・嗜好の多様性および変化の可能性）の2つの面でとらえた[11]。技術といった事物次元に関わるものと，市場といった社会的次元に関わるものについて，それぞれが時間次元での展開可能性をどの程度もつかという観点から企業ドメインの妥当性をとらえようとしたのである。このように時間次元の立場から企業ドメイン妥当性の検討を行うことによっても，企業ドメイン変更の必要性はないのかを明らかにできる。

4．別な方法による企業ドメイン妥当性の検討

設定された企業ドメインの妥当性を検討するのに，物理的定義による方法と，機能的定義による方法という代替的な方法を用いることがある。物理的定義では，ある企業がブリキ缶製造を行っている場合，そのドメインをブリキ缶製造であると見なす。他方，機能的定義では，そのドメインを包装やパッケージの会社と見なす[12]。企業ドメインを機能的に定義し直すことにより，それを物理的に定義するのに由来する事物次元での限定を緩和できる。企業ドメインの機能的定義を通じて，事物次元として，より広がりをもったドメインであり，かつ社会的次元や時間次元上でも新たなドメインを想定する余地が生まれる。

たとえば，アメリカの鉄道会社は一時期，アメリカでの旅客輸送の中心であったが，やがて長距離バスや航空路線にとって代わられた。それは，アメリカの鉄道会社が自社のドメインを鉄道サービスであると物理的に定義していた

からである。もし自社のドメインは輸送サービスであると機能的に定義し直していたならば、長距離バス事業や航空路線事業への進出を実現させていた可能性がある[13]。映画会社の場合，自社のドメインを映画製作だと考えるのではなく，エンタテイメントなのだと考えるならば，テーマパーク，テレビ事業など多様な事業への進出が可能となる。企業ドメインの物理的定義によるならば，事物次元の立場からドメインをとらえがちとなるのに対し，企業ドメインの機能的定義を通じて，誰が顧客なのか，など社会的次元にまで視野を広げてドメインのあり方を考え直すことができる。かつてのアメリカの鉄道会社の場合も，長距離バス事業や航空路線事業への進出なども視野に入れられるようなドメイン変革を構想することがあり得たはずであった。ドメインの機能的定義を通じて，時間次元の立場から見ても広がりをもったとらえ方が可能となる。

第5節　企業ドメイン変革の方向性を解明する分析手法

　企業ドメインの変革を図るに当たって，その変革の方向性を解明する分析手法には以下のようなものがある。

1．SWOT分析

　企業ドメイン変革の方向性を解明する分析手法の1つとしてのSWOT分析では，環境の側での機会（opportunities）と脅威（threats）の内容を明確化するとともに，自社の側での強み（strengths）と弱み（weaknesses）が何であるのかを明確化する。そのうえで，環境の側で機会または脅威が生じている場合，自社の側が，そうした動きに対して強みを有するか，それとも弱みをもつかを判断したうえで，どのように対処すべきかを明らかにしようとする手法である。

　たとえば，企業にとって好ましい機会が生まれており，それに対して自社の強みを活用したいと考える場合は，好機に対し，自社の強みを最大限に活かせるように企業ドメインを変革するのが適切であることをSWOT分析に基づいて解明できる。ただし，企業にとって脅威となる事態が環境で生じてきており，

自社がそれに関連する強みをもたない場合は，最悪の事態とならないように既存の企業ドメインを縮小し，当該分野から撤退するのが良いことも明らかにできる。

2．産業収益性分析とプロフィット・ゾーン分析

アイリスオーヤマが企業ドメインの変革を試みたのは，オイルショック後の原材料価格の高騰という脅威のもとで，付加価値の低いプラスチック加工品の製造だけでは企業の存続が期待できないことが明らかとなったからであった。同社は，調査機関のデータベースに基づくレポートを取り寄せ，そのなかで，園芸用品事業についての収益性が非常に高いのを発見した。その産業収益性分析データに基づいて，それまでの漁業用ブイの製造から園芸用のプランター製造へとドメインの転換を試みた。このように，産業収益性分析によって，企業ドメイン変革の方向性を探ることができる。

同様な分析手法はGhemawat[1999]でも示され，ビジネス・ランドスケープ分析と名づけられた。それは，業種ごとの収益性の相違を一覧できるように表示したものであり，その分析を通じて，企業としては収益性が不十分な業種からの撤退や，現状のビジネス・ランドスケープを一新させるような新たな取り組みの必要性を指摘できる[14]。

さらに，スライウォツキー＝モリソン[1999]では，利益を獲得できる経済領域をプロフィット・ゾーンと呼んでいる。従来は，高い市場シェアを得ることができれば間違いなく高い収益性が得られると想定していたが，そういう想定は，もはや当てはまらない。今日では，非プロフィット・ゾーン（収益が得られない領域）が至るところに存在し，増加さえしている[15]。こうした傾向を逆転するには，顧客中心思考に立ち，顧客の優先事項を反映させて，顧客の問題にソリューションを提供するビジネス領域こそがプロフィット・ゾーンなのだと考え直す必要がある。顧客が変化すればプロフィット・ゾーンも動く。プロフィット・ゾーンに合わせて，ビジネス・デザインも再構築する必要があり，企業ドメインを再設定する必要がある。そのためには，①顧客の選択（もっと

も供給しやすく,もっとも適切な顧客集合の選択),②価値の獲得可能領域(製品の提供以外にソリューション,ファイナンシングなどの方法),③差別化・戦略的コントロール(自社価値提案を競争相手のものから差別化)の可能性などへの留意が重要である。「顧客から見た重要性を維持し,大きな利益を上げ,差別化・戦略的コントロールを生み出す」のが可能な企業ドメインとはどのようなものかを分析しようとするのがプロフィット・ゾーン分析である[16]。

3. PPM(製品ポートフォリオ・マネジメント)

企業ドメイン変革の方向性を解明する分析手法の1つに,PPM(Product Portfolio Management)と呼ぶ手法がある。それは,アメリカの著名なコンサルタント会社であるBCG(ボストン・コンサルティング・グループ)が提唱した手法であり,自社事業をその相対的市場シェアが高いか低いか,またその事業の市場成長率が高いか低いかに応じて分類したうえで,分類した事業群ごとに異なる取り組みを指示するという分析手法である。

図3-2 PPM (Product Portfolio Management)

市場成長率	相対的市場シェア	
	高い	低い
高	スター(花形)	問題児
低	金のなる木	負け犬

〔出所〕 Stern and Stalk Jr.[1998]pp.195-217参照,沼上[2009]p.131参照。

相対的市場シェアが高く市場成長率も高い事業はスター(花形)と呼ばれ,企業ドメインのなかに花形事業を含めることが目指される。それに対して,相対的市場シェアが低く,市場成長率も低い事業は「負け犬」と呼ばれ,そうした事業を企業ドメインから取り去ることがPPMの観点からは提案される。また,相対的市場シェアは低いが,市場成長率が高い事業は「問題児」と呼ばれ,

その事業での不振が続くならば「負け犬」事業となるので注意深く事業運営をする必要があるとの警告が発せられる。さらに，相対的市場シェアは高いが，市場成長率が低い事業は「金のなる木」と呼ばれる。このタイプの事業は，市場成長率の低さゆえに追加投資額の必要性は少ない反面，市場シェアの高さゆえに価格支配力を有するため，キャッシュフローが潤沢に得られるので，この事業で得たキャッシュを「問題児」事業に投資することにより，「問題児」事業を，スター（花形）事業に押し上げることが目指される。このように，PPMを通じて，企業ドメイン変革の方向性を明らかにできる。

第6節　企業ドメイン変革の実行方法

示された方向に企業ドメイン変革を実行する方法には，垂直統合，多角化，リストラクチャリング，企業買収（M＆A），アウトソーシングなどがある。

1．垂直統合

垂直統合とは，製品やサービスの提供に必要な部品・原材料の分野を自社で手がけたり，より消費者に近い流通や販売の領域も自社で担当したりするなど，自社活動領域を「垂直方向」に拡大することである。原材料・部品を用いて製品を作り出し，それを顧客に届けるという流れを，上流から下流への垂直な方向の流れであると考えたうえで，その流れに沿うように統合を進めるのが垂直統合である。この方法を用いて，企業ドメインの変革が実行できる。アルミ精錬企業（アルコア）の場合，ボーキサイト鉱山を自ら手がけたり，アルミを用いた最終製品の製造分野へ進出したりするという垂直統合を推進することにより，自社の企業ドメインを変革させてきた（トンプソン［2012］p.57）。

2．多　角　化

多角化とは，主力事業に加えて，それ以外の事業も手がけようとすることであり，この方法を用いて，企業ドメインの変革を実行できる。多角化について

は，垂直統合を含んで考える場合と，それをともなわない事業領域の多様化を意味する場合とがある。本業と新規事業分野とのあいだに見られる市場的な関連性を活かしながら行う多角化を市場関連型多角化と呼ぶが，その場合の市場的な関連性とは，本業と新規事業との顧客，販売方法，流通チャネルなどでの共通性や類似性である。市場関連型多角化と対照的なアプローチには，本業分野での技術能力を活用しながら多角化を行う技術関連型多角化がある。富士フイルムの場合は，写真フィルムの製造という当初の活動領域以外での事業領域の拡大という事業の多角化を通じて企業ドメインの変革を実現させてきた。

3．リストラクチャリング

リストラクチャリングとは，事業構造を再構築したり，再編成したりする手法である。本業の成熟化やグローバル競争の激化を前にして，多くの企業が，生き残りのためのリストラクチャリングを断行している。成熟大企業の場合，本業のウェイトを減らしてスリム化させ，新規有望事業分野への経営資源の傾斜配分を行うことにより，企業ドメインの変革を図っている。その際，不採算部門からの撤退，事業所の統合・閉鎖，分社化などの方策を用いる。

ある製品の製造と提供を打ち切る撤退という方法もリストラクチャリング実行方策の1つである。製品にはライフサイクルがあり，導入期，成長期，成熟期を経て，最後には売上と利益がともに減少していく衰退期を迎える。企業がある製品ライフサイクルの導入期に参入の意思決定を行ったとしても，成長期を経て次第に競争が激化してきて，製品のコモディティ化が進み，利益が十分得られなくなる成熟期に至る場合がある。そうなると，撤退を行うかどうかの意思決定の必要性が高まる。さらに，市場の飽和が進み，代替技術に基づく代替商品の登場という事態が生じてきて，衰退期の到来が明らかになったとき，企業としてはタイミングを見て撤退するかどうかの決断に迫られる。

4．企業買収（M＆A）

M＆Aとは，Merger（合併）and Acquisition（買収）の略語であり，企業買

収を用いた企業合併や企業吸収によって企業規模の拡大，垂直統合，多角化などの形態で企業ドメイン変革を実行できる。M＆Aには，ある企業が既存の他企業または，その一事業部門の買収を通じて，新しい業界分野に参入する場合も含まれる。その方法を用いるならば，みずから事業システムの開発・新設のための巨額の費用・資金を負担することなく，既存の経営陣，労働力，得意先，営業上のノウハウなどをそのまま引き継ぐことができ，スピーディに参入できる。ソニーが映画制作分野事業に乗り出すに当たって，コロンビア・ピクチャーズの買収という方法を取ったのがその例である。

5．アウトソーシング

アウトソーシングとは，従来，自社が担当していた企業活動領域の一部の遂行を他社に委託することである。情報処理業務，ビル管理業務，警備保障業務などを外部委託するなど，コア活動以外の諸活動の外部委託によって，限られた経営資源をコア活動に重点的に振り向けられるように企業ドメインを絞り込むことができる。生産業務すらアウトソーシングし，その代わりに，自社は，創造的なデザイン，設計分野に絞り込むような取り組みを行う場合もある。単にアウトソーシングによって外部委託を行うだけではなく，相手先とのネットワーキングを通じて利益の共有を目指す場合もある。

6．区別と指し示しの観点からの企業ドメイン変革実行方法の分類

以上で示した各種の方法を用いて企業ドメイン変革が実行できる。それらの方法は，新たに何かを追加する形で企業ドメイン変革を実行するものと，何かを取り除く形で企業ドメイン変革を実行するものとに区分できる。スペンサー＝ブラウン［1987］によると，ある空間が裁断され，別々にされるときに，一定の「宇宙」が存在するにいたる。生物有機体の皮膚は，その内側と外側とを裁断している。人間の経験は，そうした裁断から生み出されるのであり，区別（distinction）によって，特定の存在物が存在し始める[17]。その考え方に基づくと，「行為」（アクション）とは，空間を妥当な状態と，妥当でない状態とに区

別したうえで，自身の関与を妥当な状態へ向けて指し示すことである。つまり，行為は区別（distinction）と指し示し（indication）から成っている（大澤[1988] p.27）。この考え方を適用すると，企業ドメインの設定とは，企業環境のなかから，企業として関わるのが有望な領域を明確に区別したうえで，その領域内で企業活動を展開すべきだと指し示すことである。こういう観点から企業ドメイン変革実行方法を見ると，環境のなかから有望な部分を選び出し（区別），自社活動領域に加える実行方法（指し示し）として，垂直統合，多角化，企業買収などが挙げられる。また，自社活動のなかで問題のある部分を選び出し（区別），自社活動領域から取り除く実行方法（指し示し）には，リストラクチャリングとアウトソーシングがある。

第7節　ま　と　め

　企業は，企業外部への着目，あるいは企業内部への着目，さらに企業外部と企業内部双方への着目，などの観点などに基づいて，企業ドメインを設定し，変革している。これらの観点から企業ドメインを設定し，変革することにより，環境不確実性の増大への対処，自社アイデンティティの確立と組織学習課題の明確化，各種の経済やシナジーの実現などの結果が得られる。

　企業ドメインの妥当性を，事物次元，社会的次元，時間次元の各立場から検討することにより，企業ドメイン変革の必要性がないかを明らかにできる。企業ドメインを製品面と市場面からとらえる枠組みが従来から多く示されてきたが，製品面からとらえる見方は事物次元から，市場面からとらえる見方は社会的次元から企業ドメインをとらえている。製品と市場をめぐるダイナミックな企業ドメインの展開を成長ベクトルとしてとらえる見方は，時間次元から企業ドメインの変化をとらえている。従来からも，事物次元，社会的次元，時間次元の立場から企業ドメインの妥当性についての考察がなされてきたのである。

　そうした企業ドメイン妥当性の検討を通じて，企業ドメイン変革の必要性があると判断された場合は，企業ドメイン変革の方向性を解明する分析手法を用

いて変革方向性を定めることができる。そのうえで、企業ドメイン変革の実行方法のいずれかを活用することにより、企業ドメイン変革の実行ができる。競争が激化し、製品コンセプトや人々のニーズが変化する現代の経済社会環境を前にして、企業ドメインの設定と変革のあり方をとらえ直すことにより、企業ドメインを生産的であり、かつ収益性が高く、発展性に富み、関係者からも受け入れられるものとすることができる。

【注】
1) オムロン『統合レポート2015』2015年3月刊参照、http://www.omron.co.jp/ir/irlib/pdfs/ar15j/ar2015j.pdf参照。
2) 大山・小川[1996]pp.4-8参照、大滝・金井・山田・岩田[1997]pp.182-187参照。
3) 「日本郵船「もの運び世界一」への出航」『日経ビジネス』2004年5月10日号、pp.50-54参照。
4) トンプソン[2012]pp.62-64、ペンローズ[1962]pp.87-92参照。
5) コリンズ=ポラス[1995]pp.72-74参照。ビジョナリー・カンパニーは、中国伝来の陰陽思想に見られるように、ものごとには、「陰」と「陽」という相対立する面があることを直視している。すなわち「利益を超えた目的」と「現実的な利益の追求」、および「明確なビジョンと方向性」と「臨機応変の模索と実験」など、相異なる側面の両立を目指している。
6) 石井・奥村・加護野・野中[1985]の第1章で「経営戦略とは何か」を概説した後、第2章ドメインの定義、第3章資源展開の戦略、第4章競争戦略の順に説明を展開しており、ドメインの定義により、どのような事業群をカバーしようとするのかの決定がまず必要であると解される章構成を行っていた。ところが同書の新版としての石井・奥村・加護野・野中[1996]の新版「はしがき」では、「経営戦略に関する論点が変わってきたし、理論的な進歩も起こった」と記され、章の順序が大きく変えられた。第1章経営戦略とは何か、については旧版と同一であるが、第2章競争戦略、第3章事業システム、第4章ドメインの定義というように配列が変えられ、まず第1に検討されるべきは、競争戦略であるというように変更された。
7) トンプソン[2012]pp.39-40参照。
8) トンプソン[2012]pp.59-60参照。
9) トンプソン[1987]pp.60-62参照。
10) 石井・奥村・加護野・野中[1996]pp.92-93参照。
11) 石井・奥村・加護野・野中[1985]pp.24-25参照。
12) 石井・奥村・加護野・野中[1985]pp.22-24参照、榊原[1992]pp.18-27参照。
13) レビット[1993]pp.40-42参照。
14) Ghemawat[1999]pp.19-21参照。
15) スライウォツキー=モリソン[1999]pp.9-11参照。
16) スライウォツキー=モリソン[1999]pp.15-21参照。
17) スペンサー=ブラウン[1987]p.xxiii参照。オートポイエーシス（自己準拠、自己言及）、意味、観察など、ユニークな概念を用いているルーマンも、数学者であるスペンサー=ブラウンの『形式の法則』で示された区別（distinction）と指し示し（indication）という2つの操作が重要であると考えている。

第4章

経営戦略を導く経営理念とビジョン

第1節　経営理念とビジョンの意義

　企業は，企業環境のなかの特定領域を自社の企業ドメインとして設定したうえで，自社活動の遂行に当たって重視する価値とは何なのかを明らかにし，それを経営理念やビジョンとして表現している。そして，それらを自社でのもっとも重要な価値基準を示すものと考え，事業領域の選択を行うときの根拠や日々の活動を導く価値基準と見なしている。また，定めた経営理念やビジョンを社是や社訓として表現し，社章や社歌を通じて伝えようとしている。このようにして，定めた経営理念やビジョンを経営戦略に反映させようとしている。

　企業は，また，その経営理念やビジョンを，自社の社会的存在意義を示すものと考え，それを社内外で表明し，理解してもらうことにより，自社の企業活動に対する支持を高めようとしている。松下幸之助は，自社の使命として「産業人の使命」をかかげ，財の生産を通じて社会を富ませることが産業人の使命であると主張した。そして，すべての製品を水道の水のごとく廉価に提供することが同社の使命であるとの「水道哲学」を社員に示した。

　企業は，さらに，その経営理念とビジョンを，自社が到達を願う望ましい将来像を示すものと考え，経営ビジョンや戦略ビジョンと呼んでその実現を目指している。富士フイルムの場合，かつて，その経営ビジョンを「より優れた技術に挑戦し「映像と情報の文化」を創造し続けます」と示していたが，現在は，「人びとのクオリティ オブ ライフの向上」と定め，そうした望ましい将来像へ向けて，自社の事業や製品のあるべき姿を具体化させようとしている。

第2節　現代社会で重視される価値概念とその根拠

　各社が表明する経営理念やビジョンが単なる美辞麗句に終わらず，実際の企業活動に影響を与えうるには，経営理念やビジョンとして表現した内容が，組織成員によって価値あるものとして受け入れられる必要がある。そのように価値あるものとして受け入れられる経営理念やビジョンの基盤には，どのような価値概念が組み込まれているのだろうか。

　「価値」あるものを表現する言葉には，真・善・美などが考えられるが，それらを総称するものとして「善」なる言葉が用いられてきた。この「善」という言葉があるにもかかわらず，なぜ，「価値」という言葉を用いるようになったのだろうか。この問いに対して，現代社会では，相互に対立する多くの「善」が登場するようになり，それらを相対化して考察しうるものとして，「価値」なる言葉を用いるようになったとの見方がある（清水[1959]pp.2-6）。このように多様な意味内容を含む価値という概念の本質を解明するべく，何が「善」であるかなど，倫理についての考察を早くから論じてきたアリストテレスの見解をまず検討したい[1]。そのため，アリストテレスの考えを企業経営に適用すればどうなるかを考察したモリス[1998]の主張を紹介したい。

1．アリストテレスが重視した価値概念

　モリス[1998]による『もしアリストテレスがGMを経営したら』という書物によれば，「知性」「感性」「道徳心」「魂」といった経験の4つの次元を通じて，「真」「美」「善」「一体感」などの価値を基盤とする卓越性が達成される。そうした卓越性の達成をもとに，仕事に対する個人の満足感が作り出され，企業全体の活力が作り出される（モリス[1998]p.26）。

　各人は，自分の経験を知性的次元でとらえている。その次元を通じて得られる経験に基づき，自分の考え（ideas）をもつようになる。各人は，良い食べ物を必要とするように，良い考え（good idea）を必要とする。良い考えこそが真

理をもたらすのであり，「知性」を通じて「真」という価値が得られる。各人は，また，自分の経験を感性的次元でもとらえている。その次元を通じて得られる経験を通じて，「美」を感じ，リフレッシュし，元気を取り戻している。営業担当者は，顧客対応やクライアントの問題解決という仕事の美しさを実感し，製造部門では，エンジニアリングの美しさを形として作り出している（モリス[1998]p.93）。各人は，自分の経験を倫理的，道徳的な次元でもとらえている。その次元を通じて得られる経験に基づき，個人の健全さと対人関係の調和としての「善」という価値を作り出している。そうした「善」が実現され，公平さと親切さが感じられる状況では，ポジティブな感情エネルギーの発露がもたらされる（モリス[1998]p.138）。各人は，自分の経験を魂の次元（spiritual dimension）でもとらえている。その次元を通じて得られる経験を通じて，個としての独自性，自分より大きい何ものかとの連帯，他者にとっての有用性，自分の人生と仕事の意味についての理解が深められ，「一体感」を得ることが可能となっている（モリス[1998]p.213）。

表4-1　経験の4つの次元を通じて得られる卓越性の諸側面

経験の4つの次元	卓越性の基盤	卓越性の達成方法
知　性 (The Intellectual)	真 (Truth)	取引相手や顧客，政府当局に対して互いに真実を語ることにこだわることが重要。卓越性達成の方法には，他者に対する勝利，自己の成長，他者との協働があるが，他者との協働を行うための基礎は真実である。
感　性 (The Aesthetic)	美 (Beauty)	ビジネスには，あらゆるかたちで美や芸術が含まれている。ビジネスにおける美とは，人間的なニーズを大いなる能力で満たし，素晴らしい成果をあげること。ビジネスにおける美とは，生きることの芸術性。
道徳心 (The Moral)	善 (Goodness)	「個人の正しい発展」と「他人との良好なつきあい」という内・外2つの面が重要。ビジネスの文脈では，短期思考，利益優先志向，自己中心志向，成功志向，仲間の圧力，退屈などにより非倫理的な意思決定に導かれがち。正しい意思決定のためには，英知（wisdom）と徳（virtue）が必要である。
魂 (The Spiritual)	一体感 (Unity)	仕事が満足のいく意義深いものでありうるのは，もっとも基本的な魂のニーズが満たされる場合だけである。魂で何より大切なのは，「つながり」であり，魂の次元の究極の目標は「一体感」であり，思考と行動，信念と感情，自分と他人，人類と自然などについての無限のつながりを感じることが重要である。

〔出所〕　Morris[1997]p.20，モリス[1998]p.26で示された図表と各章の記述をもとに筆者が作成。

2．現代社会で重視される価値概念

　以上では，モリス［1998］の主張の紹介を通じて，アリストテレスが重視した価値概念についての考察を行った。それとともに，企業に関わる人々がそれらの価値概念をどのように受け止めているかも検討した。以下では，現代社会で重視される価値概念とはいかなるものかを解明したい。

（1）　事物次元でとらえられる価値概念

　現代社会で重視される価値概念の第1は，事物次元の立場でとらえられる価値概念である。ここで事物次元の立場とは，それ自体は何なのか，それは好ましいものかを問い，評価対象の価値を把握しようとする観点である。この立場では，病より健康が，貧困よりは富裕が良いというように，対象とする事物や行為が価値あるものかどうかを「善」という尺度で評価しようとする。この観点から価値を説明する考え方には，功利主義，帰結主義，目的論などがある。

　功利主義とは，行為や制度など，あらゆる事物の望ましさは，その働きの結果として生じる有用性によって評価できるという考え方である。「功利主義」という日本語の語感からは自己中心的な主義であるかのような誤解を生じさせかねないが，利害関係者全体の効用を高める行為や制度こそが善であるとする考え方である（中谷編［2012］p.96）。功利主義を体系化したベンサムは，「最大多数の最大幸福」をもたらすのが良い社会制度であると主張した。

　帰結主義とは，問題とする行為が価値あるものかどうかを，その行為から生じる帰結に基づいて判断する考え方である。功利主義は，帰結主義の1つの立場である。帰結主義の観点からある行為や取り組みの価値を考える場合，当該行為それ自体の是非よりも，それが環境状況のなかでどういう結果を生み出すのかに着目して価値評価を行う。

　目的論とは，ある行為が生じさせる事物的な結果が本人の目的の達成に寄与するならば，その行為は倫理的に正しく，逆に本人の目的の達成を損なうものであれば倫理的には正しくないと判断する考え方である。恒久平和を守るためには，戦争もやむを得ない場合があるとの主張は，目的論に基づいている。

ある行為や対象から得られる事物的な結果に注目し、その価値評価を行う場合は、事物次元の立場から価値評価を行っている。経営戦略のあり方を考察するうえで、こうした事物次元の立場からとらえられる価値の重要性を否定することはできない。とはいえ、それだけでは決して十分ではない。

(2) 社会的次元でとらえられる価値概念

現代社会で重視される価値概念の第2は、社会的次元の立場でとらえられる価値概念である。ここで社会的次元の立場とは、現実には自己以外の他者が存在することを直視して価値を把握しようとする観点である。こうした社会的次元の立場から価値を説明する考え方には、カントの義務論やロールズの正義論などがあり、この立場では、対象とする事物や行為が価値あるものかどうかを「正」という尺度で評価しようとする。

カントの義務論とは、「自分の行いが、世のなかに広まって普遍的法則となるのが良いことだと思えるように行為せよ」という考え方である。功利主義などの帰結主義では、ある行為がもたらす結果に目を向けるが、義務論では、自ら正しいことは何かを探究し、正しいと信じたことに従って行為すべきだと主張する。情念に動かされる生き方そのものをやめて、道徳法則を求めるという非連続の自己革新を求めるのがその立場である（勝西[2012]p.69）。つまり、本来、人間は道徳法則から外れることもあるといった主体の構造を認識したうえで、自らが正しいと考える行動への関与と他者との交わりを通じて、社会秩序が生成される可能性を示そうとする。自らが正しいと考える行為の追求を放棄するとき、世界から倫理と秩序が姿を消す、というのがカントの洞察であり（勝西[2012]p.87）、世界での倫理と秩序といった社会的次元での価値を実現するうえで自らが正しいと考える行為の追求を、価値あるものと見なすのである。

ロールズ[1979]の正義論とは、アメリカでの公民権運動やベトナム反戦運動など社会正義に対する関心の高まりを背景として、功利主義にとって代わるべき体系的な社会正義の議論を示そうとしたものである。それは、社会を成り立たせる正義の原理を、自己の利益を求める合理的な人々が共存するために交わ

す相互の合意に基づいて定めようとする考え方である。各人は，自分が置かれた状況（自己の階級的地位や社会的資格，自己の才能や体力など）を知ることなく（この想定は「無知のヴェール」と表現されている），妥当と思われる正義の原理を選択することが要請されている。こうした基本的な手続きを経るならば，「各人は広範な基本的諸自由への平等な権利をもつべきである」「社会的経済的不平等はもっとも不利な状況にある人々の利益の最大化に資するものでなければならない」などの要請を満たしつつ，正義の原理が支配する社会を形成することができる（ロールズ[1979]p.33）。善の観念（合理性）と正の観念（公正性）を有した「道徳的人格」をもつ集団が「無知のヴェール」のもとでの社会契約を交わすことにより，正義の原理を実現した社会が構築できると主張するのである（塩野谷[2009]p.7）。

(3) 時間次元でとらえられる価値概念

現代社会で重視される価値概念の第3は，時間次元の立場でとらえられる価値概念である。ここで時間次元の立場とは，あることがらの将来に向けた発展についての価値を把握しようとする観点である。こうした時間次元の立場から価値を説明する考え方には，「徳」の意義を強調するアリストテレスの見解がある。アリストテレスによる「徳」の定義とは次のごとくである。

「すべての徳や卓越は，それをもつものの良い状態を完成し，そのものの機能を良く展開させるものである。……人間の徳とは，人を良い人間にするような，すなわち人にその独自の機能を良く展開させるような，そうした状態でなくてはならない。」[2]

「徳」の程度を判断する基準として，「卓越」という観念が用いられる。徳の成就によって「卓越」がもたらされると考えるのである[3]。シュンペーターは，効用の極大化を図ろうとする「快楽的人間」の想定に対して，新しいことを実行しようとする「精力的人間」という類型を設定した（塩野谷[2009]p.97）。こうした新たな人間類型の設定を通じて，「精力的人間」がもたらすダイナミックな経済を想定できるようになる。そのようにダイナミックな経済をもたらす

「精力的人間」とは，「徳」の観点から言えば，人間の能力や資質を発展させ，それによって自己実現を図り，卓越した成果を個人的かつ社会的に生み出そうとする人間類型である（塩野谷[2009]p.100）。その人間類型の特徴は，時間を通じた発展のなかに価値を見いだそうとする点にある。ハイデッガーによると，人間は過去の歴史と伝統の世界のなかに投げ込まれており（存在被投），それを生の条件として受け止めつつ，将来の生に向けて人間と社会の可能性をプロジェクトする（存在投企）存在である。「投企と被投」「革新と伝統」「創造と伝統」などの対立項の基礎には，時間次元の立場から世界をとらえようとする観点がある（塩野谷[2009]p.275）。

3．正・徳・善による価値の分類

現代社会で重視される価値概念のそれぞれは，倫理学の3つの思想系譜として形成されてきた。その第1は，カントとジョン・ロールズの「正」の理論として，第2は，アリストテレスの「徳」の理論として，第3は，功利主義者（ベンサムなど）の「善」の理論として示されてきた（塩野谷[2009]p.ⅲ）。これらのなかで，「正」とは，社会の「制度」ないしルールに関わる価値概念であり，「徳」とは個人の「存在」ないし性格に関わる価値概念である。そして，「善」とは個人の「行為」に関わる価値概念である。ただし，「善」が個人の「行為」に関わる価値概念であるとの見解にはコメントが必要である。なぜならば，「善」が意味する価値には，「個人の欲求性向を満たす価値」だけではなく，「規範意識としての価値」の面も含まれるからである。個人の行為は，確かにその双方を目指すがゆえに，「善」とは個人の行為に関わる価値概念であるとの説明が可能ではあるが，塩野谷[2009]では，個人の欲求性向を満たす価値の面をより強く含むのが「善」だと考えている（塩野谷[2009]p.129）。

塩野谷[2009]によると，正・徳・善という一連の価値のあいだには一種のヒエラルキーが成立する（塩野谷[2009]p.ⅳ）。人々は，利己心に従って，自分が「善」（自分が望ましいと考える幸福）と見なすものを追求する。経済学では，善（good）という抽象的な観念を実現するには，財（goods）という現実的手段が

必要だと考えるが,そうした現実的手段の確保についての効率性を高めることが「善」なる価値である(塩野谷[2009]p.131)。ただし,多数の人々から成る分業的協同社会では,個人による「善」の追求が相互に共存する場合もあれば,対立する場合もある。それゆえ,人々が追求する異なった「善」の共存を可能にするには,個人が追求する「善」よりも上位にあり,かつ人々によって共有される「正」の原理を,社会の制度的仕組みに埋め込む必要がある(塩谷[2009]p.67)。ただし,何が正義であるかを論じる際,人々が自分の立場から発想するならば,自分に有利なように正義を歪曲しかねない。そのため,ロールズが示した「無知のヴェール」のもとでの社会契約や,「格差」はもっとも不遇な人々の最大の便益に資するものであること,などの考えに基づいた制度ルールの適用が必要である。要するに,個人による「善」の追求を相互に両立させる制度ルールの作動が必要であり,それを支えるのが「正」という価値である。各人による「善」の追求が活発に行われる場合でも,「正」に裏づけられた全体利益が損なわれてはならないのであり,それゆえ,「正」は「善」に優越すると考えられる[4]。

　人々は,「善」を追求するべく,さまざまな行為を遂行する。ところが,近代における社会生活の変容によって,個人による「善」の追求が,個人主義と利己主義の観点からの「外的善」の追求や貪欲の追求に陥りがちとなる。しかし,本来,個人は共同体の伝統・歴史・文化についての「共通善」を目指すとともに,「内的善」での卓越をも目指そうとする面をもつ。こうした「内的善」の追求を促し,人間本性を十分に発揮させるのが「徳」であり,それを支えるのが実践知(フロネシス)である。こうした「徳」の観点から,人々が追求する「外的善」の質に何らかの問題がないのかを評価する場合がある。その意味で,「徳」は「善」に優越する。さらに,「正」は人々の共存を図る制度的ルールでもあるので,それは「善」に優越するだけでなく,「徳」に対しても優越する(塩野谷[2009]pp.ⅱ-ⅳ)。以上の関係に基づいて成立する「正」>「徳」>「善」という価値のヒエラルキーは,人々について当てはまるだけでなく,法人企業についても当てはまると考えられる。

第3節　企業経営を方向づける経営理念と企業目的

1．経営理念と企業目的との相違

　企業組織の基本目的は「有用な製品とサービスの提供」と「収益性の向上」である。ところで，企業が表明する経営理念やビジョンの内容を検討してみると，「有用な製品とサービスの提供」を経営理念の1つとして挙げる場合がしばしば見られるのに対し，「収益性の向上」については，企業として利益を志向するのは当然なので，あえて経営理念の1つとしては明示しない場合が多い。現代企業の経営理念を示した社会・経済生産性本部(編)[2004]での記載のなかで，「利益の向上」を経営理念やミッションのなかに含めているのは，合計983社のなかの52社にとどまる。経営理念の1つとして「利益の向上」に言及する場合でも，「適正な利益の確保」「質の伴った利益」「株主の利益」「業績の向上」「企業価値の追求」など，いくぶん抑制的に利益の向上を目指すことが表明されている（社会・経済生産性本部(編)[2004]）。

　こうした傾向が生じるのは，企業が経営理念やビジョンとして重視する価値内容と，目的として達成を目指す願望内容とでは，抽象性ないしは具体性に対する重点の置き方が異なるからである。少なからず象徴的に表明される経営理念やビジョンには，企業の具体的な「願望」や目的のすべてが含められるとは限らない。なぜならば，企業活動には，企業としての「規範意識」や「課された制約」を重視して活動を遂行する面と，企業として達成したい「願望」や「目的」を目指して活動を遂行する面とがあるためである。つまり，企業は，従うべきと考えられる価値規範を経営理念として明示する一方で，達成したい願望内容を企業目的として表現する傾向がある。その結果，表明される経営理念と達成を目指す企業目的とでは差異が生じるのである。

　企業が変化する経済社会のもとでの発展を目指すには，企業としての願望や目的の達成を図るとともに，企業として従うべき価値規範の尊重にも務めなければならない。企業としての願望や目的の内容が，正・徳・善の枠組みのなか

105

の「善」の尺度に基づいて表現される傾向があるのに対し，企業として従うべき価値規範は，「正」や「徳」，あるいは「美」の尺度に基づいて表現される傾向がある。企業は，現代社会で重視される価値概念を，企業目的や経営理念・ビジョンに反映させたうえで，それらを手がかりとして企業経営の方向づけを図っている。

2．領域性と階層性をもつ経営理念とビジョン

　企業の経営理念やビジョンが，企業存在のあり方，企業環境との関わり方，企業行動基準，などいくつかの領域ごとに表現される場合がある。また，事物次元，社会的次元，時間次元のいずれかの立場から経営理念やビジョンを表現することにより，異なる領域の価値の重視が表明される場合もある。事物次元の立場からは「優れた製品の提供」などが経営理念として示され，社会的次元の立場からは「顧客との共存」「社会との共存」「社会的責任投資（SRI）の重視」などが経営理念として示される。時間次元の立場からは「成長につながるチャレンジ」などが経営理念として強調される（廣田[1997]pp.173-177）。このように，経営理念とビジョンが多様な観点から表明される結果，企業がその経営理念やビジョンとして示す内容は多岐にわたり，表明された経営理念やビジョンの内容には領域性が見られることがある（奥村[1994]pp.9-10）。

　他方，経営理念が，企業として達成すべき使命や社会的責任，そのような使命を具体化し，実効あるものとさせる経営方針，さらに社員の行動を指し示す行動指針など，異なる階層ごとに定められる場合がある。そのため，表明される経営理念やビジョンが，階層的に異なるレベルの内容を含むことがあり，経営理念とビジョンの内容に階層性が見られる場合もある（奥村[1994]pp.7-10）。たとえば，キヤノンの経営理念は，「企業理念」「企業目的」「行動指針」の3つのレベルで表現される。企業理念としては，「世界の繁栄と人類の幸福のために貢献すること，そのために企業の成長と発展を果たすこと」，企業目的としては，「①真のグローバル企業の確立，②パイオニアとしての責任，③キヤノン・グループ全員の幸福の追求」，行動指針としては，「①国際人主義，②三

自（自覚・自発・自治）の精神をもって進む，③実力主義，④家族主義，⑤健康第一主義」などが示されている（奥村[1994]pp.8-9）。

第4節　経営理念とビジョンを重視する企業経営論

　企業は，経済社会で重視される価値概念に基づいて自社の経営理念やビジョンを独自に表現し，企業活動の指針としている。こうした側面への関心を高めるきっかけとなった企業経営論のいくつかを以下で検討したい。

1．エクセレント・カンパニー論
(1)　エクセレント・カンパニー論登場の背景

　米国企業は，1980年代初頭に，日本企業の急激な台頭により，一部の優良企業を除いて，自動車業界，ハイテク業界などで急激に国際競争力を失いつつあった。こうした状況に直面して，スタンフォードビジネススクールで教育に携わるとともに，経営コンサルティング企業のマッキンゼーでの仕事経験を有していたピーターズとウォーターマンは，多くの米国企業の活力喪失の背景を探ろうとした。そこで，そういう状況でも業績が良く「つねに革新的な大企業」と判断された「超優良企業」（excellent companies）を対象として，その企業経営の特色を解明しようとした。彼らが明らかにした米国超優良企業の経営特徴に関する議論を，エクセレント・カンパニー論と呼ぶことができる。

(2)　「合理主義」的な考え方の行き過ぎ

　ピーターズ＝ウォーターマン[1983]によると，多くの米国企業が不況下で活力を喪失し，国際競争力を失っていたのは，「合理主義」的な考え方の行き過ぎによるものであった。多くの米国企業では，合理的分析への過信，財務的操作への過信などに陥り，分析的方法の過度の適用によって，人間味のない抽象的な考え方が優勢となっていた。当時の経営では，経営につきものの人的側面の排除により合理的な面が実現されると理解されるまでになっていた[5]。多くの

107

米国企業は，合理主義的な考え方を重視するあまり，実験精神を評価せず，誤りを犯すのを極端に恐れる，過度に複雑で柔軟性のない組織を作り出していた。そして，合理主義的な考え方を重視するあまり，「価値観」の重要性を忘れ去っていた。他方，エクセレント・カンパニーでは，必ずしも合理主義にこだわらず，価値観を尊重し，人を通じて生産性向上を図ろうとしていた。

(3) エクセレント・カンパニーでの動機づけを求める人間への対応

エクセレント・カンパニー論のねらいは，米国の多くの企業が過度の合理主義によって支配され，「分析麻痺症候群」に陥っているといった事態を克服する方策を示すことであった。その有効な方策だと見なされたのは，人間が，本来的にいくつかの矛盾した面をもつという事実の直視であった。人間は，外的なほうびと罰に対して敏感に反応するが，内的なモティベーションにも動かされる。人間の想像とイメージ形成は右脳で取り扱われるが，合理的・演繹的思考は左脳で取り扱われる。人間は，人生の意味を与えてくれる体制のためには自己犠牲をもいとわないが，他者より傑出する能力をもちたいと願う独立心も合わせもっている[6]。こうした人間の二面性のゆえに，人間は，理路整然と考えるというよりも，事例，小物語，印象を積み重ねて思考を形成し，何らかの関係あるものをつなぎあわせたり，組み合わせたりすることによってストーリーを生み出している（ピーターズ＝ウォータマン[1983]p.120）。さらに，人間には，信念を形成してから行動を起こすというより，何か行動を起こした後に，自分のしたことに意味を見いだそうとする面も見られる。超優良企業では，実験と試行錯誤の繰り返しを通じて，すばやい学習と効果的な適応を行い，そうした行動への賞賛を得るのを通じて，意欲と責任感を高めている。行動の後の意味づけに当たっては，エピソード，スローガン，伝説を用い，それらによって，組織の共通の価値や文化を効果的に伝えている[7]。

こうした人間の動機づけに当たり，エクセレント・カンパニーでは，すべてを単純化するのを原則とし，こまごまとした管理を避け，人々が自分の「腹」（ガッツ）や「勘」を頼りにしているのを理解した経営を行っている。二面性

をもつ人間を動機づけていくには、「単純化によって複雑さに対処する」との視点が必要なのである。そのため、意図的に本社スタッフを小人数にするとともに、仕事で重視する価値観とは何なのかを明確化し、目標も少数に絞り、物事をパターン化し、勘を働かせて判断する、などの方針を重視している[8]。また、自己決定と安心の双方を同時に求める人間の特徴に対応して、エクセレント・カンパニーでは、事業をどんどん分割し、権限をラインの末端にまでおろしている。こうした経営によって、人々には傑出の機会が与えられ、働く意味がもたらされている。それにともない、組織の基本的な考え方と理念への同調がもたらされている。

エクセレント・カンパニー論の展開に際し、ピーターズ=ウォーターマン[1983]は、スコット[1981]の見解にしたがい、経営理論の発展を4つの段階に区分した（図4-1参照）[9]。そして、20世紀の前半における合理的な面を強調する理論としてウェーバーやテイラーの所説、社会的な面を強調する理論として人間関係論やバーナードの所説を挙げた。ただし、それらはともに環境との相互作用を想定しないクローズドな状況での経営理論であったと位置づけた。

図4-1　経営理論の4つの発展段階

	合理的	社会的
クローズド	1900-1930年 （ウェーバー、テイラー） ⑥　基軸から離れない ⑦　単純な組織、小さな本社	1930-1960年 （メイヨー、バーナード、マグレガー、セルズニック） ④　人を通じての生産性向上 ⑤　価値観に基づく実践
オープン	1960-1970年 （チャンドラー、ローレンス=ローシュ） ③　自主性と企業家精神 ⑧　厳しさと緩やかさの両面を同時にもつ	1970年-現在まで （ワイク、マーチ、フェッファー=サランシク） ①　行動の重視 ②　顧客に密着する

〔出所〕　ピーターズ=ウォーターマン[1983]p.168の表に基づいて筆者が作成。

さらに、1960年代頃からは、環境との相互作用が必要とされるオープンな状況での経営理論が重視されるようになったと考えた。そうしたオープンな状況

での合理的な経営の面を強調する理論としてチャンドラーやローレンス＝ローシュの所説，同じくオープンな状況のもとではあるが社会的な経営の面を強調する理論としてワイク，マーチ，フェッファー＝サランシクの所説を挙げた。

　ところでエクセレント・カンパニーの経営の特徴とは，①行動の重視，②顧客に密着する，③自主性と企業家精神，④人を通じての生産性向上，⑤価値観に基づく実践，⑥基軸から離れない，⑦単純な組織，小さな本社，⑧厳しさと緩やかさの両面を同時にもつ，などであった。これらの8つの特質は，経営理論の4つの発展段階を示した図4-1の各セルに配置できる。要するに，エクセレント・カンパニーの経営の8つの特質は，経営理論の4つの発展段階のそれぞれの特徴を反映しているとも考えられる。エクセレント・カンパニーは，「人を通じての生産性向上」や「価値観に基づく実践」など，社会的な面を重視するとともに，「自主性と企業家精神」「行動の重視」など，環境に対してオープンな面を有している。また，「厳しさと緩やかさの両面を同時にもつ」など，合理性に偏らない経営を展開していたのである。

2. ビジョナリー・カンパニー論
（1） ビジョナリー・カンパニー論登場の背景

　エクセレント・カンパニーとして注目された企業のなかには，その後に業績不振に陥った会社も多く含まれていた。テキサス・インスツルメント，デルタ航空，IBMなどがその例であった。そこで，コリンズ＝ポラス[1995]は，業界で卓越した企業であるだけでなく，創業50年を経過し，長年にわたって同業他社のあいだで尊敬を広く集め，好業績を維持し続けている企業に着目し，その経営の特徴を解明しようとした。その結果，そうした企業の多くは，経営理念を強く意識し，優れたビジョンをもち続けていることを見いだした。コリンズ＝ポラス[1995]は，それらの企業をビジョナリー・カンパニーと呼び，それらの企業すべてが過去のどこかの時点で逆風にぶつかったり，過ちを犯したりしたこと，ただしそれらの企業にはずば抜けた回復力があり，逆境から立ち直る力をもっていたことを示した。それは，それらの企業が「永続するように築

きあげられた（仕組み）」を有していたからだと主張した[10]。このように，持続的競争優位の獲得が可能な企業経営の特色を解明しようとしたのが，ビジョナリー・カンパニー論であった。

(2) ビジョナリー・カンパニーでの基本理念の重視

ビジョナリー・カンパニーは，自社が信ずる基本理念をあくまでも重視するという特徴をもっている。ここで，企業が重視する基本理念は，基本理念＝基本的価値観＋企業目的と定義される（コリンズ＝ポラス[1995]p.119）。この場合の基本的価値観とは，組織にとって不可欠で不変の理念であり，いくつかの指導原理から成り，文化や経営手法と混同してはならず，利益の追求や目先の事情のために曲げてはならないものである。次に，企業目的とは単なるカネ儲けを超えた会社の根本的な存在理由であり，地平線の上で永遠に輝き続け，道しるべとなる星であり，個々の目標や事業戦略と混同してはならないものである（コリンズ＝ポラス[1995]p.119）。ビジョナリー・カンパニーは，いくつかの原理を基本的価値観として尊重しながら，利益追求を超えた根本的存在理由としての企業目的の達成を目指して活動を行っている[11]。

(3) ビジョナリー・カンパニーでの進歩への意欲

基本理念の重視だけがビジョナリー・カンパニーの特徴なのではない。世界は変化しているので，その変化に対して企業が対応していくには，基本理念以外の多くを変える覚悟が必要である。たとえば，「顧客の期待以上のことをする」というウォルマートの方針は基本理念の一部であり，変わることはない。しかし，店の入口にあいさつ係が立つのは，基本理念というよりも慣行の１つであり，それは変わることもある。そうした変化への着手を促すのが「進歩への意欲」である。この「進歩への意欲」があったからこそ，３Ｍ社は，他社が問題だと認識さえしていない問題を次々と取りあげ，実験し，解決し続けることができた。その結果，耐水サンドペーパー，スコッチ・テープ，ポストイットなど，いまでは幅広く利用されている革新的な製品を次々と生み出すことが

できた（コリンズ＝ポラス［1995］pp.253-262）。

(4) ビジョナリー・カンパニー生成発展過程と進化論プロセスの対比

　ビジョナリー・カンパニーは，基本理念を維持しつつ，進歩を実現させるための方法を取り入れることによって，優れた企業活動とその成果を生み出してきた。そうした活動と成果をもたらしてきたプロセスは，ダーウィンの進化論プロセスと対比できる。ダーウィンの進化論によると，突然変異，自然淘汰，保持から成る進化論的なプロセスを通じて，さまざまな種の進化の歴史が繰り広げられてきた。ところで，ビジョナリー・カンパニーが成功を達成し，発展していくときの基本的なプロセスでも，変異を作り出す段階，その変異のなかから淘汰されずに生き延びたり，自ら効果的な変異を選択したりしていく段階，そして選択・淘汰の結果を保持して発展を目指す段階が見られる。そうしたビジョナリー・カンパニーが生成され，発展を遂げる基本的なプロセスは，長期にわたる基本理念の維持と，社運を賭けた大胆な目標（BHAG：Big Hairy Audacious Goal）への挑戦という２つの段階から成る（コリンズ＝ポラス［1995］p.146）。将来の理想に向けた大胆な目標への挑戦は，突然変異の段階に対応す

図4-2　ビジョナリー・カンパニーの生成発展過程と進化論プロセスの対比

	大胆な目標への取り組み（BHAG）		基本理念の維持	
ビジョナリー・カンパニーの生成発展過程	社運を賭けた大胆な目標への取り組み	→	カルトのような文化	
	大量のものを試してうまくいったものを残す	→	生え抜きの経営陣	
ダーウィンの進化論	突然変異	→	淘汰	→	保持

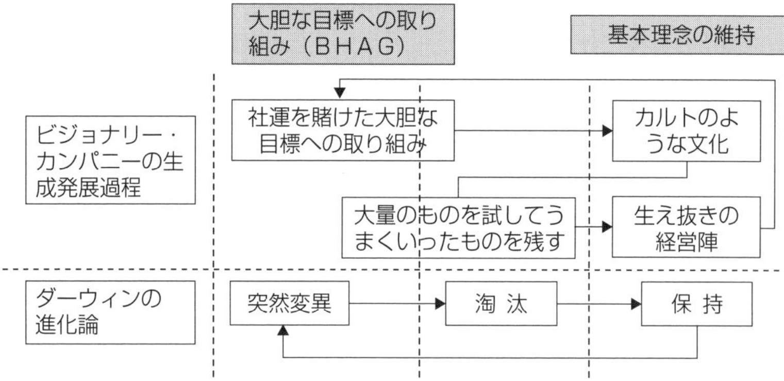

〔出所〕　コリンズ＝ポラス［1995］pp.243-252における記述をもとに筆者が作成。図中の縦の点線は，進化論における各段階の区分を示している。

る。そして，大量のものを試してうまくいったものを残す取り組みは，淘汰の段階に対応する。さらに，カルトのような文化を作り出し，生え抜きの経営陣で対処することにより，基本理念を維持しようとするのは，淘汰プロセスを生き延びた種を保持して発展を目指す段階に対応する。

　ビジョナリー・カンパニーは，以上のプロセスを通じて，数多くの試みに取り組み，成功した試みを採用し，進歩を実現させている。現状に決して満足せず，徹底した改善に絶え間なく取り組み，未来に向かって永遠に前進し続ける重要性を強調している。また，大胆な目標を目指して進歩を実現させようとする面と，基本理念をあくまでも維持しようとする面の双方を重視している。さらに，両極にあるものを同時に追求する才能を活かして，利益を超えた目的と現実的な利益の双方を追求しており，基本理念に忠実な組織と環境に適応した組織の双方の面を実現させている。

　ビジョナリー・カンパニー論では，基本理念を重視しつつ，時代の変化に合わせて，あるいは時代に先駆けて新たな事業に取り組む企業像が示された。それは，「真」や「美」の実現を徹底的に追求するとともに，時間次元での成長や飛躍を何としてでも成し遂げようとする企業像であり，「正」や「善」の面だけではなく「徳」の面も実現しようとする企業像であった。

3．「美徳の経営」企業論

　わが国でも，価値観や理念の重要性を主張する「美徳の経営」企業論が提唱された。この議論が提出された背景について，まず考察したい。

（1）「美徳の経営」企業論に先立つ「知識創造経営」論

　「美徳の経営」の提唱に先立ち，野中[1990]は，「知識創造の経営」の議論を展開した。ところで，ピーターズ＝ウォータマン[1983]によるエクセレント・カンパニー論では，合理的な意思決定を重視するだけではなく，進路の発見や意思決定の実施も重視する経営の必要性を主張していた。それは，合理的な分析だけが重要なのではなく，価値観や信念に基づく実践も重要だと見なしてい

たからである。それとは異なる観点からではあるが，意思決定を重視する思考法の枠を超えて「知識創造」経営論の立場への転回を行ったのが，野中[1990]や野中・竹内[1996]の「知識創造経営」論であった。

野中[1990]の『知識創造の経営』によると，企業の経営実践は，組織的知識創造の過程である。企業組織における知識創造は，言葉を通じて表現できる客観的知識（形式知）を個人のなかに「内面化」したり，逆に言葉では表現できない経験に基づく主観的知識（暗黙知）を「分節化」して言語化（形式知）したりするという，個人における暗黙知と形式知の循環過程を基本として展開される。個人による知識創造は，組織成員に与えられた自律性や，組織成員の意図（思い）によって促進されるが，企業組織では，さまざまな個人の相互作用の場が作り出されているため，組織内での暗黙知の共有が促進される。このようにして「共有化された暗黙知」に基づいて新たな「パースペクティブ」が生成され，それが新商品や新事業のコンセプトとして概念化される。こうした一連の過程を通じて組織的知識創造が行われる。

そこで，野中・竹内[1996]では，「知識創造経営」を推進するうえで，まず問われるべき「知識」とは何なのかについての考察を行った。そして，知識は理性によって演繹的に導き出されると主張する「合理論」と，知識は感覚的経験を通じて得られると主張する「経験論」の2つの主要な認識論の伝統を確認した。そのうえで，カント，ヘーゲル，マルクスによって合理論と経験論の2つの伝統を統合する試みが行われたことを示した。また，西洋では，主体と客体，精神と物体の二分法が取られてきたが，日本では，主体と客体の分離が根づいていないこと，現代哲学では，精神と物体との二分法をのり超えようと試みていることも検討した。以上の考察の後に，性質の異なる知識を実践のコンテクストで統合しようとする知識創造（SECI）プロセスに基づいて企業活動がもたらされていると論じた。

さらに，野中・竹内[1996]は，ピーターズ＝ウォータマン[1983]が示した経営理論の4つの発展段階（図4-1参照）と同様な発展段階区分を示したうえで，それぞれの段階に特有な「知識」論が展開されたと主張した[12]。たとえば，テ

イラーの「科学的管理法」の場合，作業員の経験や暗黙的な技能を客観的・科学的知識に形式化しようと試みた。それに対し，「人間関係論」の主張を踏まえて人間的要素が経営では重要であると考えたバーナードの場合，経営プロセスでは科学的知識とは異なる「行動的知識」が重要であることを強調した。企業組織が環境変化にさらされ，オープンな性格をもつようになったと考える戦略論の場合，戦略的な知識の重要性を強調し，論理的・分析的思考や経営者による分析的形式知の利用に重点を置く傾向があった。企業組織が環境変化に対してオープンであるとともに，社会的な相互作用を重視するようになった組織文化論では，組織成員によって共有された信念と知識に注目を寄せた。つまり，組織内で取り扱われる知識内容には形式知だけではなく暗黙知も含まれるようになり，さらに知識創造が行われる場がクローズドな状況からオープンな状況へと移行してきたことを示した（図4-3参照）。経営理論の発展段階ごとの知識についての解明は個々の論者によって行われてきたが，知識創造活動の全体的な解明は，野中・竹内[1996]によって始められたと主張された。

図4-3　経営理論の発展段階ごとの知識の内容

	合理的	社会的
クローズド	1900-1930年 （科学的管理法） 作業員の経験や暗黙的技能を客観的・科学的知識に形式化する試み	1930-1960年 （人間関係論，バーナード） 経営プロセスでは，科学的知識とは異なる行動的知識が必要
オープン	1960-1970年 （戦略論） 論理的・分析的志向で，経営者による形式知の利用に重点を置く	1970年-現在まで （組織文化論） 組織成員によって共有された信念や知識に注目

〔出所〕　筆者が野中・竹内[1996]pp.50-61の記述をもとに作成。

(2) 「美徳の経営」企業論登場の背景

21世紀に入り，「知識創造経営」論の基盤のうえに，「美徳の経営」企業論の展開が図られた。この「美徳の経営」企業論の展開と相前後して見られた問題状況とは次のようなものであった。

第1の問題状況とは，2001年に明らかとなったエンロン事件で，不正な会計操作により見せかけの利益を印象づけようとする経営が出現し，わが国では2005年のライブドア事件で，人を欺くための「知識創造」が露見したことである。このように知識創造が反社会的な仕方で展開されるとは「知識創造経営」論が構想されたときには想像もできない事態であった。第2の問題状況とは，バブル崩壊後のデフレ不況という厳しい経済状況での過度の成果主義経営によって，日本企業のマネジメントに疲弊がもたらされ，大きく変わったことである。企業収益の悪化，財務体質の脆弱化，金融機関の破綻などによって，従来の日本的経営を維持するだけでは生き残れないと考えられるようになった。そうした状況を乗り切るべく導入された徹底的な成果主義経営の結果，現場は，上から示される高い目標に追われることになり，大卒は，3年で3割が辞め，高卒は3年で5割が辞めるというように，企業組織内では十分な働きがいをもって働けないという状況が生み出されることになった（一條，德岡，野中[2010]p.22）。こうした状況のもとにあった日本企業を襲ったのが，リーマン・ショックであり，それまで過度の成果主義という負の部分を打ち消していた利益の成長も一気に消し飛び，残ったのはいわば焼け野原になった職場だけであった（一條，德岡，野中[2010]p.22）。企業内での人と人との関係性の意味や，価値観共有の重要性の認識も希薄化した。かつての職場では，人と人との関係を通じて価値観の伝承や進化が行われ，企業活動基盤が形成されていたが，そういう人と人との関係性の希薄化にともなって，組織内のみならず社会全体でも価値観に大きなぶれが生じてきた（一條，德岡，野中[2010]p.19）。こうした状況と相前後して，「美徳の経営」企業論が提唱された。

(3)　「美徳の経営」企業論の諸特徴

　「美徳の経営」企業論の第1の特徴は，アリストテレスが示した賢慮（フロネシス）によって，企業諸活動を方向づけるべきことを強調していることである。アリストテレスは知の形態として，エピステーメー（科学知），テクネー（技術知），フロネシス（実践知）の3つを示したが，フロネシスとは実践的知

性に優れることである。それは，思慮分別あるいは賢慮を意味し，個別具体の場で，その場の本質を把握し，全体の善にとって最良の行為を選び出し，実践するのを支える知恵である（野中・紺野[2007]pp.68-69）。実際の行動は，さまざまなコンテクストのもとで行われるので，企業が直面するコンテクストとはいかなるものかを把握し，それを踏まえた判断や行為を示すことが必要である。そうした実践的な判断や行為をもたらす知性がフロネシスである。

　官僚制構造のもとではルールに基づく行動を重視するが，それはクローズドな世界でのみ有効である。多様なコンテクストのもとで，企業がその文脈に対応して柔軟に対処していくには，思慮に富んだ判断と巧みな選択とが必要なのである。ところが，本来はアートであるべき経営の場面で，分析的な演繹的論理が過剰に適用され，ピーターズ＝ウォーターマン[1983]のいう「分析麻痺症候群」が蔓延してきた。それにより組織成員の創造性や自由な発想が抑え込まれ，経済的効果や合理性の追求に執拗に駆り立てられてきたのがこれまでの経営の姿であった（野中・紺野[2007]p.75）。そういうエピステーメー（科学知）に重点を置く合理的思考から抜け出せない経営のあり方とは異なり，賢慮（フロネシス）という実践の知を活かした経営のあり方を提唱したのが「美徳の経営」企業論である。「美徳の経営」企業では，賢慮を効果的に働かせ，「真の強さ，ある種のしたたかさ」をもって，企業の卓越性（エクセレンス）を実現させようとする。そのために重視するのが「徳」の実践である（野中・紺野[2007]p.ⅳ）。アリストテレスが示した「徳」の定義とは，それを有するところのもののよき「状態」を完成させ，その機能をより十分に展開させるものである[13]。企業経営での「徳」とは，企業が有するところのもののよき状態を完成させ，企業の機能をよりよく展開させることなのである。

　「美徳の経営」企業論の第2の特徴は，真に実現したい目標は何なのかを問い直すとともに，その実現のための課題が何なのかを明らかにし，それへの対応策を実践的推論に基づいて示すことである。その際，目指そうとする共通善とは何なのかの吟味だけではなく，現実状況の把握も行おうとする。そのうえで，もともとの知見からはかなりの飛躍を行って，当初は想像もしなかった知

見に到達するような思考プロセスの活用を奨励している。こうした思考プロセスはアブダクション（発想法）と呼ばれ，パースによって，演繹法，帰納法と並ぶ第3の思考プロセスだと特徴づけられたものである（野中・紺野[2007]p.89）。

　自動車業界のホンダは，ビジネスでの実践的推論を効果的に実行している例の1つである。ホンダには，世界中の顧客の満足のために質の高い商品を創ることに全力を尽くすとの理念がある。新車種の開発に当たり，究極の目的（それは「A00」と呼ばれる）とは何かを問い（大前提），今やるべきことを明確に位置づけて（小前提），熱い議論の末に実行するのがホンダの戦略（結論）であり，そこに見られるのが実践的三段論法である（野中・紺野[2007]p.84）。本来の目的やビジョンを実現するには，現時点での問題を踏まえなければならないが，かといって現状に引きずられないようにしなければならない。本来の目的を見すえつつ，より現実的な目的をアブダクションによって発見し，その達成を目指すプロセスを繰り返すことが必要である。実践的推論とは，本来の目的やビジョンを具現化するための，現実主義とアブダクションとを合わせもつ弁証法なのである（野中・紺野[2007]p.94）。

　「美徳の経営」企業論の第3の特徴は，目的の達成や共通善の実現に当たって，あらゆる手段や資源を駆使する政治的プロセスの活用を行うことである。それは，「最高目的を達成するには，どんな取り組みもすすんでする」とのマキアヴェリズムを説いたマキアヴェリの考えに沿うものである。徳（virtue）に関連する語としてのヴィルトゥオーゾは「力」を意味し，現状を動かす力量を意味する。キヤノンの改革を進めた御手洗社長も，会社が今すぐつぶれるほどではない中途半端な状態だと，現状のままでも幸せな人がいっぱいいて，それが抵抗勢力になると述べている。改革による前進をつらく苦しいと感じ，戸惑い，抵抗する相手をその気にさせるための政治的プロセスが必要な場合がある（野中・紺野[2007]p.113）。こうした政治的プロセスを効果的に実行するには，置かれた状況やコンテクストを察知したうえで，それを明確に表現し，他者とコンテクストを共有して共通感覚を醸成する能力が必要である。この面は，ある意味でフロネシスの発揮と大いに関連し，それを補完するものである。

「美徳の経営」企業論の第4の特徴は，美の観点から企業経営のあり方を構想することである。モリス［1998］も，組織成員は「経験の感性的側面を通じて，美を感じ，リフレッシュし，回復し，元気になる」と述べている。ビジネスには，あらゆる形で美や芸術が含まれている。アップルのスティーブ・ジョブズ，スターバックスのハワード・シュルツ，ヴァージン・アトランティックのリチャード・ブランソンなど，「美」やアートと経営との関係に関心を寄せるグローバルなリーダーが現われてきている。彼らは，経営やマーケティングに当たって，自らの価値観の「鏡」として，アートやデザインを活用しようとしている（野中・紺野［2007］p.159）。

企業経営を通じて，真・善・美の追求を行う場合，真・善・美の内容についての具体化はデザインを通じて行われる。デザインの過程を通じて，複雑な問題に対する解決策を示すことができ，人間にとって本質的な社会的便益を具現化させ，創造的な感性を満足させることができる（野中・紺野［2007］p.172）。そのデザインをどのようにして定めればよいのかについては，美学，あるいは感情の知の役割が重要であると主張するのも「美徳の経営」企業論の特徴である。

第5節　ま　と　め

企業の経営理念やビジョンは，企業が経営戦略と事業運営のあり方を考えるときの基盤をなしている。その経営理念やビジョンは，経済社会で尊重され，自社が重視する価値概念に基づいて表現される。そこで重視される価値概念は，事物次元，社会的次元，時間次元などの立場からとらえられる。人々についてだけではなく法人企業にも当てはまるものとして，「正」＞「徳」＞「善」という価値のヒエラルキーを想定できる。

経営理念や価値観を重視した経営論には，エクセレント・カンパニー論，ビジョナリー・カンパニー論，「美徳の経営」企業論などがある。これら3つの経営論は，試行錯誤，チャレンジあるいは実践を通じてこそ優れた企業経営が実践されると考える視点を共有している。何らかの理想状態を計画的に作りあ

げようとするのではなく，絶えざる変化に直面するものとして企業経営をとらえる視点も共通である。これらの経営論では，揺るぎのない価値観に基づきつつ，未来志向的かつ探索的な経営を展開すべきことを強調している。企業が表明する経営理念やビジョンが野心に満ちたものであり，刺激にあふれたものである場合は，組織成員の心理的エネルギーを引き出すことができ，企業組織内のまとまりの基盤を形成できる。多数の人々による多面的な企業活動をまとめていくには，合理的かつ機能的な観点に基づく組織化だけではなく，文化や感性や価値に基づくリーダーシップが必要である。その意味で，経営理念やビジョンが経営戦略の形成に果たす役割はきわめて重要である。

【注】
1) アリストテレスの『ニコマコス倫理学』の第1章は「あらゆる人間活動は何らかの善を追求している」と題されている。同書については，アリストテレスが，彼の息子のニコマコスのために著したという説と息子のニコマコスによって編集されたという説とがある。
2) アリストテレス[1971]（上）pp. 86-87参照。塩野谷[2009]p. 62参照。
3) 塩野谷[2009]p. 83参照。「徳」の程度が卓越の観念によってとらえられるのに対して，「善」の程度は合理性や効率性の観念によって，「正」の程度は公正性や連帯，ケアの観念によってとらえられる（塩野谷[2009]pp. 5-57）。
4) 塩野谷[2009]pp. ⅱ-ⅳ参照。
5) ピーターズ＝ウォータマン[1983]の第2部「新しい理論の構築を求めて」では，2つの章を設けて，新しい理論の構築への取り組み方針を述べている。最初の「「合理主義」的な考え方」という章では，「合理主義」的な考え方への過信を改める必要性を主張し，次の「人々は動機づけを望んでいる」という章では，人間は外的なほうびと罰に対して非常に敏感に反応するが，内的なモティベーションに強く動かされもする，という人間の二面性に対処していく必要性を強調している。
6) ピーターズ＝ウォータマン[1983]pp. 100-101参照。
7) ピーターズ＝ウォータマン[1983]pp. 137-142参照。
8) ピーターズ＝ウォータマン[1983]pp. 121-128参照。
9) ピーターズ＝ウォータマン[1983]pp. 166-168参照。
10) コリンズ＝ポラス[1995]p. 7-71参照。原著の翻訳書名は，『ビジョナリー・カンパニー』であるが，原著名は，"Built to Last"であり，永続するように築きあげられた仕組みを解明したいという意図が強調されている。
11) コリンズ＝ポラス[1995]pp. 77-129参照。
12) 野中・竹内[1996]pp. 50-61参照。野中・竹内[1996]では，ピーターズ＝ウォータマン[1983]による経営理論の発展段階区分に基づきながら，知識論の特徴づけを行ったと明言しているわけではないが，筆者の見解によれば，両文献には明確な対応関係を見いだしうる。
13) アリストテレス[1971]（上）pp. 86-88参照。

第5章

経営資源の確保と活用の戦略

第1節　経営戦略形成における経営資源の意義

　企業の基本目的たる「有用な製品とサービスの提供」と「収益性の向上」の達成を可能にする根本的な条件の1つは，ヒト・モノ・カネ・情報などの経営資源を確保し，活用することである。ここで経営資源と見なされるものには，経営者能力，専門家能力，作業者能力，工場設備・機械設備や技術能力，資金，各種のノウハウや知的財産などがある。各種の経営資源を確保し，活用して生産や販売などに関する組織能力を高めるのが経営戦略を成功に導くのに何よりも重要だと考える立場を，資源ベース視角（resource-based view）と呼ぶ。この立場によると，企業の各種事業領域への進出を可能にするのは，自社にとって利用可能な経営資源や組織能力である。各種事業領域での競争優位獲得を可能にするのも自社に独自な経営資源や組織能力なのである。

　経営資源とは，企業活動をもたらす要因としての資源，情報，心理的エネルギーのそれぞれが，資産，プロセス，能力など企業活動に利用可能な形で企業に備えられているものである。経営資源とは，市場で取引できるありふれた資源ではなく，企業に固有な資源であり，模倣するのが困難な資源である。経営資源は，企業内部で保有される場合が多いが，外部主体との提携により利用可能となる場合もある。

　以下では，経営資源の分類方法，経営資源の属性，経営資源の効果的な活用方法などの検討を行った後に，環境変化にも対応しうる変化対応能力（ダイナミック・ケイパビリティ）の必要性についての検討を行うことにする。

第2節　各種経営資源の分類方法

1．可変性と汎用性に基づく経営資源の分類方法

　さまざまな経営資源は，その内容の面に基づいてヒト・モノ・カネ・情報に分類できる。ヒト，モノ，カネとは，それぞれ人的資源，物的資源，財務的資源を意味し，情報がきわめて重要な働きをする資源を情報的経営資源と呼ぶ[1]。生産活動の管理ノウハウ，マーケティング活動のノウハウ，投資資金運用のノウハウ，特許などの知的財産などがその例である。

　ヒト，モノ，カネ，情報という分類方法以外に，可変性と汎用性に着目した経営資源の分類方法がある（伊丹・加護野[2003]p.33）。この方法を用いると，ヒト，モノ，カネ，情報から成る種々の経営資源を，可変性が高いものと固定性が高いものとに区分したり，汎用性の高いものと企業特異性が高いものとに区分したりできる。

　カネという資源は，いかなる使途にも用いることができ，汎用性が高い経営資源である。汎用性の高さが財務的資源の特徴ではあるが，短期資金と自己資本とでは可変性の程度は異なる。短期資金の可変性は高く，目指す目的への適用がすぐさま可能であるのに対し，自己資本は長期的に固定して用いられる。ヒトおよびモノという資源は，カネ（短期資金）ほどには汎用性や可変性が高くない経営資源である。そのなかでも比較的，可変性の高いものとして，ヒトについては短期契約の労働者，モノについては原材料や簡単な機械，一般的な流通網などがある。ただし，それらは短期資金ほどには汎用性や可変性の程度が高いわけではなく，ある程度，企業特異性をもち，用途が限定される。ヒトおよびモノのなかで，企業特質性が高く，固定性も高い経営資源の例には，熟練労働者や内製機械，大規模な工場設備などがある。

　情報的経営資源については，企業に特異な情報のストックである場合が多く，カネを出しても容易には入手できない場合が多い。それらは企業の貸借対照表で企業の資産として公表されることはないが，企業の活動を支えており，見え

ざる資産として役立っている。そうした固定性や企業特異性の程度が高い情報的経営資源の例には，固有技術や顧客情報，ブランド，信用などがある。

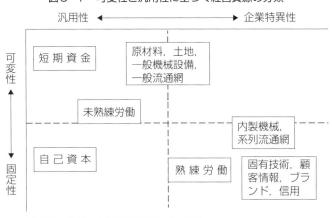

図5-1 可変性と汎用性に基づく経営資源の分類

〔出所〕 伊丹・加護野[2003]p.33参照。

　各種の経営資源は，企業活動の遂行にともない，順次，その形を変えて活用される。最初は，可変性と汎用性が高い短期資金を用いて原材料，一般機械設備などを購入する。その後，継続的な企業活動を通じて企業に固有な技術や独自な製品を作り出し，ブランド形成を図る。要するに，可変性と汎用性が高い経営資源の企業活動への投入から始めて，固定性と企業特異性が高い企業固有技術や製品ブランドなどの経営資源を作り出そうとする。そうした固定性と企業特異性の高い経営資源の活用に基づいて製品・サービスの提供を行い，売り上げによる収入を得て，現金を回収し，それを可変性と汎用可能性が最も高い短期資金のプールに戻す。このように，各種の経営資源は，形を変え，相互に関連性をもつように活用されている。これらの各種経営資源を，可変性と汎用性の程度に基づいて配置したのが図5-1である。

2．経営資源がもたらす働きに基づく分類方法

　経営資源がもたらす働きに着目した経営資源の分類方法もある。まず，企業

活動遂行に必要なインプットとして役立つという働きをもつ経営資源が考えられる。ただし，インプットとして役立つ経営資源を確保し，活用するだけでは，成果を高めることはできない。インプットとしての経営資源を適切に組織化し，成果をもたらすように導く経営資源も必要であり，それは経営能力と呼ばれる。ここで，経営能力とは，資産，人材，プロセスを複雑に組み合わせることによって，インプットとしての経営資源をアウトプットとしての製品やサービスへと変換させる能力を意味しており，経営資源を活性化させる働きをもつソフトとしての経営資源である。以上の２つのタイプの経営資源に加えて，経営資源を十分に活用するための枠組みや場として役立つという経営資源も必要である[2]。こうした経営資源の働きの相違に着目して，経営資源を，次の３つに分類できる。

① インプットとして活用する経営資源
② インプットとしての経営資源を適切に組織化し，成果をもたらすように導く経営能力
③ 経営資源を活用するための枠組みや場

これらの３つのタイプの経営資源の具体例をプロ野球球団組織の場合で考えると，第１のタイプの「インプットとして活用する経営資源」に当たるのは，野球球団に所属する選手などである。第２のタイプの「インプットとしての経営資源を適切に組織化し，成果をもたらすように導く経営能力」に当たるのは，監督やコーチなどである。第３のタイプの「経営資源を活用するための枠組みや場」に当たるのは，球団という組織や，球団ファンの集まりなどである。

アンソフ[1994]も，組織能力を，①コンピタンス，②経営者能力，③風土，の３つに区分した[3]。「コンピタンス」に当たるのは，組織の問題解決に関するスキルとスタイル，経営に利用される情報，ラインとスタッフのマネジャーの数などであり，それらは「インプットとして活用する経営資源」に対応する。「経営者能力」に当たるのは，メンタリティ，パワー，問題解決技能などであり，それらは「インプットとしての経営資源を適切に組織化し，成果をもたらすように導く経営能力」に対応する。「風土」に当たるのは，文化，変革に対

する組織の態度，リスクに対する性向，行動の視点，共有世界モデルなどであり，それらは「経営資源を活用するための枠組みや場」に対応する。

　一般的には，経営資源といえば，「インプットとして活用する経営資源」や「コンピタンス」に相当するものを想定する場合が多い。しかしながら，それらの経営資源を用いて，生産活動や販売活動を遂行し，収益をあげていくのに，「インプットとしての経営資源を適切に組織化し，成果をもたらすように導く経営能力」も必要不可欠である。さらに，インプットとして活用する経営資源やそれらを適切に導く経営能力が相互作用するのを可能にする「枠組みや場や風土」という経営資源も重要である。

3．経営資源を活かして組織能力を生み出す組織ルーティン

　各種経営資源（ヒト，モノ，カネ）がもたらす各種の働きを統合し，適切な調整を行うことを通じて，生産，販売などに関する組織能力を生み出すことができる。それらの組織能力の活用により，企業諸活動の遂行も可能となる。この企業活動の源としての組織能力を有効なものに仕上げていくには，各種経営資源がもたらす働きについての各種の調整の反復が必要である。そうした反復的調整を通じて，ある活動パターンが形成される。そのような「一連の調整された個々人の行為から成る規則的かつ予見可能な活動のパターン」を組織ルーティンと呼ぶ。こうした組織ルーティンをいくつか組み合わせることにより，各種の組織能力が作りだされる（Grant[1991]p.122）。この組織ルーティンは個人が有するスキルと類似した特徴をもつ。個人が有するスキルとは，多くの連続するプログラムの結合，背景要因についての暗黙の理解，一連の選択行動から成るものである[4]。ある野球選手が優れた打撃力を発揮できるのは，バッティングにともなう数多くの動作を結合し，ピッチャーが投じる球についての深い理解に基づき，場面に応じて次々と行うべき選択を積み重ねられるからである。組織ルーティンを効果的に運用できるのも，関係者が背景要因に関する暗黙の理解（tacit understanding）を有しつつ，多くの連続するプログラムを結合させ，一連の選択を積み重ねられるからである。つまり，組織ルーティンを

形成するには，反復的調整を通じて，関係者の共通見解を醸成しつつ，一連の活動を結合して遂行するのを支える選択能力を形成しなければならない。

　組織ルーティンの形成によって，各業務についての知識の貯蔵庫を作りあげることができる（ネルソン＝ウィンター[2007]pp.123-133）。企業組織は，活動を行うことによって知識を記憶している。それは，個人がスキルを実行することによってスキルを記憶しているのと同様である。組織の生産活動の核心は，調整を行うことであるが，調整に関わる本質的な情報は，組織ルーティンの遂行を通じて蓄積され，記憶される（routine as memory）。また，いったん組織ルーティンが形成されると，組織成員のあいだで，業務の進め方に関する対立についての「休戦状態（truce）」が確立される（routine as truce）。その結果，形成された組織ルーティンについては，組織成員間での意思決定による確認を行わなくても速やかに実行できるようになる（Nelson & Winter[1982]pp.107-112）。その点でも，組織ルーティンの形成は組織能力を高めるのに役だつ。さらに，いったん形成された組織ルーティンについては，ルーティン化された業務の達成を目標と見なすようになる（routine as target）。つまり，組織ルーティンとして確立された状態の再現を目指すようになる。他企業の組織ルーティンを，模倣する際の注目点とする面もある（Nelson & Winter[1982]pp.112-124）。このように，組織ルーティンの達成を目標と見なすという考え方によって，組織として目指すべき活動がいかなるものかを明確化できる。

　組織ルーティンに見られる以上の3つの側面によって，企業活動の継続性が可能となり，安定的な組織能力が形成され，安定的なパターンをもった企業活動が遂行できるようになる。

第3節　基本目的の達成を可能にさせる経営資源の属性

1．競争優位をもたらす経営資源の属性

　各種経営資源の活用によって，効果的企業活動の遂行が可能となり，競争優位獲得が可能となる。このように，競争優位獲得が可能となるのは，企業保有

経営資源に，何らかの優れた属性が備えられていたからだと考える見方がある。

（1） 経済的価値（value）をもつ経営資源

　企業の保有する経営資源が，経済的価値という属性をもつ場合がある。その属性の活用により，有用で価値のある（valuable）活動が可能となり，有用な製品とサービスの提供が可能となる。経営資源がもつ経済的価値という属性の活用によって生産活動やイノベーションの実現が可能となり，外部環境での機会への挑戦が可能となるのである。たとえば，味の素の場合，池田菊苗博士によって昆布のうま味の正体がアミノ酸の一種であるグルタミン酸であることが突き止められ，小麦粉を原料とするグルタミン酸ソーダの製造方法が確立され，特許も取得できた。特許の共同所有者であり，その工業化を始めた鈴木三郎助は，味の素株式会社を創業し，グルタミン酸ソーダを工業的に作り出す能力という経済的価値をもつ経営資源を活用して，各種製品の開発と，各種事業領域への進出を実現させてきた（林[2012]p.26参照）。

（2） 稀少性（rarity）をもつ経営資源

　企業の保有経営資源が，稀少性（rarity）という属性をもつ場合がある。その属性の活用により，他社とは明らかに異なる独自な製品・サービスの提供が可能となり，収益を高めるのが可能となる。製造業企業の場合，優秀な技術者という稀少性をもつ経営資源の確保と育成に基づいて，技術的に画期的な新製品開発の可能性を高めることができる。消費財メーカーの場合，消費者ニーズを把握できるマーケティング担当者という稀少性をもつ人材の存在によって，ヒット商品の開発に成功できる。優秀な技術者やマーケティング担当者がいれば創造的な問題解決を図れるが，そうした人材は多くはいない。そういうユニークな人材や独自の技術に関する特許，あるいは少数の企業だけがアクセスできる原材料の調達・確保のチャネルなどの稀少性をもつ経営資源の確保と育成によって，競争優位をもたらす組織能力の形成が可能となる。

(3) 模倣困難性 (inimitability) をもつ経営資源

　企業が形成してきた経営資源のなかには，他社が同様な経営資源を模倣によって作り出すのが困難なものがある。そうした経営資源のもつ属性が模倣困難性である。花王が作りあげた情報システムという経営資源は，模倣を行うのが困難であると言われている[5]。なぜ模倣が困難なのかと言えば，花王に独自な資源がどういう仕組みで生み出されたかが外部から見て分かりにくいからである。また，あるシステムの仕組みは理解できるものの，それを他の会社が取り入れようとしても，組織文化の観点から導入が容易ではないため模倣が困難な場合がある。他社が模倣しにくい独自の能力を形成したり，確保したりすることにより，収益性の継続的確保が可能となる。

(4) 持続可能性 (sustainability) をもつ経営資源

　従業員の退職や引き抜き，高齢化などで，能力が急激に失われ，ある企業の技術力が急激に低下するようでは，企業の収益性を維持できない。経営資源が持続可能性という属性をもつ場合，その経営資源の活用を通じて収益性の維持ができる。持続可能性の点で問題のある経営資源をもつ企業の場合，収益性の持続は難しい。優秀人材を採用しても，早々に転職する可能性のある人材は，持続可能性をもつ経営資源とは言えない。ある企業が作りあげたブランドや名声は，いったん形成されると持続可能性をもち，消費者や取引先企業のあいだで定着する傾向がある。とはいえ，そのブランドに対する信頼を維持するための取り組みも必要である。また技術知識などの経営資源は，特許取得などの方法によって，持続可能性を高めることができる。

(5) 専有可能性 (appropriability) をもつ経営資源

　経営資源の活用を通じて有用な製品を提供し，収益性を向上させるには，経営資源の価値が持続可能性をもつとともに，経営資源の活用で得られる利益を自社がより多く確保できるのが望ましい。そのように経営資源の活用で得られる利益を自社がより多く確保するのを可能にさせる経営資源の属性を，専有可

能性と呼ぶ。専有可能性をもつ経営資源の例には，特許権で保護される知的財産や，他社に例を見ない独自性をもつ経営資源などがある。

　パソコン製造企業など加工組み立て型企業の場合，重要部品や各種ソフトを提供している会社に収益の多くを取られてしまう傾向が見られる。それは，当該パソコン製造企業が，専有可能性をもつ独自な経営資源を保有していないためである。それに対し，インテル社がパソコンCPUを開発するための各種の経営資源は，どのライバル企業よりも高い専有可能性を有しており，その結果，高い収益力を得ることが可能となっている。

(6)　経路依存性（path dependency）をもつ経営資源

　企業の社風や問題解決のスタイル，企業で形成された企業文化，さらには企業が築き上げたイメージなども，当該企業の経営資源の一部である。ただし，それらの経営資源には，歴史的に引き継がれ，積み重ねられてきたという特徴がある。そうした経営資源の属性を経路依存性と呼ぶ。その属性は，当該企業のこれまでの取り組みの歴史（経路）に基づく独自性を意味しており，そうした属性をもつ経営資源を活用した組織能力や企業活動はそれだけ独自なものなので，他社による模倣が困難となる。

　経営資源に見られる経路依存性は，種々の組織ルーティンによって組織能力が形成されてきたために生み出されたという面がある。そのように，組織ルーティンを通じて形成され，経路依存性をもつ組織能力は，いったん形成されると，なかなか変更されにくい。そうした組織能力や組織ルーティンを活用することにより，企業行動を安定的に遂行できるが，企業環境変化のため，そうした組織能力や組織ルーティンを用いても十分に成果を上げられなくなる場合がある。そういう状況に直面しても，既存の組織ルーティンに固執して苦境を切り抜けようとし続けることにより，競争優位の持続が危うくなる場合がある[6]。

2．経営資源の諸属性の活用に基づく企業の基本目的の達成

　さまざまな経営資源の諸属性の活用によって，生産，市場取引，技術開発な

どに関わる組織能力の形成が可能となり，競争優位の獲得が可能となる。そして，形成された組織能力に基づく効果的な企業活動の遂行を通じて，企業目的の達成も可能となる。この点は，バーニー[2003]によるVRIOの議論によって示されている。それによると，経営資源に，経済的価値があり（valuable），稀少であり（rarity），模倣困難である（inimitability）という属性が備えられているとともに，企業が保有する経営資源の潜在力を十分に引き出し，活用するための組織的な方針や手続きが整っている場合（organization），持続的な競争優位を得ることができる。ここでVRIOとは，上記の経営資源属性の頭文字を連ねたものである。経営資源属性として経済的価値があることにより，有用な製品やサービスの提供が可能となるが，経営資源属性に稀少性がない場合，他社に対する競争優位を得ることはできない。それに対して，経営資源属性に稀少性がある場合は，他社に対する競争優位が得られる。また，経営資源属性が模倣困難性をもたない場合，競争優位は一時的なものとなる。それに対して，経営資源が模倣困難性をもち，経営資源を効果的に活用するための組織の仕組みがある場合，持続的な競争優位が得られる。

　このように持続的競争優位の獲得を可能とする経営資源の活用によって，企業基本目的の達成が可能になる。まず，経済的価値，稀少性，耐久性などの属性をもつ経営資源の活用によって，「有用な製品やサービスの提供」が可能となる。また，模倣困難性，耐久性，専有可能性などの属性をもつ経営資源の活用によって，「収益性の向上」が可能となる。さらに，専有可能性，経路依存性などの属性をもつ経営資源の活用によって「成長の達成」が可能となる[7]。

3．能力プロフィールの把握方法

　企業は，経営資源を活用して，さまざまな組織能力を形成し，保有している。企業が，いかなる形態の組織能力を保有しているかを把握するには，アンソフ[1969]の「能力プロフィールのチェックリスト」を用いるのが効果的である。ここで能力プロフィールとは，全般管理，研究開発，生産，マーケティングなどの職能分野ごとに企業が有するスキルと資源を一覧できるように示したもの

表5-1　能力プロフィールのチェックリスト

能力職能分野	施設と設備 （モノ）	人的技能 （ヒト）	組織能力 （情報）	管理能力 （情報）
全般管理 および財務 （カネ）	本社ビル，全社的情報処理ネットワーク設備	全般管理のスキル，財務，他社との関係（ＩＲ），法務，人事（採用と訓練），会計，計画	事業部制組織，資金調達，計画と統制，オートメ化したデータ処理	投資管理，集権的・分権的コントロール，企業の特徴を反映した経営
研究開発 （研究）	特殊研究設備，一般研究設備，試験施設	専門化の分野，高度な研究製品設計，システム設計，工業デザイン	システム開発，製品開発	高度な技術の活用，現在の技術の適用，コストと性能のバランス最適化
オペレーション （生産）	一般機械工場，精密機械，装置工業用設備，オートメーション生産設備	機械の運転，工具の使用，精密機械の操作，誤差の少ない作業，装置工業のオペレーション，製品計画	各種生産方式の管理，複雑な製品の組立て，サブシステムの統合，品質管理購買	需要が周期的に変動する条件下での生産管理，品質管理，原価管理，生産日程計画
マーケティング （販売）	流通センター，販売店，営業所，サービス・オフィス，輸送設備	販売促進，サービス，アプリケーション・エンジニアリング，広告，サービス契約管理，販売分析	直接販売，配給業者チェーン，小売チェーン，消費者向けおよび企業向けサービス組織，在庫品の配給・管理	工業用製品および一般消費者用製品のマーケティング地方自治体向けマーケティング

〔出所〕　アンソフ［1969］pp.121-122参照。一部の項目は，筆者が追加・修正。

である（表5-1参照）。そのスキルと資源は，施設および設備（モノ），人的技能（ヒト），組織能力と管理的能力（情報）に区分される。

　施設および設備とは，物的な経営資源のことであり，その全般管理および財務の分野の具体例には，本社ビルや全社的な情報処理ネットワーク設備などがある。研究開発分野については研究施設や試験施設，生産分野については精密機械やオートメーション生産設備，マーケティング分野については販売店やサービス・オフィス，輸送設備などがある。次に，人的技能とは，人的な経営資源のことであり，それには全般管理および財務の分野での全般管理や，法務，人事，会計のスキル，研究開発分野での各種の研究開発を遂行する能力，生産分野での機械の運転や操作，工具の使用に関する能力，マーケティング分野での販売促進能力などがある。さらに，組織能力と管理能力とは，組織の運営に関わる情報を適切に処理していく能力のことであり，それには全般管理および

財務の分野での事業部制組織の運営能力や投資管理能力，研究開発分野でのシステム開発や高度技術の活用能力，生産分野での品質管理や原価管理の能力，マーケティング分野における販売とマーケティングの管理能力などがある。

「能力プロフィールのチェックリスト」では，ヒト，モノ，情報などに関わるスキルと資源の具体例を職能分野ごとに示しているが，カネという経営資源に関わるスキルと資源については，別な方法で示している。元来，カネは，汎用性が高く，市場で取引されている財であれば，それが何であっても確実に獲得させることができる。つまり，カネによって，ヒト，モノ，情報など各種資源の獲得が可能となるが，得られた各種資源が適切なものであるにはカネの使い方が適切でなければならない。そう考えると，カネに関わるスキルと資源とは，カネを必要とする各分野に，適切に資金を配分して運用する能力のことである。つまり，カネという経営資源に関わる能力は，全般管理および財務という職能を通じて実現される。そこで，カネに関連したスキルと資源の内容は，表 5-1 の全般管理および財務という職務分野と関連づけて示される。

自社のスキルと資源の現状を以上の方法で解明することにより，自社の経営資源がどれほど充実しているか，他社と比べて遜色がないかを把握できる。

第 4 節　経営資源の効果的な活用方法

1．経営資源，組織能力と競争優位の関連

経済的価値，稀少性，模倣困難性，持続可能性，専有可能性，経路依存性などの属性をもつ経営資源の効果的な活用により，技術開発能力，生産能力，販売能力などの組織能力を生み出すことができる。ただし，それらの組織能力を生み出すには，経営能力による各種の経営資源の活性化も必要である。また，そのようにして作りあげた各種の組織能力に基づいて競争優位を実現するには，各企業の経営能力や組織文化のもとで遂行する各種組織能力の統合的調整も必要である。シュンペーターが重視する企業家精神（entrepreneurship）とは，経営能力をより創造的に示す場合に該当する（Parsons[1956]p.73）。図 5-2 は，

経営資源，経営能力，組織能力や競争優位と経営戦略との関連を示している[8]。企業は，経営資源の活用を通じて組織能力を形成し，競争優位を高めるとともに，企業の強みが活かせる領域にドメインを設定し，競争優位を獲得するための競争戦略を作りあげている。

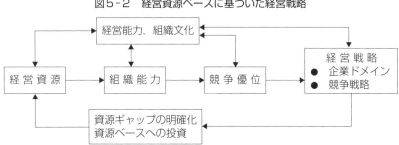

図5-2　経営資源ベースに基づいた経営戦略

〔出所〕　Grant[1991]p.115の図をもとに，加筆して筆者が作成。

2．経営資源展開の方法

各種の経営資源を獲得し，育成し，活用し，増強させることを経営資源展開（resource deployment）と呼ぶ。deploymentの接頭辞であるdeとは分離あるいは逆転を意味し，ploy（プロイ）とは，もともとは軍事用語で横に並んでいる兵隊を縦に並べ直すことを意味する（第2章p.60参照）。deploymentとは経営資源を新たに獲得したり，切り離したり，再配置したりして，経営資源を縦横無尽に活用することである。戦争の場合の兵法に当たり，野球の場合の選手起用法や育成法に当たる。以下では，経営資源展開の諸方法を示すことにする。

（1）　経験効果に基づく経営資源展開

第1の経営資源展開方法は，経験効果を通じて経営資源を増強させる方法である。ここで経験効果とは，ある製品の提供への継続的な取り組みによって生産性の向上が得られることである。ある製品の累積生産量の増大とともに，習熟，職務の専門化，製造方法の改善，資源ミックスの改善，製品の標準化など

が達成できるので,生産コストの低下を実現できる。製品の累積生産量が倍になるごとに10〜30％のコストダウン効果が発生することが見いだされている。この経験効果の存在は,BCG（ボストン・コンサルティング・グループ）によって最初に指摘された。自動車,半導体デバイス,石油化学,航空旅客機などの業種で経験効果が顕著に見られる[9]。この経験効果は,横軸を累積生産量とし,縦軸を生産コストとするグラフを描くならば,右下がりの費用曲線として示される。この右下がりの曲線を,経験曲線（エクスペリエンス・カーブ）と呼ぶ。

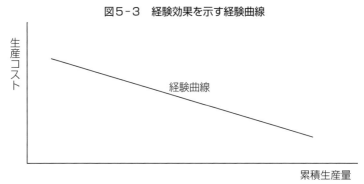

図5-3　経験効果を示す経験曲線

〔出所〕　Stern and Stalk Jr.(eds.)[1998]p.22の図参照。

　経験効果に基づく経営資源展開方法を活用すると,累積生産量の増大によるコストの引き下げが可能となり,その結果,競争力を一層増強でき,市場シェアをより増加させることができる。このように,市場シェアをより増加させうる場合,生産量をより増大させることができ,コストをより引き下げることができる。経験効果による習熟とコストダウンの実現という経営資源展開方法を活用することによって,各業界の売上げ第1位企業は,同業他社に対する圧倒的なコスト削減上の強みを得ている。

(2)　シナジーの活用による経営資源展開

　第2の経営資源展開方法は,相乗効果（シナジー）を通じて経営資源を増強させる方法である。ここで相乗効果（シナジー）とは,2＋2＝5というよう

に，部分的な力の総和を上回る，より大きな結合力が得られる効果を意味している（アンソフ[1969]p.94）。たとえば，ある経営資源に基づく組織能力を複数の企業活動に適用したり，複数の組織能力を組み合わせて新たな企業活動を遂行したりすることである。シナジーには，流通チャネル，販売促進などに関する販売シナジー，製造間接部門や生産施設の共通利用，原材料の一括購入などに関する生産シナジー，工場や機械・工具の共通利用によって追加投資の節約などを図る投資シナジー，経営管理シナジーなどがある。ただし，シナジー効果のみに頼った資源展開は，企業の長期的環境適応の視点からすれば，必ずしも優れたものではないとの見解もある（石井・奥村・加護野・野中[1985]p.70）。それはシナジー効果の実現にこだわるあまり，既存の事業のあり方を前提してしまい，思いきった変革に取り組めない場合があるためである。ただし，動的な相乗効果（ダイナミック・シナジー）を作り出すような資源展開であれば，好ましい結果をもたらすことができる。セイコーエプソン社の場合，時計の生産のために蓄積した金属精密微細加工技術を，インクジェットプリンタのヘッドの生産に適用し，他社製品よりも画質の優れたプリンターの開発に成功したのがその例である（伊丹・加護野[2003]p.100）。

（3）イノベーションによる経営資源展開

　第3の経営資源展開方法は，イノベーションを通じて新たな組織能力を作り出す方法である。ただし，イノベーションによる経営資源展開には，ラディカルなイノベーションを追求するパターンと，インクリメンタルなイノベーションを追求するパターンとがある。

　イノベーションによる経営資源展開の例として，戸田工業（広島県大竹市）の事例が挙げられる。同社のルーツは，ベンガラ作り（ベンガラは酸化鉄の一種で，人類最古の顔料）であった。ベンガラ作りで培われた塗る技術を活かして，オーディオ・テープ，複写機のトナー材などを開発してきた。同社では，戦略特許グループが全世界の素材関連の特許申請を洗い出し，技術速報として冊子にまとめており，そうした情報も参照しながら，各種のイノベーションを通じ

て同社の経営資源と組織能力を増強してきた。その一環として，同社の酸化鉄技術を活かしたリチウムイオン電池の主要部材の開発能力を獲得し，それに対して，アメリカのエネルギー省から，そのための工場建設費用の半額に当たる63億円の援助を得るほどになっている。

(4) 提携（アライアンス）行動による経営資源展開

第4の経営資源展開方法は，提携（アライアンス）行動を通じて自社の経営資源のみならず，提携相手企業の経営資源も含めて幅広く経営資源を活用しようとする方法である。提携行動により，当該企業は提携相手方企業の独自能力が活用できるようになる。たとえば，コンビニ向け化粧品の開発では，通信販売のみを行っていた化粧品企業（DHC）とコンビニ各社との提携により，双方の側が自社には不足していた経営資源を活用してコンビニ向け化粧品の開発を行った。また，電気自動車用バッテリー開発に関するトヨタ自動車とパナソニックの提携の場合も，ハイブリッド車用バッテリーの開発を成功させるべく，双方が相手方の経営資源の活用を図っている。

提携（アライアンス）による経営資源展開の他の例には，キユーピーが食品企業アヲハタの株式の16.1％保有を通じて，同社と提携し，提供商品の幅を広げようとした事例がある。キユーピーは，マヨネーズなどを中心に食品の開発と提供を行っているが，それだけでは，提供商品の幅が狭いという問題があった。そこで，アヲハタの農水産加工食品，スープなどを自社提供商品のレパートリーに加えるべく同社の株式保有に取り組み，同社との提携を通じて提供商品の幅を広げるといった方法を通じて，経営資源の増強を実現させた。なお，2013年には，キユーピーはアヲハタへの出資比率を39％に引き上げ，連結子会社化を図ることになった[10]。

(5) M＆Aによる経営資源展開

第5の経営資源展開方法は，M＆A（Merger & Acquisition）を通じて，当該企業で不足する経営資源や能力を獲得しようとする方法である。第3章では，

M＆Aを企業ドメイン変革の実行方法の1つとして取りあげたが，M＆Aを通じた自社経営資源の増強も可能であり，M＆Aによる自社経営資源の増強と企業ドメインの変革とが表裏一体を成している場合もある。ソニーがコロンビア・ピクチャーズの買収を通じて経営資源を増強させたうえで，映画制作事業分野に乗り出したのがその例である。一般的にはM＆Aを通じて，新規事業への進出だけでなく，経費節減，技術革新の促進，生産の重複の排除，販売市場の競合の排除，製品の補完化，衰退企業の救済再建などの効果を実現できる。こうした効果が実現できるのは，M＆Aを通じて獲得した経営資源や組織能力を事業遂行上無駄のないように，再編成したりするからである。

　M＆Aを通じて経営資源を増強させた食品業界での例には，東日本に地盤をもつブルドックソースが，西日本に地盤をもつイカリソースを2005年に買収した事例がある。ブルドックソースが東日本に地盤をもつのに対して，イカリソースは西日本に地盤をもっていた。ブルドックソースはイカリソースの買収を通じて，東日本と西日本地域の補完性を高められるだけでなく，コスト削減などでの相乗効果も期待した。ところが以前（2002年）からブルドックソースの株を保有していた投資ファンド企業のスティール・パートナーズが，2007年に，ブルドックソースに対する敵対的買収を宣言した。その根拠として，ブルドックソースはイカリソースの買収などを通じて経営資源の増強を行ったにもかかわらず，それ以後，企業価値を高めるのに成功しておらず，スティール・パートナーズの影響下に入ることにより，もっと価値を生み出せるはずであるとの主張が示された。この動きに対し，ブルドックソース側は敵対的買収に対する防衛に取り組み，防衛には成功したものの，スティール側に21億円，訴訟費用に6億円支出し，2007年の最終損失は19億円となった。この事例が示すように，買収を通じて経営資源を単に増強するだけでは経営資源展開の方法としては不十分であり，かえって買収の対象となるリスクが高まる場合もある。

(6) 事業群や組織構造との適合性向上に基づく経営資源展開

　第6の経営資源展開方法は，経営資源の増強と連動して，有望な事業群を企

業ドメインとして再設定するとともに，組織構造も再編して，経営資源との適合性を高めようとする方法である。この方法により，増強させた経営資源から効果的に組織能力を引き出すことができ，持続的競争優位を作り出すことができる。その際，自社のビジョンと目的を明確化し，経営資源と事業群や組織構造との適合性を向上させることも必要とされる[11]。このような経営資源展開の方法を，コリス＝モンゴメリー［2004］による「企業戦略トライアングル」という考え方によって示すことができる（図5-4参照）。

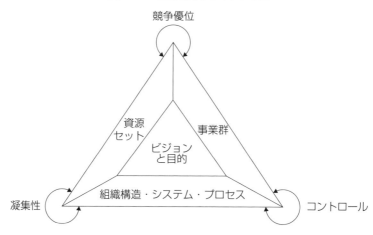

図5-4　企業戦略トライアングル

〔出所〕　コリス＝モンゴメリー［2004］p.290参照。

ブルドックソースがイカリソースをM＆Aで取得した事例の場合，資源セットの面の増強は確かに実現された。ただし，資源セットの面での増強をもとに競争優位を実現するには，事業群のあり方も見直す必要があった。ところが同社の場合，M＆A実施後に，事業構造の手直しを十分行わなかったため，増強させた資源セットの強みを十分に活用し切れなかった。M＆Aによる経営資源の増強を行う場合，事業群の見直しと組織構造の変革をともに行うことが，より効果的に経営資源展開を行ううえで重要である。

第5節　変化対応能力（ダイナミック・ケイパビリティ）

　企業に独自な経営資源と，それに基づく組織能力（ケイパビリティ）の活用によって，有用な製品とサービスが提供でき，収益性の向上が可能となる。そのため，自社の既存の経営資源や組織能力の増強が今後も競争優位を維持するうえで有効だと考えがちである。ただし，企業に独自な経営資源に基づく競争優位を維持できるのは，比較的，経営環境が安定している場合に限られる。経営環境が急激に変化する状況での競争優位を維持するには，各種企業活動を支える組織能力内容を変革することが必要であり，そのためには，資源ベースの内容自体も変革する必要がある。変化の激しい環境に対応するには，企業の資源ベースの意図的な創造，拡大，修正が必要なのである。そうした資源ベースの意図的な創造・拡大・修正を行うとともに，「内部・外部のコンピタンスの統合・構築・再配置を実行し，急速な環境変化に対処する企業の能力」を形成することが必要とされる[12]。

1．ポジション，プロセス，パスで表現される変化対応能力

　従来の経営資源をめぐる議論では，経営資源に基づく組織能力をいかにして形成し，効率性や収益性をいかにして高めるかという問題意識が設定されていた。それに対し，環境変化の著しい状況に対処しうる組織能力をいかにして構築すればよいのか，という問題意識のもとに，経営環境との相互作用に基づいて組織能力を形成することが重要だと考えられるようになった。こうした観点から，急速に変化する環境に対処するべく，生産・販売などの強みを効果的に調整したり，組み替えたりする能力を変化対応能力（ダイナミック・ケイパビリティ）と呼んで重視する見方が示された（Teece, Pisano & Shuen[1997]p.510）。

　この変化対応能力の形成に関わるのは，経営資源を活用して得られる3つのP（プロセス，ポジション，パス）である。ここで，プロセスとは，経営者が企業内の活動を調整し，統合するための管理プロセスや組織プロセスのことであ

る。こうした管理プロセスや組織プロセスを効果的に実行するため,各企業は独自の組織ルーティンを形成している。それらの組織ルーティンは,仕事を行うなかでの学習を通じて変更されたり,組み替えられたり,統合されたりしている。そのようにして形成された組織ルーティンは企業に固有なものであり,各企業による独自の組織ルーティンの開発と活用が,企業の成果水準に差異をもたらす要因の1つである。次にポジションとは,ある企業の技術ノウハウ,知的財産権,補完的資産,顧客ベース,供給業者や補完業者との関係など,企業が固有に利用できる資産を意味している。それには,名声,組織構造,関連制度への対応力,市場力なども含まれる。また,パスとは,企業が取りうる戦略的代替案を示しており,それには,収穫逓増が作用している場合や,経路依存性がある場合がある。これらの3Pのあいだの関係とは,ポジションを構成するストックとしての経営資源を,プロセスで示されるフローとしての活動を通じて活用していくことにより,今後どのような戦略を展開しようとするかを示すパスが作りあげられるというものである。

図5-5　3つのPによって支えられる変化対応能力

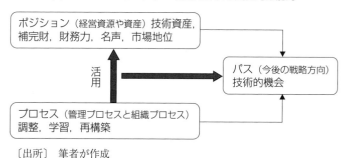

〔出所〕 筆者が作成

プロセスで示されるフローとしての活動は,各種のルーティンによって構成される。それにより(静態的な)調整と統合,(動態的な)学習,そして(企業変革のための)再構築が可能となる[13]。こうしたプロセスを通じてポジションを構成する経営資源を活用することにより組織能力を構築できるが,こうしたプロセスで利用できる機会は,企業の各種ポジションによって制約されている。

それゆえ，今後の戦略方向を示すパスは，現在のプロセスやポジションによって制約されつつ，方向づけられている。このようなプロセス，ポジション，パスから構成される変化対応能力（dynamic capability）を駆使するならば，急速に変化する環境に対処しうるように，企業の内的および外的強みを統合し，再構成することができる（Teece, Pisano & Shuen[1997]pp.516-524）。

2．変化対応能力を形成するプロセス

以上で示したように，変化対応能力とは，既存のポジションをめぐって生じている問題点を明確化したのちに，管理プロセスや組織プロセスを通じて問題点を解消させ，新たな発展のパス（経路）を作り出す能力のことである。ティース[2007]によると，変化対応能力を形成するプロセスの第1の段階は，環境変化のセンシング（知覚）である。それは，企業を取り巻く経営環境で生じている事態について，情報の探索，精査，創造，学習，解釈を行う活動である。このセンシング活動により，業界の5つの競争諸力だけでなく，補完業者，関連制度などについての情報が把握できる。この活動により，企業生態系で生じている変化についての情報の探索を行い，ターゲットとする市場セグメントの動向や顧客ニーズの解明を図る。科学技術の変化によって，イノベーション機会が生み出されていることも把握できる（Teece[2007]pp.1322-1326）。

変化対応能力を形成するプロセスの第2の段階は，機会のシージング（把握）である。市場や技術に関する機会の感知を踏まえて，新しい製品，プロセス，サービスへの着手に取り組む活動である。そのために必要なのは，開発と商業化の活動への投資である。ところが自動車産業で見られるように，ハイブリッド・カーか電気自動車かといった複数の（競合し合う）投資経路が存在する場合があり，どの方式が主流となるかの見きわめがつくまで，投資が本格化しない場合がある（ティース[2010]p.17）。とはいえ，ネットワーク外部性が存在するときには，早めの参入とコミットメントを行うことが有効である。市場や技術に関する機会の「センシング」と「シージング」によって，経営資源とケイパビリティを変化させる取り組みに着手し，実現させることができる

(Teece[2007]pp.1326-1334)。

　変化対応能力を形成するプロセスの第3の段階は，企業システムのリコンフィギュレーション（再構成）である。市場や技術に関する機会を適切に把握し，それに適合した製品と技術を選択し，ビジネスモデルを適切にデザインしたうえで自社資源を投資機会にコミットさせつつ，企業システムを再構成するならば，企業の成長性と収益性を高めることができる。この段階が重要なのは，それにより，望ましくない経路依存性を取り除けるからである。そのため，ときにはオープン・イノベーションを通じて，外部に手を伸ばしてイノベーションを実現することも試みる。企業内のノウハウの活用だけでなく，外部からのノウハウの導入も試みるのである。また，インセンティブやガバナンスの仕組みを再構築し，エージェンシー問題や不正を抑えられるようにシステムを再編成することも必要である。変化対応能力（ダイナミック・ケイパビリティ）は，以上で述べた3つの段階を経て形成されるのであり，図5-6は変化対応能力を構築するときのプロセスを示している[14]。

図5-6　変化対応能力（ダイナミック・ケイパビリティ）の形成プロセス

プロセス	センシング（知覚）	シージング（把握）	リコンフィギュレーション（再構成）
ポジション上の変化	学習し，機会を感知，フィルタリング，形成，測定するための分析システム（および個人の能力）の形成	機会のシージングのための企業境界の変更，ビジネスモデル，意思決定プロトコル，リーダーシップ	ナレッジマネジメントとガバナンスを通じた特殊な有形・無形の資産の継続的なアラインメント

〔出所〕　Teece[2007]p.1342 およびティース[2010]p.49に基づいて作成。

　企業が変化対応能力を有している場合，激変環境に直面していても高い成果を維持できる。そうした高い成果を維持する方法として，自社を取り巻く環境状況に対する自社の適合度を高めようとする方法が考えられる。ただし，その適合度には，技術的適合度と進化的適合度とがある（ヘルファトほか[2010]pp.15-20）。ここで技術的適合度（technical fitness）とは，企業の組織能力が，求め

られる機能を効果的に果たせる程度を示し，ある一定の質をもった活動を行うのに必要な費用の水準（単位費用当たりの質）によって測定される。この技術的適合度は必ず正の値をもつ（ただし，能率の悪い企業は，その値が低い）。他方，進化的適合度（evolutionary fitness）とは，市場需要の変動性や競争の厳しさなどの激変環境へ適合している程度を示すものであり，この進化的適合度は負の値を示す場合もある。技術的適合度が正の値をもっていても，進化的適合度が負の値を示す場合には，当該企業は環境状況への適合度を失っており，存続が危ぶまれても仕方のない状況に陥っている。

　変化対応能力（ダイナミック・ケイパビリティ）が改善され，維持されている場合，技術的な適合度のみならず進化的適合度も高められるので，当該企業は存続でき，成長できる。ところでわが国の薄型テレビ事業では，パナソニック，シャープ，ソニーの各社は技術的適合度を維持していたとしても，進化的な適合度を維持することはできなかった。その結果，赤字に陥り，工場の閉鎖も余儀なくされ，成長が達成できなくなった。当該企業が変化対応能力を十分に備えていないときには，進化的適合度が不十分なものとなり，成果の悪化が不可避的となる。

第6節　ま　と　め

　ある企業の経営資源の内容や水準によって，設定しうる企業ドメインが制約されたり，逆に競争優位の獲得可能性が大いに高められたりする。そういう重要性をもつ経営資源について，汎用性と可変性の程度による分類方法や，経営資源がもたらす働きによる分類方法が考えられる。そのような経営資源を活かして組織能力を生み出すのを支えるのが組織ルーティンである。経営資源には，経済的価値，稀少性，模倣困難性，持続可能性，専有可能性，経路依存性などの属性があり，こうした属性をもつ経営資源の活用によって種々の組織能力を形成でき，それに基づいて競争優位の獲得が可能となる。そのように重要な経営資源の育成と増強のパターンには，経験効果にもとづく経営資源展開，シナ

ジーの活用による経営資源展開，イノベーションによる経営資源展開，提携による経営資源展開，M＆Aによる経営資源展開，などがある。

　企業が経営資源を増強しようとするのは，それを通じて組織能力（ケイパビリティ）を高めたいからである。企業が継続的な取り組みを通じて作りあげた自社に独自な能力や強みをコア・コンピタンスという。ただし，経営環境が激変する状況では，コア・コンピタンスを作りあげてその維持を図るだけでは不十分である。経営環境が激変する状況では，変化対応能力（ダイナミック・ケイパビリティ）が必要なのである。日本の自動車企業の多くが，環境問題が重視されるなかで，ハイブリッド・カーや電気自動車の発売を行うことによって競争優位を維持しているのは，各社が変化対応能力（ダイナミック・ケイパビリティ）を形成し，それを発揮しているからである。

【注】
1) 伊丹[1980]では，「情報的経営資源」の重要性を強調した。ところが，伊丹[1984]では，情報的経営資源という用語に代えて，「見えざる資産」という用語を用いた。本書では，経営資源が価値創造および価値獲得の双方の役割を果たすという観点を取っているが，「見えざる資産」という用語は，情報的経営資源が双方の役割を果たすことを示していると考えられる。
2) 伊丹[1999]では，人々が濃密な情報交換を行うための「容れもの」のようなものが必要であり，その容れものに当たるものを「場」と呼んだ（伊丹[1999]p.23）。そういう場では，情報だけでなく，感情（心理的エネルギー）の流れも生じ，情報の流れと感情の流れの相互作用を通じて，学習が促進され，新たな動きも創発してくると考えられる（伊丹・軽部[2004]pp.66-72）。
3) Ansoff[1984]pp.209-212およびアンソフ[1994]pp.328-333参照。
4) ネルソン＝ウィンター[2007]pp.88-105参照。藤本[2013]によれば，ルーティンとは，「型通りの仕事の仕方」のことで，トヨタ生産方式に関わる組織能力は約400のルーティンが連動するシステムである（同書p.188）。
5) 「花王の成功の鍵については，カルチャーが違うとしか言いようがない」という見解もあるが，同社にビルトインされたシステム思考，本質を追究し分析し，ロジックを積み上げるカルチャー，決して人真似をせずに，自ら最も優れていると信じることを創出するという姿勢，常にゼロベースで物事にあたるという習慣などがその基盤にあると考えられる（ダイヤモンド・ハーバード・ビジネス編集部[1995]pp.74-76）。
6) Nelson and Winter[1982]pp.72-136参照。
7) ペンローズ[1972]pp.85-88参照。
8) Grant[1991]pp.129-131参照。
9) 野中[1985]p.41参照。
10) 2013年12月25日『日本経済新聞』「キユーピー，アヲハタを連結子会社に」参照。
11) コリス＝モンゴメリー[2004]pp.289-295参照。
12) Teece, Pisano & Shuen[1997]p.516参照。
13) Teece, Pisano & Shuen[1997]p.518，中橋[2005]pp.5-6参照。
14) Teece[2007]pp.1334-1342参照，渡部[2010]pp.35-49参照。

第6章

競争優位獲得のための競争戦略

第1節 競争戦略についての考え方の変化

　企業を取り巻く環境では，グローバル化の進行とともに，技術革新の進展や顧客ニーズの変化が見られ，不確実性の度合いが増している。かつて競争上の優位性を獲得して収益をあげていた事業についても，環境変化のため，競争優位が急激に失われる場合が少なくない。そのため，既存事業での競争優位獲得を図るといった考え方だけではなく，将来を見すえて設定した事業領域での競争優位獲得を図るとの考え方にも配慮して競争戦略を定めようとし始めている。米国企業では，こうした考え方の変化が顕著であり，競争優位が維持できないと判断した事業については売却したり，撤退したりしている。その典型的な例は，GEであり，パソコン事業を中国の聯想集団に売却したIBMである。こうした動きが日本企業のなかにも見られるようになり，持続的競争優位の獲得が見込める事業だけを自社事業領域としたうえで競争戦略上の取り組みを行い始めている。

　このように，競争戦略についての考え方が大きく変化し始めているが，自社製品・サービスの優位性をアピールし，より顧客満足を高めることを通じて競争優位を獲得しようとするのが競争戦略の本質であることに変わりはない。ところで，競争優位を獲得するための方策とはどのようなものなのかをめぐって，ポーター[1980]を初めとするさまざまな主張が示されてきた。それらの競争戦略論で重視された点とはいかなるものか，その論点はどのように推移してきたかを，以下で検討していきたい。

第2節　各種競争戦略論での強調点の推移

1．ポーター[1980]の業界構造分析に基づく競争戦略論
(1)　業界構造分析

　業界内で競争している企業は，明示的であれ暗黙的であれ，例外なく競争の戦略を定めている。明示的な競争戦略は，戦略計画を通じて策定され，暗黙的な競争戦略は，企業各部門の諸活動を通じて，あるパターンをもつものとして形成される。競争戦略を計画的に設定するには，まず自社業界での競争圧力がどのように作用しているかを解明する必要がある（ポーター[1980]pp.3-4）。業界での競争圧力には，競争業者からのものだけではなく，他のタイプの競争圧力も存在する。ポーター[1980]は，そうした各種の競争圧力を5つの競争諸力（ファイブ・フォース）と呼び，それらの5つの競争諸力が一体となって，業界競争の激しさと業界での収益率を決めていることを指摘した。ただし，5つの競争諸力のどれが競争上の決定的要因となるかは，さまざまな経済的技術的特性によって影響される。その5つの競争諸力とは以下のようなものである。

　第1の競争圧力は，当該業界への潜在的新規参入業者が及ぼす脅威である。その脅威の内容とは，業界への新規参入により，生産キャパシティの増大が生じ，価格低下も生じがちとなり，収益性が押し下げられることである。そこで，既存業者の側では，製品・サービスの魅力を高めるための製品差別化や，流通チャネルの支配などにより，参入障壁を高めて新規参入を防ごうとする。また，新規参入に対してはすぐに報復的な措置としての価格切り下げを行うとのメッセージを，何らかの方法で潜在的新規参入業者に示すことによって，新規参入を思いとどまらせようとする。新規参入の脅威の程度は，形成された参入障壁の程度はどのようなものか，新規参入者は，既存業者が新規参入に対してどの程度の反撃を起こすと予想しているか，などによって決められる。

　第2の競争圧力は，同一業界内の競争業者との敵対関係によるものである。業界内の各企業は，競争業者に対して，価格競争，広告合戦，新製品導入，顧

客サービス拡大などの手法を活用して競争を繰り広げている。業界に多数の企業が存在する（集中度が低い）場合，思いがけない手を打つ企業が現れ，敵対関係が激しくなる場合がある。業界での同業者の数がそれほど多くなく，規模と経営資源の水準が同程度の企業ばかりの場合には，互いのせめぎ合いを通じて，敵対関係が不安定化することがある。業界の成長率が低い場合には，市場シェア拡大に努める企業間シェア争奪競争が生じることがある。業界での敵対関係の強さは，業界の集中度や成長率などにも影響される。

　第3の競争圧力は，代替製品提供業者が及ぼす脅威である。業界内の各企業は，代替製品を生産する他の業界と広い意味での競争を行っている。代替製品提供業者が低位の価格設定を行っている場合，当該業界企業の製品価格は相対的に高いと見なされ，売上の減少や利益の低下が生じかねない。当該業界の製品よりも価格対性能比が良い代替製品や，高収益をあげている業界で生産される代替製品などは，代替の脅威を及ぼしている。

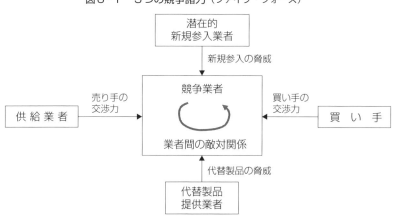

図6-1　5つの競争諸力（ファイブ・フォース）

〔出所〕　ポーター[1980]p.18参照。

　第4の競争圧力は，買い手が及ぼす交渉力によるものである。買い手は，値下げを迫ったり，より高い品質やサービスを要求したり，売り手同士を競い合わせたりして，当該業界を相手に交渉力を及ぼしている。買い手の交渉力の強

さは，業界全体の売り上げに占める買い手の購入量比率と比例する。買い手の属する業界の集中度が高いか，ある買い手の購入量の絶対量が大きく，総取引量のなかのかなりの割合がその買い手による購入である場合，買い手の交渉力は，より強いものとなる。当該企業としては，圧力をかける力が弱い買い手を見つけて，より有利な条件で売ることにより，収益力を維持しようとする。

　第5の競争圧力は，売り手（供給業者）が及ぼす交渉力によるものである。売り手（供給業者）は，原材料・部品を少しでも高く売ろうと交渉力を及ぼしている。供給業者の交渉力は，供給業者が属する業界の集中度が高ければより強いものとなりがちである。また，その交渉力は，その原材料や部品の戦略的重要度が高ければより強いものとなる。そうした売り手の交渉力にもかかわらず，当該企業が購入量の大きさなどを背景に少しでも安く，有利な条件での買い入れができる場合，売り手による競争圧力を弱めることができる。

(2) 競争戦略上の3つの基本戦略

　競争戦略とは，以上で述べた5つの競争諸力に効果的に対処するべく，攻撃的または防衛的活動を打ち出すときの方針を示すものである。ただし，企業が攻撃的または防衛的活動に活用できる資源の内容と量は限られている。そこで，企業を取り巻く業界環境で作用する5つの競争諸力に関する情報に基づいて，限られた資源を効果的に活用するための方針を定める必要がある。ある企業にとってベストな競争戦略とは，その企業を取り巻く業界環境での競争諸力を考慮して独自に作りあげたものである。そのため，各社の競争戦略はそれぞれが独自なものであるとはいえ，どの業種についても当てはまるという意味で基本的な戦略（generic strategy）には，3つの競争戦略類型がある。

① コスト・リーダーシップ戦略

　競争戦略上の第1の基本戦略は，コスト・リーダーシップ戦略であり，低コスト生産に基づく低価格製品・サービスの提供によって競争優位を獲得しようとする戦略である。単に安い商品の提供を行おうとするのではなく，適切な商

品を安く提供しようとする戦略である。近年，低価格商品の自転車が劣悪な材料を用いているために事故が相次いでいると伝えられている。質の悪い材料や技術をもたない労働力を用いて低価格商品を提供するのではなく，適切な製品を同業者よりも低コストで提供するとの一貫したねらいを追求するのがコスト・リーダーシップ戦略である（ポーター[1980]pp.56-59)。

このコスト・リーダーシップ戦略追求を可能にする3つの方法がある。第1は，規模の経済を活かしてコストダウンを図る方法であり，固定費の負担を生産量の増加によって軽減させようとするものである。第2は，経験曲線効果を活かしてコストダウンを図る方法であり，累積生産量の増大にともなって単位当たりコストを低減できるという関係を活かそうとするものである。第3は，ビジネスモデル上の独自な工夫に基づき，コスト優位を実現させる方法であり，ユニクロなどの取り組みがその例である。

コスト・リーダーシップ戦略を選択し，実行することにより，5つの競争諸力への効果的な対応が可能となる。コスト面でのリーダーシップが取れるならば，業界内に強力な競争業者が現われても，平均以上の収益を生み出せる。強力な買い手の値引き交渉に対しても，自社よりも高い価格を設定する業者が多く存在するので，自社製品に対する値引き要求をはねのけることができる。また，強力な供給業者が原材料コストの上昇を理由とする原材料の値上げを要求してきても，コスト削減のノウハウを活かし，その分だけ生産性を高めるなどの対応によって切り抜けられる。ダイハツやスズキは，コスト・リーダーシップ戦略に基づいて自動車の生産と販売を行っている。

図6-2　競争戦略上の3つの基本戦略

〔出所〕　ポーター[1980]p.61参照。

② 差別化戦略

競争戦略上の第2の基本戦略は，差別化戦略であり，自社の製品やサービスの差別化を図り，業界のなかでも特異だと見られる面を創造しようとする戦略である（ポーター[1980]pp.61-63）。高い技術力，マーケティング力などを背景として独自の製品を作り，顧客に独自価値をアピールする戦略である。差別化のための方法には，製品設計の差別化，ブランド・イメージの差別化，テクノロジーの差別化，製品特徴の差別化，顧客サービスの差別化などがある。

差別化戦略を選択し，実行することにより，5つの競争諸力への効果的な対応が可能となる。製品面での差別化に成功すれば，業界内の競争業者よりも高い収益を獲得するのが可能となる。買い手の値引き交渉に対しても，自社製品の独自性を背景として値引き要求に対処できる。また，供給業者が原材料コストの上昇を理由に原材料値上げを要求してきた場合でも，自社製品にあらかじめ高価格を設定しているので，原材料の値上げ要求を受け入れても十分に対処できる。

③ 集 中 戦 略

競争戦略上の第3の基本戦略は，集中戦略であり，提供する製品・サービスや提供先の対象ターゲットを狭く限定し，それに集中しようとする戦略である（ポーター[1980]pp.61-63）。特定市場セグメントのニーズへの対応に的を絞り，特定の製品やサービスを提供しようとする。各事業についての製品−市場の組み合わせのなかから特定のターゲットを限定するに当たって，製品などの事物的な側面に着目する方法と，市場（買い手のニーズ）などの社会的な側面に着目する方法とがある。いずれの方法を用いるにせよ，自社がもっとも競争優位を発揮しうるターゲット領域を探し出し，そこに集中しようとする。

集中戦略を選択し，実行することにより，5つの競争諸力への効果的な対応が可能となる。特定ターゲット領域への絞り込みを行うならば，業界内での同業者との競争を避けることができる。買い手の方でも当該企業は自分たちの独自ニーズに対応してくれるので，過度の要求を控えてくれる。

2．ポーター［1985］のバリューチェーン重視の競争戦略論

　ポーター［1980］の『競争の戦略』によると，業界競争環境での競争諸力という企業外部側面を考慮しつつ，競争戦略上の3つの基本戦略のどれを選ぶかを明確化することが競争優位を獲得するのに何よりも重要である。ところが，ポーター［1985］の『競争優位の戦略』によると，それらの取り組みだけでは十分ではない。競争優位を獲得するには，企業内部プロセスの充実も必要なのである。この新たな主張の背景として，1980年代に日本企業が米国を初めとして世界的に海外進出を始めたという事態があった。日本企業は社内諸活動を充実させ，諸活動間の連携を高めたからこそ，世界的な海外進出が可能になったのではないかとの問題意識のもとに，ポーター［1985］は，社内諸活動の充実と諸活動間の連携に基づく競争優位獲得の可能性を主張する枠組みを提案した。

　企業は，製品設計，製品の製造，マーケティング，流通チャネル，各種サービスなど，各種の活動を遂行している。一連の諸活動のそれぞれを効果的なものとするとともに，諸活動間の連結関係を最適化し，調整することによって競争優位を向上させることができる。そうした競争優位向上のための諸活動は，主活動（primary activities）と支援活動（support activities）とに区分できる。主活動とは，製品・サービスを提供するのに必要とされる購買物流，製造，出荷物流，販売・マーケティング，サービスなどの諸活動のことである。支援活動とは，それらの主活動を支える全般管理，人事・労務，技術開発，調達活動などの諸活動のことである。こうした主活動と支援活動から成る一連の諸活動の連鎖を通じて価値を作りだすことができる。こうした価値創造活動の連鎖はバリューチェーン（価値連鎖）と呼ばれ，図6-3のように示される。

　コスト優位や差別化優位を確立するには，自社のバリューチェーンを競争の基本戦略と適合するように構築することが必要である。構築したバリューチェーンが競争の基本戦略と適合している場合，企業が提供する製品・サービスはコスト優位や差別化優位を実現でき，顧客による高い評価が得られる。多くの顧客が，そうした製品・サービスを入手するにはそれなりの金額を支払ってもよいと考えるので，企業の方では利益マージンを高めることができる。

図6-3 バリューチェーン（価値連鎖）

〔出所〕 ポーター[1985]p.49参照。

3．資源ベース視角に基づく競争戦略論

　バリューチェーンの構築が重要であると考えるポーター[1985]の主張と同様に，競争優位の獲得には，企業内部活動の充実が必要であり，それには企業内部活動を支える資源ベースの充実こそが必要だと考えるのが，資源ベース視角（resource-based view）に基づく競争戦略論である。この見方では，保有経営資源の活用によって得られる組織能力の効果的利用が何より重要だと考える。その場合の経営資源には，ヒト，モノ，カネなどの目に見える資源だけでなく，目に見えない資源，たとえば技術やブランド，組織文化なども含まれる。それらの経営資源がVRIOという面をもつならば，つまり企業が保有する経営資源や組織能力（ケイパビリティ）が経済的価値（value）をもち，希少であり（rarity），かつ模倣困難（inimitablity）であり，そういう経営資源を効果的に組み合わせられる組織（organization）が形成されているならば，持続的な競争優位が得られる（バーニー[2003]p.250）。ただし，各種の経営資源のなかには外部市場からの調達が容易な資源と，困難な資源とがある。人的資源の場合，短期契約の派遣労働者は比較的容易に確保が可能であるが，企業固有業務に対して熟練した労働者を外部市場から調達するのは容易ではない。そのため，企業固有業務に

熟練した労働者は，企業が時間をかけて育成していく必要がある。

　資源ベース視角に基づく競争戦略では，製品やサービスの卓越性それ自体を競争優位獲得の焦点とはしない。製品やサービスの卓越性を競争戦略の焦点とするならば，環境状況で変化が続発する場合，必要な対応を取ろうとしても，適切な対応が取れない可能性があるからである。それに対して，経営資源基盤の充実を，競争優位獲得の焦点とするならば，環境状況での変化が続発する場合でも柔軟な対応が行える（ハメル＝プラハラード[1995]pp.23-38参照）。こうした観点から，資源ベース視角に基づく競争戦略論では，自社の経営資源基盤を充実させるとともに，状況変化に対応できるように経営資源を活用していくことが重要だと主張している。

4．コミットメント重視の競争戦略論

　ゲマワット[2002]によると，ビジネスでの成功の確立と持続には，資源ベースと活動システムという2つの側面が必要である。資源ベースの側面がストックの面を示すのに対して，活動システムの側面はフローの面を示している。この2つの面をそれぞれ重視するのが「資源に基づく企業観」と「活動システムに基づく企業観」である[1]。「資源に基づく企業観」（resource-based view of the firm）では，経営資源の質によって企業の諸活動の優劣が定まると考える。確かに，企業の経営資源（ストック）の質が，企業が遂行できる活動（フロー）の範囲と経済性を決める面がある。しかし，この企業観には，優れた経営資源がどのようにして構築されたかを明らかにしておらず，急速な変化への対応の仕方も示していないといった難点がある。他方，「活動システムに基づく企業観」では，ポーターが示したバリューチェーンの議論のように，部門横断的な活動間の連結によって作り出される企業活動システムの重要性を強調する。さらに，企業活動システムを構成する各種活動間の相互フィットの重要性も強調する。しかし，この企業観にも，何らかの環境変化が生じたとき，柔軟に対応できるかどうかを示していないといった問題がある[2]。

　ゲマワット[2002]は，2つの企業観のいずれもが不十分であると考え，ダイ

ナミック理論なる考え方を提唱した。その理論によると，企業に競争優位をもたらすのは，企業による「コミットメント」である。ここで，コミットメントとは，保有する資源を継続的に活用し，革新的な製品の開発と発売，大規模な生産力の拡大などに着手して，長期にわたって企業活動を大きく改善するための取り組みを行うことを意味する。こうした長期にわたるコミットメントを行った例として，「センサー」というスプリング台の二枚刃ひげ剃りを1990年当時に発売したジレットの事例が挙げられる。ジレットは，従来の二枚刃ひげ剃り（アトラ）から「センサー」に移行する際，研究開発に7,500万ドル以上，製造工場投資と広告にそれぞれ1億ドル，合計3億ドル近くを投入した。ジレットは，その後，マッハ3，フュージョンと新製品開発を続け，ひげ剃り替え刃の開発に対する継続的なコミットメントを通じて，当該製品での競争優位を確立し，持続させてきた。

図6-4　ダイナミック理論におけるコミットメントの重要性

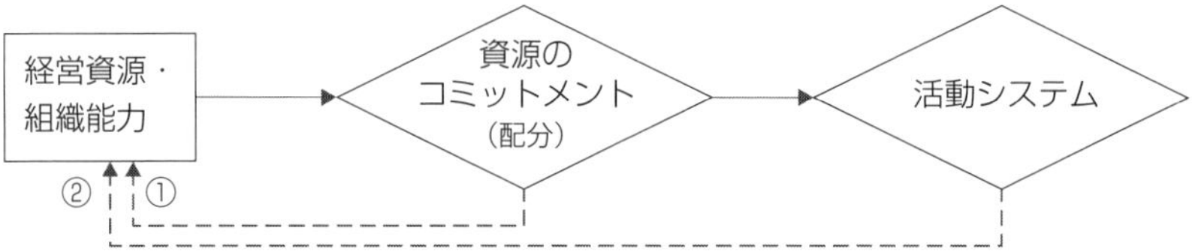

経営資源・組織能力 → 資源のコミットメント（配分） → 活動システム

〔出所〕　ゲマワット［2002］p.180参照。

ダイナミック理論の考え方を示した図6-4では，経営資源に基づいて組織能力を構築する2つの方法を示している[3]。第1の方法は，各社が保有する経営資源を最大限活用するべく資源のコミットメントを行い，組織能力を構築する方法である。ジレットが大規模な研究開発投資の持続を通じてひげ剃り関連の新製品開発を行ってきたのがその例である。そうしたコミットメントを通じて組織能力を高めるプロセスは，図6-4の資源のコミットメントから経営資源・組織能力に戻るフィードバック・ループ（図中の点線①）として表現される。第2の方法は，企業が遂行する活動を通じて組織能力（ケイパビリティ）を漸進的に構築する方法である[4]。たとえば，生産ラインを何十もの機械工場に分散

させ，機密を保持するのに工場内を合板壁で囲むといった取り組みを行った。こうした方法で活動システムを作りあげることにより，他社による模倣が困難な組織能力を構築することができた。その構築プロセスは，図6-4の「活動システム」から「経営資源・組織能力」に戻るフィードバック・ループ（図中の点線②）として表現される。時間をかけて，そうした活動プロセスを作り上げることにより，企業特有の組織能力を徐々に構築し，強化できる。

　企業の組織能力には，各社の経営資源を基盤としつつ，時間をかけて構築されるという面がある。組織能力は，当初から存在するものではなく，長期間にわたる資源のコミットメントや活動の積み重ねを通じて作りあげられる。長期間にわたる心理的エネルギーの継続的な投入を通じて組織能力や競争優位が形成されるのを重視しているのがコミットメント重視の競争戦略論である。

5．ポーター[1992]の国の競争優位重視の競争戦略論

　ポーター[1992]の『国の競争優位』によると，自社が妥当だと思う事業領域へのポジショニングや，自社活動の最適な編成としてのバリューチェーンの構築だけでは競争優位の獲得はできない。当該産業での競争優位獲得を可能にする国の特性（国の競争優位）の存在も競争力（competitiveness）の獲得には不可欠である。当該産業に関する国の競争優位が存在することによって初めて，企業による競争優位の獲得が可能となり，グローバルな成功を達成できる。競争優位を獲得するには，企業を超える「国の競争優位」といった企業外部側面も重要なのである（ポーター[1992]pp.106-107）。

　こうした国の競争優位を作り出すには，当該産業について，次のような複数側面から成るシステムが形成されていなければならない。まず，ある産業での要素条件（当該産業で競争するのに必要な熟練労働や産業基盤などの生産要素が充実している状況），次に，関連支援産業（その国での国際競争力をもつ供給産業や関連産業の存在），さらに，需要条件（製品またはサービスに対する本国市場の需要の性質），そして，企業の戦略，構造およびライバル間競争（国内のライバル間競争の性質と，企業の設立，組織，管理方法を規定する条件）などの諸側面が必要である。

そのうえで，それらの諸側面が相互作用し合うシステムが当該産業について形成されていなければならない。そうしたシステムの存在によって，企業競争力の発展を促進する基盤が形成される。それらの側面によって形成されるシステムを，「国のダイヤモンド（national diamond）」と呼ぶ[5]。なぜならば，図6-5で示すように，諸要因がダイヤモンドの形で相互関連しているからである。「国のダイヤモンド」が良好に形成された産業では，企業のイノベーションとグレードアップの能力が高められ，企業の競争力と成功の可能性が高められる。そうした「国のダイヤモンド」に影響を及ぼす外生的要因が2つ考えられる。第1はチャンス（外国政府による政治的決定，世界の金融市場や為替レートの大変動，戦争など）であり，第2は政府政策（税制，資本市場政策，産業政策，教育政策など）である（ポーター[1992]（上）p.188）。

図6-5　競争優位を支える「国のダイヤモンド」

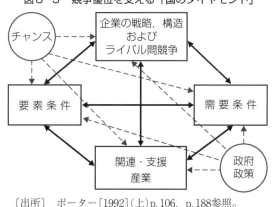

〔出所〕　ポーター[1992]（上）p.106，p.188参照。

6．デルタモデル競争戦略論

以上では，企業外部側面に着目した競争戦略論や企業内部側面に着目した競争戦略論などを取り上げた。ところでハックス＝ワイルドⅡ[2003]のデルタモデル競争戦略論によると，競争優位を獲得するにはより多面的な視点をもつアプローチが必要である。つまり，ベストプロダクト戦略，顧客ソリューション

戦略，システム・ロックイン戦略から成る3つの戦略オプションをともに活用するのが望ましいというのである（ハックス＝ワイルドⅡ[2003]pp.80-106）。

(1) ベストプロダクト戦略

　ベストプロダクト戦略とは，低コストもしくは差別化といった方針に基づいてベストプロダクトを提供することに主眼を置く戦略である。この戦略オプションは，ポーターのコスト・リーダーシップ戦略や差別化戦略と同様な発想に基づくものである[6]。低コストに基づくベストプロダクトの提供により，市場シェアをますます高めることが可能となり，規模の経済を活かしてコスト面での優位を強めることができる。また，顧客のための価値を付加してユニークな製品特性を作りだすなどの差別化を行うことにより，競争優位の獲得を実現しようとする。わが国の携帯電話の例でいえば，月額定額料金を安く設定し，通信精度も問題のないサービスを提供する場合，ベストプロダクト戦略が採用されている。

(2) 顧客ソリューション戦略

　顧客ソリューション戦略とは，顧客が直面する問題を解消させるように製品やサービスの提供を行うことにより，顧客からの支持と市場からの受け入れを目指す戦略である。戦略の焦点を，製品から顧客へ移行させ，製品のエコノミクスから顧客のエコノミクスや顧客の経験へと移行させるのである。顧客ソリューション戦略では，顧客ニーズへの対応に力を入れ，顧客が煩雑な思いをしなくてもすむように，各種製品への対応窓口を一本化したり，請求書も顧客ごとに一本化するようにしている[7]。このように，ターゲット顧客のニーズへの対応に的を絞り，顧客の便益の実現に主眼を置く戦略である。顧客と身近に接して顧客と絆を築き，顧客と共同で新製品を開発したりする場合もある。

(3) システム・ロックイン戦略

　システム・ロックイン戦略とは，市場での支配的地位の確立によって顧客や

供給業者，さらには補完業者の自社に対するロイヤルティの向上を図り，自社方式を事実上の業界標準として確立させ，企業が構築したシステムへのロックイン（定着）を図る戦略である。それは，顧客だけではなく，補完業者など経済的価値の創造に貢献するすべてのシステム参加者を自社に惹きつけ，育成し，定着させようと働きかける戦略である。ここで補完業者とは，企業が提供する製品・サービスの価値をより高めるのに貢献する製品やサービスの提供者のことである。自社システムのアーキテクチャ（構成と構造）全体を見渡し，誰が補完業者であるのかを見きわめ，その補完業者を惹きつけるための方策を導入しようとする[8]。マイクロソフトの場合，自社のOSで機能するアプリケーション・ソフトが，全体の80〜90％に達しており，その比率は，アップル社の場合よりもはるかに高い。マイクロソフトは，同社OSのアプリケーション・ソフトという補完製品の事業者を育成するとともに自社との取引へ定着させることによって，Windowsへのシステム・ロックインを実現させようとしている。

図6-6　3つの異なる戦略オプション

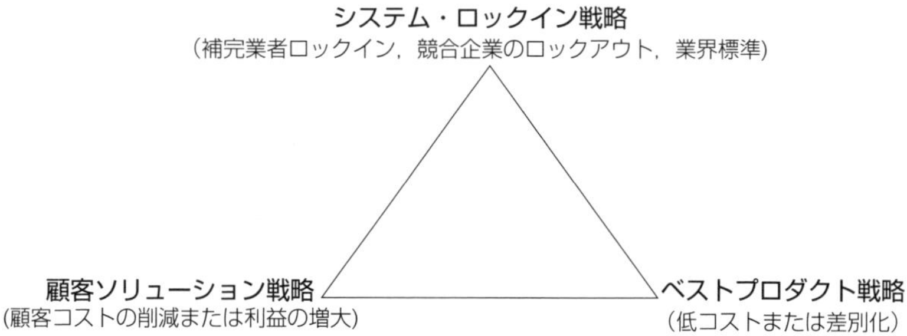

システム・ロックイン戦略
（補完業者ロックイン，競合企業のロックアウト，業界標準）

顧客ソリューション戦略
（顧客コストの削減または利益の増大）

ベストプロダクト戦略
（低コストまたは差別化）

〔出所〕　ハックス＝ワイルドⅡ[2003]p.83参照。

(4) 3つの戦略オプションで目指す戦略ポジション

企業が3つの戦略オプションのそれぞれに着手するとき，戦略オプションごとに，目指そうとする戦略ポジションが何なのかを明らかにする必要がある[9]。ベストプロダクト戦略を取る場合，低コスト，あるいは差別化といった戦略ポジションのいずれを目指すのかを定める。顧客ソリューション戦略を取る場合，

顧客コストの削減，顧客経験の再定義，顧客との一体化，水平方向への拡大などの戦略ポジションのいずれを目指すのかを定め，システム・ロックイン戦略を取る場合は，デファクト・スタンダードの獲得，圧倒的市場支配，アクセス制限などの戦略ポジションのいずれを目指すのかを定める。

表6-1　3つの戦略オプションで目指す戦略ポジション

戦略オプション	戦略ポジション
ベストプロダクト	低コスト，差別化
顧客ソリューション	顧客経験の再定義，顧客との一体化，水平方向への拡大
システム・ロックイン	デファクト・スタンダードの獲得，圧倒的市場支配，アクセス制限

〔出所〕　ハックス＝ワイルドⅡ[2003]pp.84-97およびHax[2010]pp.17-28の記述をもとに筆者が作成。

(5) 顧客との絆の形成方法

顧客との絆の形成は，どの戦略オプションでも重要である。ベストプロダクト戦略では，最終的に顧客が求める機能や特徴を備えた製品やサービスのドミナント・デザインを生み出すことによって顧客との絆を作り出そうとしている。ドミナント・デザインを他企業よりも早く生み出すのに成功した企業は，顧客ロイヤルティを獲得でき，先発者利益が得られる。また，顧客ソリューション戦略では，顧客に対するサポートを効果的に行うことにより，顧客との絆を作り出そうとしている。さらに，他企業の製品やサービスへの乗り換えにともなう手間を高め，顧客の側のスイッチング・コストを高める工夫をすることにより，顧客のロックインを目指し，顧客の囲い込みを図っている。さらに，システム・ロックイン戦略では，顧客との絆の形成に加えて，競合企業のロックアウトも目指している。コカ・コーラは自社の飲料だけを提供させるチャネルを構築している。そうした取り組みは，ブランドの確立や特許の取得によっても達成できる。そういう取り組みを通じて，デファクト・スタンダード（事実上の標準）や圧倒的市場支配の実現を目指している。

(6) 3つのビジネスプロセス

「ビジネスは機能や部門，製品の観点からだけではなく，ビジネスプロセスとして見るべきだ」とハマー＝チャンピー[1993]は主張した。ビジネスでは，数多くの課題（タスク）を達成し，諸活動を遂行する必要があるが，そういう課題達成のための諸活動を結合させたものがビジネスプロセスであり，戦略の効果を高めるには不可欠なものである。デルタモデルの各戦略オプションを実行するのにも3つのタイプのビジネスプロセスの活用が必要である。

第1に必要なのは，効果的なオペレーションである。このプロセスは，顧客に製品・サービスを提供するための諸活動を効果的なものとするのに必要であり，ベストプロダクト戦略をとる場合は特に重要である。第2に必要なのは，顧客ターゲティングである。このプロセスは，顧客を惹きつけ，満足させ，維持するのに必要であり，顧客との関係をより効果的なものとするのに必要である。それは，顧客ソリューション戦略をとる場合は特に重要である。第3に必要なのは，イノベーションであり，自社ビジネスの将来性を維持し，新製品・新サービスを継続的に生み出すのに必要である。このプロセスを通じて顧客起点のイノベーションに取り組むならば，既存顧客の維持が可能となるだけではなく，新規顧客の開拓も可能となる。また，このプロセスを通じてビジネスシステム自体のイノベーションを図ることにより，本来はオープンなアーキテクチャのもとで業界標準を生み出し，補完業者のロックインも達成できるので，システム・ロックイン戦略をとる場合は特に重要である。

(7) 戦略オプションとビジネスプロセスとの適合

デルタモデルの各戦略オプションを有効なものとするには，上記の3つのビジネスプロセスが必要である。各戦略オプションで目指す戦略ポジションを実現するうえで必要なビジネスプロセス上の取り組み内容を示したのが表6-2である。たとえばベストプロダクト戦略で目指す戦略ポジションが低コストである場合，効果的なオペレーションというビジネスプロセスを通じて，コスト・ドライバーの確認や，個々の製品コストの改善などへ取り組むことが必要

とされる。また顧客ソリューション戦略で目指す戦略ポジションが顧客との一体化である場合，顧客ターゲティングというビジネスプロセスを通じて，顧客とのインターフェースの向上や顧客ソリューション提供のための提携へ取り組むことが必要とされる。システム・ロックイン戦略で目指すポジションがデファクト・スタンダードの獲得である場合，イノベーションというビジネスプロセスを通じて，オープン・アーキテクチャのもとでの業界標準の形成へ取り組むことが必要とされる。

表6-2 戦略オプションとビジネスプロセス

ビジネスプロセス ＼ 戦略オプション	ベストプロダクト戦略	顧客ソリューション戦略	システム・ロックイン戦略
効果的なオペレーション	最も低い製品コスト ●コスト・ドライバーの確認 ●個々の製品コストの改善	最も高い顧客価値 ●顧客エコノミクスの向上 ●トータル・ソリューションの構成要素の横の結びつきを強化	最高のシステム・パフォーマンス ●システム・パフォーマンスの向上
顧客ターゲティング	流通チャネルに関して ●複数チャネルを用いたカバレッジの最大化 ●低コストの流通網 ●チャネル・ミックス ●チャネル収益性最適化	顧客バンドルに関して ●顧客とのインターフェースの向上 ●顧客ソリューション提供のためのアライアンス ●主要な垂直市場の選定	システム・アーキテクチャに関して ●補完業者とのインターフェースの向上 ●補完業者の数およびタイプの拡大
イノベーション	製品イノベーション ●共通のプラットフォームに基づく製品群開発 ●真っ先に市場に投入，もしくは直ちに追随，次々に新製品を投入	顧客起点のイノベーション ●カスタマイゼーションと学習を通じた顧客の囲い込み強化 ●カスタマーケア機能の統合・革新	システム・イノベーション ●オープン・アーキテクチャでの業界標準を確立 ●囲い込みを支援する機能の強調 ●補完業者の増加

〔出所〕 ハックス＝ワイルドⅡ[2003]p.100参照。

第3節　競争優位の獲得を目指すうえでの諸観点

　各種競争戦略論によって多様な競争優位獲得方策が示されてきた。それらの競争優位獲得方策は，どのような観点から打ち出されているのだろうか。

1．3つの意味次元での競争優位の獲得

　競争優位の獲得を目指すうえでの観点としてまず重視されるのは，3つの意味次元での競争優位の獲得を図るという観点である。そのなかでも，まず第1に重視されるのは，事物次元での競争優位の獲得を目指すという観点である。この観点からは，まず競争圧力がそれほど強くなく，しかも成長性も見込める有望な事業領域の選択を目指そうとする。つまり，有望な事業領域とは何か，それとともに，どのような製品やサービスを提供すれば競争優位を高められるかといった観点から戦略内容を決定する。要するに，競争優位を獲得するのに，いかなる事業領域（What）でいかなる製品とサービス（What）を提供するのがよいか，という事物次元での競争優位の獲得を目指すのである。ポーター[1980]が提唱したコスト・リーダーシップ戦略や差別化戦略は，その例である。さらに，提供しようとする製品とサービスの内容が自社の技術力を効果的に活用できるものかどうかも事物的次元での重要な決定である[10]。さらに，垂直統合の程度，製品の品質の水準，価格水準などを適切に定めるのも事物次元での競争優位の獲得を目指す取り組みである。

　第2に重視されるのは，社会的次元での競争優位の獲得を目指すという観点である。この観点からは，まず顧客満足（customer satisfaction）を高めることを通じて競争優位を獲得しようとする。つまり，提供する製品・サービスは誰に向けて提供しようとするものなのかを明確化し，顧客満足を高めるように取り組むことにより，社会的次元での競争優位の獲得を目指そうとする。そのため，対象市場セグメント顧客のニーズを顧客とのコミュニケーションに基づいて探り出し，企業が提供する製品とサービスを，顧客のニーズに適合したものにさせる。このように，顧客との関係性を形成し，それを活かしてサービスの改善を図るアプローチは，CRM（customer relationship management）と呼ばれている。デルタモデル競争戦略での顧客ソリューション戦略という戦略オプションも，この面を重視した戦略である。供給業者や流通業者からの信頼が得られるように競争戦略を形成するのも社会的次元での競争優位を獲得するうえで重要な戦略である。なお，仕入れ先企業や流通業者との連携関係をどの程度

のものとするか,場合によっては,川上統合(仕入先の買収)や川下統合(販売先の買収)をどの程度進めるかを決めること自体は事物次元に関わることがらである。しかし,その決定に当たって,仕入先や販売先の関心やニーズを掘り下げ,仕入れ先企業や販売先企業の納得が得られるように対応するならば,社会的次元の面でも競争優位の獲得の可能性を高めることができる。

第3に重視されるのは,時間次元での競争優位の獲得である。この観点からは,イノベーションを重視したり,持続的改善を重視したりする取り組みを通じて競争優位獲得を目指そうとする。ゲマワット[2002]の「コミットメント重視の競争戦略」は,この考え方に立つものである。製品やサービスについてのドミナント・デザインを確立し,しかも,顧客や補完業者のロックインにも取り組み,デファクト・スタンダードの実現ができるように取り組むのも,時間次元での競争優位の獲得を目指す考え方に基づいている。時間次元での競争優位の獲得を目指す立場には,学習やイノベーションを重視する観点と,長期間にわたる持続的競争優位を図る観点とがある。ボストン・コンサルティング・グループ(BCG)は,時間を競争優位獲得のために利用する「タイムベース競争戦略」という考え方を提示した(ストーク Jr.＝ハウト[1993]pp.33-41)。

図6-7 3つの意味次元での競争優位の獲得

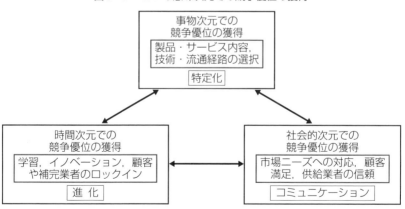

〔出所〕 筆者が作成。

3つの意味次元で競争優位の獲得が可能となるように取り組むことにより，包括的な競争優位獲得への取り組みが可能となる。事物次元では好ましい取り組みのあり方を特定化させ，社会的次元では関係者とのコミュニケーションを図り，時間次元では進化の達成を図りつつ持続的競争優位が得られるように競争戦略を定めることにより，競争戦略をより効果的なものにできる[11]。

2．企業外部側面と企業内部側面のいずれかに基づく競争優位獲得

　競争優位の獲得を目指すうえでの観点として次に重視されるのは，企業外部側面と企業内部側面のいずれかに着目して競争優位の獲得を目指すという観点である。競争優位獲得の根拠を企業外部側面に求める考え方としてのポジショニング視角によると，業界での競争圧力の程度がそれ程厳しくなく，業界成長も期待でき，競争優位の獲得が見込まれる領域への企業活動領域のポジショニングが効果的である。その他に注目すべき企業外部側面には，政府などの規制の有無，競合企業の数（競争の厳しさの程度），グローバル競争の厳しさ，優良な取引相手の存在などがある。競争優位獲得のための着眼点を企業外部側面へ求める場合は，概して事物次元の立場から明らかにされる競争の程度や業界成長率などを重視する。ただし，協力的な取引相手やロイヤルティの高い顧客の存在など，社会的次元の面に競争優位の源泉を見いだす場合もある。

　競争優位獲得の根拠を企業内部側面に求める考え方としての資源ベース視角によると，企業のもつ技術力，経営者のリーダーシップ，組織文化，社員のやる気，効率性の高い生産システムなどの各種の経営資源を育成することこそが競争優位獲得の決め手である。この見解では，企業内部の事物面としての優れた経営資源の存在に目を向けるとともに，組織文化や社員のやる気など，企業内部の社会的な側面にも目を向けている。

　競争優位獲得の根拠を，需要面や供給面に求める考え方もある。競争優位獲得の根拠を需要面に求める考え方では，製品の差別化に基づく顧客ロイヤルティやブランド・イメージの向上を図り，顧客の習慣やスイッチング・コストの観点から競争優位獲得を目指そうとする。それは，競争優位の源泉を企業外

部側面に求める考え方の1つである。他方，競争優位獲得の根拠を供給面に求める考え方では，規模の経済を追求し，競争業者よりも安く製品を製造できるといったコスト面から競争優位の獲得を目指そうとする。それは，競争優位の源泉を企業内部側面に求める考え方の1つでもある。

3．競争業者対処と補完業者協調のいずれかに基づく競争優位獲得

競争優位の獲得を目指すうえでの観点としてさらに重視されるのは，競争業者対処と補完業者協調のいずれかを重視して競争優位獲得を目指すという観点である。まず，競争優位を獲得するには，競争業者の動きの徹底的な分析を踏まえて，その強みを発揮させないような方法を工夫するなど，競争業者との敵対関係への対処の工夫が重要だという考え方がある。それに対し，競争優位を獲得するには，自社の補完業者と効果的な協調を成し遂げることこそが重要だという考え方もある。この2つの考え方は，敵対関係への対処が重要だと考えるのか，それとも協調関係の確立が重要だと考えるのかの点では異なっているが，他企業への対処が重要だと考える点では共通点を有している。

ポーター[1980]の場合は，競争業者分析の重要性を指摘し，競争業者の現在の能力と，将来への願望の把握によって，競争業者が今後どのような手を打ってくるかを分析し，それについての対処を考えるのが重要だと主張した[12]。その考え方は，「敵を知り，己を知れば百戦危うからず」と説く孫子の兵法にも通ずる面がある。そのように競争業者の動きを徹底的に分析し，競争業者の動きに対処することが何よりも重要だという考え方がある。

それに対して，他企業との協調こそが価値を作り出すとの見解もある。そういう見解は，ネイルバフ＝ブランデンバーガー[1997]のコーペティション経営の主張でも見いだされる[13]。コーペティションとは，協調 (cooperation) と競争 (competition) を結合させたものである。たとえば，パソコン業界では，パソコン・メーカーは，ライバル企業と競争を行うだけではなく，CPU生産者（インテルなど）との協調関係の形成を通じて競争優位を作りあげている。つまり，他者との関係には「競争」のみならず，「協調」の側面も見られ，業界

の状況によっては協調を通じて関係者双方にとってより良い状況を作り出せる場合がある。その例として，ニューヨークのブロードウェイにある各劇場が挙げられる。ブロードウェイの各劇場は，たがいに競争するとともに，全体としてブロードウェイの価値を高めるための協調も行っている。そのため，各劇場の開演時間が重ならないように配慮して競争と協調の両立を図っている。

　以上で示したように，競争業者への徹底的な対処を図るか，それとも他企業との協調を適切に図るかによって，競争優位の獲得が可能となる。

第4節　ま　と　め

　企業は，事物次元，社会的次元，時間次元の3つの意味次元の立場から競争優位獲得のための競争戦略を定めている。たとえば，ベストプロダクト戦略では事物次元に焦点を合わせて競争優位の獲得を目指している。それに対し，コーペティション経営や顧客ソリューション戦略では，社会的次元にも目を向け，顧客満足の達成を通じた競争優位の獲得を目指している。また，コミットメント重視の競争戦略は，時間次元に焦点を合わせて持続可能な競争優位の獲得や進化の可能性を追求している。

　ところで，競争戦略論が提唱された当初においては，企業外部側面と企業内部側面のいずれかに着目して競争優位獲得方策を示すという競争戦略論が展開された。たとえば，ポーター[1980]は，企業を取り巻く業界環境といった外部側面に目を向け，そこでの5つの競争諸力へ対処するには，3つの基本戦略のどれを取るかを明確化することが必要であるとの議論を展開した。ところがポーター[1985]は，競争優位を獲得するには，企業内部での価値を効果的に作り出す仕組みも重要であると主張し，そうした価値を作り出す活動の連鎖をバリューチェーンと表現した。さらにポーター[1992]では，再び企業外部側面に着目し，企業外部に形成された国のダイヤモンドに目を向け，要素条件，需要条件，関連支援産業などから成る国のシステムが適切に形成されている場合に，競争優位が獲得でき，イノベーションが生み出せると主張した。マイケル・

ポーター自身は，当初の業界環境分析といった外部側面の重視という観点を維持しつつ，バリューチェーンという内部側面の重要性も主張し，さらに国の競争優位といった外部側面の重要性も指摘しようとしたのであり，一連の主張は累積的に展開されたものであることを強調している。ただし，表面的には，競争優位獲得の決め手を外部→内部→外部と移行させてきたようにも見える。

競争優位の獲得に当たり，事物次元，社会的次元，時間次元のいずれを重視するのか，それとも企業外部側面と企業内部側面のいずれを重視するのか，などの観点を組み合わせると，さまざまな競争戦略論を，図6-8におけるいずれかの領域に位置づけることができる。

図6-8　各種競争戦略論の位置づけ

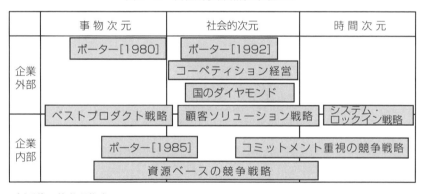

〔出所〕　筆者が作成。

まず，ポーター[1980]，ポーター[1985]，ポーター[1992]などの競争戦略論については，上の図のように位置づけることができる。次に，資源ベースの競争戦略論は，経営資源という企業内部側面に競争優位の源泉を求めようとするが，そこで重視するのは，事物的な面では稀少であり，模倣にコストのかかる経営資源や組織能力である。ただし，組織能力には，組織内でのコミュニケーションを通じて育成開発されるという意味では社会的な関係性を踏まえて形成される面もある。なお，あるタイプの経営資源は時間的に受け継がれてきたものであり，そうした強みを新製品開発や新規事業創造への取り組みに活かそう

とする場合がある。その意味で，資源ベースの競争戦略論には，時間次元での強みを活かして競争優位の獲得を目指す面もある。また，コミットメント重視の競争戦略論は，時間次元の面を重視して経営資源と組織能力を高めていこうとする競争戦略論である。さらに，コーペティション経営による競争優位獲得方策は，競争と協調といった他社との社会的次元での相互作用を重視した競争戦略論である。

【注】
1) ゲマワット[2002]pp.170-178参照。活動システムの面が競争優位に及ぼす影響を重視するのがポーター[1985]における価値連鎖の議論であり，経営資源の面が競争優位に及ぼす影響を論ずるのが，資源ベースに基づく競争戦略論である。
2) ゲマワット[2002]pp.178-179参照。
3) ゲマワット[2002]p.179参照。
4) ゲマワット[2002]pp.179-190参照。
5) ポーター[1990]pp.103-109参照。ポーターは，当時のレーガン大統領によって「産業競争力に関する大統領諮問委員会」委員を委嘱されたことがあった。その委員会での経験にも基づいて主張されたのが，この国の「ダイヤモンド」モデルである。
6) ハックス＝ワイルドⅡ[2003]p.82，pp.84-86参照。
7) ハックス＝ワイルドⅡ[2003]pp.83-84，pp.86-89参照。
8) ハックス＝ワイルドⅡ[2003]p.84参照。
9) Hax[2010]pp.17-28参照，ハックス＝ワイルドⅡ[2007]pp.76-136参照。この主張は，ポーター[1980]での競争の基本戦略の選択の議論を拡張したものだと考えられる。
10) 社会学者ルーマンは，社会システムとは意味システムであり，意味次元は，事象次元，社会的次元，時間次元の3つに区分されると述べている（ルーマン[1993]pp.116-126）。なお，長岡[2006]では，事物次元，社会的次元，時間次元と表現している。本書では，長岡[2006]にしたがって事象次元ではなく，事物次元と表現することにする。どのような製品・サービスを提供しようとするかの決定は事物次元に関わることである。
11) ルーマン[2009]の『社会の社会』では，社会のオートポイエーシス（自己準拠）は，社会的，時間的，事物的な面について，コミュニケーション，進化，分化を通じて進展することを示している。この点は，長岡[2006]p.230においても示されていることについては，p.48で既に述べた。なお，本書では，社会全体のシステムではなく個別の企業システムの動きを考えるため，「分化」という用語を「特定化」という用語に置き換えて用いることにした。
12) ポーター[1980]pp.79-107において，競争業者の今後の行動を予測する分析手法が提示されている。また，ポーター[1980]pp.215-254において，業界の進展・変化についてライフサイクル論をベースに論じている。また，ポーター[1980]pp.285-310では，先端業界を対象として，将来どのようなことが生じるかを予測し，シナリオを形成して対処すべきことを論じている
13) ネイルバフ＝ブランデンバーガー[1997]の第1章は「戦争と平和」，第2章は，「コーペティション」，第3章は「ゲーム理論」と題され，ビジネスのすべての関係には二重性が存在し，競争（competition）と協調（cooperation）の両方の側面があることを示している。

第7章

提携（アライアンス）の戦略

第1節　提携（アライアンス）戦略の出現とその背景

　激化する競争環境状況に直面して，多くの企業が競争優位獲得のための競争戦略に取り組むだけでなく，多様な形態の提携（アライアンス）戦略にも取り組み始めている。ソニーはロボット開発ベンチャーZMPとの提携を通じて，ドローン（無人飛行機）の開発に取り組んでおり，トヨタはアメリカのベンチャー企業テスラ・モーターズとの提携を通じて電気自動車の開発を推進させようとしている。こうした提携戦略への取り組みは，決して各社の競争戦略と矛盾するものではない。提携戦略の活用によって，自社の競争戦略上の弱点を補強しつつ，本来の強みをより効果的に活かそうとしている。

　提携の定義とは，①複数の企業が独立したままの状態で，合意した目的を追求するために結びつき，②パートナー企業同士が成果を分け合い，かつ運営に対するコントロールを行い，③パートナー企業が，重要な戦略的分野（技術や製品など）での継続的な寄与を行う，というものである[1]。

　提携戦略が多く採用されるようになった背景には，いくつかの面がある。1つには，技術の複雑化と高度化にともない，企業が単独で最新技術を取り入れた製品開発の推進が困難となってきたためである。また，製品によっては，開発に必要な投資額が増大し，単独企業による製品開発が過大負担となってきたためである。さらに，グローバル競争を行うには，より幅の広い経営資源の活用が必要となってきたためである。こうした背景を踏まえて，提携行動が幅広く活用されるようになってきたのである。

第2節　提携行動を特徴づける基本要素

　数多くの提携行動事例を特徴づける基本要素には，提携行動に踏み切る動機，提携行動で活用される要因，提携行動の組織化方法などが挙げられる。

1．提携行動に踏み切る動機

　企業が提携行動を活用しようとするのは，他のタイプの企業諸活動を遂行する場合と同様，企業の基本目的としての「有用な製品とサービスの提供」「収益性の向上」「企業成長の追求」などを達成するためである。競争環境の激化に直面して，企業基本目的を効果的に達成するための提携行動の重要性がより高まってきている。こういう状況のもとで企業が提携行動に踏み切る動機を，内部的動機，外部的動機，戦略的動機の3つに区分できる[2]。

　内部的動機とは，自社内部の現状に不十分な面があり，その打開のための方策として提携行動へ取り組もうとすることである。その例には，自社に不足している経営資源の補充を目指すため，自社に欠如している知識の学習のため，自社単独では背負いきれない事業コストの共同負担やリスクシェアリングのため，現在の不満足な成果の打開のため，などがある。他方，外部的動機とは，自社外部の現状に対処困難な面があり，その打開のための方策として提携行動へ取り組もうとすることである。その例には，産業構造進化への対応のため，グローバル化競争進展への対処のため，技術のグローバル化への対処のため，速やかな技術変化への対処のため，製品ライフサイクルの早期化への対処のため，などがある。外部環境で有望な事業機会が生まれている場合に，提携を通じてその機会をとらえようとするのは外部的動機に基づくものだとも理解できるが，次の戦略的動機の1つと位置づけることもできる。すなわち，戦略的動機とは，特定目的の達成のために提携行動へ取り組もうとすることである。その例には，規模の経済や範囲の経済を実現するため，シナジーの創出と活用のため，技術移転のため，新規事業の立ち上げのため，などがある。

2．提携（アライアンス）行動で活用される諸要因

　企業行動についてのさまざまな動きは，目的と手段の面から理解できる。前述の提携行動に踏み切る動機とは，提携行動を目的の面からとらえたものである。他方，提携行動を手段の面からとらえると，他の企業活動と同じく，資源，情報，心理的エネルギーなどの活用を図るという面が見られる。なお，提携行動に踏み切る動機自体も，資源，情報，心理的エネルギーなどの面から説明可能である。要するに，提携行動では，その目的と手段の両面にわたって，何らかの形態で資源，情報，心理的エネルギーの活用を行っている。

（1）　提携（アライアンス）行動で活用される資源

　提携行動を通じて資源を有効活用する場合の例として，レナウンと中国の繊維・アパレル大手の山東如意科技集団（山東省）の提携事例が挙げられる[3]。レナウンは，2010年当時，業績悪化に直面したため，第三者割当増資の形式で，中国の山東如意科技集団から，約40億円の出資を受けた。その出資により，レナウン株式の41％を山東如意科技集団が保有することになった。その結果，レナウンは，山東如意科技集団の傘下に入ることになり，山東如意の工場への生産委託などを通じて原価低減を図るだけにとどまらず，山東如意の取引先を含めた現地の幅広い生産・調達網を活用し，再建を試みることになった。レナウンと山東如意科技集団との提携では，レナウンの方は婦人・紳士服の「シンプルライフ」などのブランドを提供し，山東如意科技集団の方は資金の出資を行うことを通じて，双方にとって重要な資源の相互活用を図った。また，この提携関係を基盤として，2012年からは中国での合弁販売会社の設立も行った。

（2）　提携（アライアンス）行動で活用される情報

　提携行動を通じて情報を有効活用する場合の例には，ソニーとグーグルが，相互に技術力を活かし，インターネットTVのサービスを開発しようとした事例がある[4]。ソニーは米グーグルと新しい映像・情報端末の開発・サービスで提携し，インターネットを快適に楽しめるパソコン並みの機能を内蔵した新型

テレビを2010年秋に米国で発売した。携帯電話や電子書籍端末なども共同開発するほか，複数の機器を結んでゲームや映像を配信するサービスでも連携した。ソニーは，ネット事業で世界をリードするグーグルと組んでネットと家電の新分野を開拓し，新型情報端末「iPad」などで急成長する米アップルに対抗しようとした。ソニーとグーグルの提携では，両社のもつ情報を相互に交換して，新たな製品・サービスの提供に活かそうとした。

(3) 提携（アライアンス）行動で活用される心理的エネルギー

　提携行動を通じて心理的エネルギーを有効活用する場合の例として，日経，朝日，読売の新聞3社が共同でインターネット・ニュースサイトを新s（あらたにす）という名称で設立した事例が挙げられる[5]。これら3社は，2008年当時，新聞に対するインターネットによる代替が進行するなかで，危機意識を共有し，危機を克服するための提携行動への意欲とモティベーションを結集して，新聞コンテンツの魅力を高めるための提携に取り組んだ。そこで，日経・朝日・読売インターネット事業組合を結成し，3つの新聞の「読みくらべ」を可能にするサイトを設置することにした。なお，この日経・朝日・読売インターネット事業組合という提携への取り組みは，2012年春に，日経・朝日・読売の3社で連絡協議会を設け，災害時の相互支援，販売協力などのための「ANY連絡協議会」を新設する決定を行ったのにともない，終了することになった。

(4) 提携行動で活用される諸要因の活用形態

　他社との提携行動を試みるのは，自社単独では活用できない内容と水準の資源，情報，心理的エネルギーを活用できるようにしたいからである。そうした資源，情報，心理的エネルギーなどを，提携行動では，技術，人材，生産，販売，資金に区分して活用する。ここで，技術と区分されるのは，設計技術，製造技術，特許，ノウハウ，情報などであり，人材と区分されるのは，経営者，専門スタッフ，販売スタッフ，設計技術者などである。また生産と区分されるのは，建屋，製造設備，在庫，材料などであり，販売と区分されるのは，販売

チャネル，代理店，ブランドなどである。そして，資金と区分されるのは，現金，資金調達力，信用枠などである（安田[2006]p.31）。それらの技術，人材，生産，販売，資金などを提携行動において相互利用する場合の活用形態を，それぞれどのように呼ぶかを示したのが図7-1である（安田[2006]pp.31-33）。

図7-1　提携行動における諸資源の活用形態

	資金	販売	生産	人材	技術
技術	技術ライセンス	共同マーケティング	生産委託	共同開発	クロス・ライセンス
人材	共同開発	共同マーケティング	共同生産	共同開発	共同開発
生産	生産委託	共同マーケティング	共同生産	共同生産	生産委託
販売	販売委託	販売協力	共同マーケティング	共同マーケティング	共同マーケティング
資金	合弁会社	販売委託	生産委託	共同開発	技術ライセンス

〔出所〕　安田[2006]p.33参照。

　資金の提供により技術関連資源の利用を可能にする提携は技術ライセンスである。また，相互に技術関連資源を供与し合う提携はクロス・ライセンスである。さらに，相互に資金を出しあう提携は合弁会社（ジョイント・ベンチャー）の形成である。そして，一方の会社が技術を提供し，他方が生産関連資源を提供する場合や，一方の会社が資金を出し，他方が生産関連資源を提供する場合の提携は生産委託である。

3．提携行動の組織化方法

　提携行動で，各種の資源，情報，心理的エネルギーを効果的に活用するに当たって，その組織化方法を工夫する必要がある。その組織化方法を考察する前に，社会的行為一般の組織化原理について考察しておきたい。

(1) 社会的行為についての組織化原理

経済学者のK・E・ボールディングによると，社会には3つの主要な組織化の装置がある。それは，脅迫システム，交換システム，統合システムである[6]。脅迫とは古くからある組織装置であり，「おまえは私の言うとおりにした方がいいぜ，さもなければ，私はお前に何か厭らしいことをしてやるからな」と脅すのを通じて，目指す秩序を組織化しようとする方法である。この脅迫という方法は，「税金を払いなさい，そうしない場合は，国民としての権利を剥奪しますよ」などのように，主に政治分野で用いる方法である（ボールディング[1970]p.45）。次に，交換とは，経済分野で用いる方法で，相手方に対して相手が望むものを与える代わりに，自らが欲するものを相手から得ることができるように取引を行う方法である。また，統合とは，家族やコミュニティなどの身近な領域で，一体感，愛情などに基づいて組織化を行う方法である（ボールディング[1970]p.46）。サッカー試合のルールとして，危険なラフプレイをすると一発退場のレッドカードを出す方法は，脅迫という組織化原理を用いて，試合での秩序を作り出そうとしている。この脅迫という組織化原理の特色は，パワーというメディアを用いる点である。他方，交換に基づく組織化方法は，経済的領域で多く用いられるものであり，効用や貨幣などのメディアに基づいた取り決めを行う点がその特色である。さらに，統合に基づく組織化方法では，愛や信頼などのメディアに基づいた秩序形成を図ろうとしている。

(2) 各種の経済活動遂行方法とその組織化類型

以上で示したように，社会的行為一般の組織化原理には，脅迫，交換，統合などが挙げられる。それに対して，実際に経済活動を遂行する方法には，組織内活動と市場取引行動に加えて，提携行動という形態がある。これらの3つの経済活動遂行方法を効果的に活用するには，上述の3つの組織化原理のいずれか，またはその組み合わせを用いる必要がある。

組織内活動の場合，組織化原理として脅迫，交換，統合のすべてを用いる。ただし，ここでは脅迫（threat）という用語に代えて権威という用語を用いたい。

ここで権威とは，正統性を背景とした強制性を有するパワーを意味する。つまり，組織内活動の場合は，組織化原理として，権威，統合，交換のそれぞれを活用した権威＋統合＋交換という方法を用いるのが通常である。ただし，組織内活動の場合でも，誘因と貢献のバランスの理論で示されるように交換原理をかなり活用する場合もある。そのような形態で組織内活動を行うものを市場的組織と呼ぶことができる。次に，市場取引行動の場合，交換原理に基づいた方法を用いるのが通常である。ただし，市場取引行動でも，何らかの権威による組織化や統合による組織化を重視する場合があり，そのような形態を組織的市場と呼ぶことができる。さらに，提携行動の場合は，社会的行為一般を組織化する3つの方法を適切に組み合わせて用いる。ただし，提携行動という以上，脅迫または支配だけを用いた組織化方法は，提携の本来の主旨に反する。また，経済的な活動としての提携行動が，純粋の統合や博愛だけを動機として組織化されることもあり得ない。基本的には交換関係をベースとしつつ，相手方に対する信頼に基づく統合的な側面も交えながら，提携行動が組織化される。なお，提携行動の主旨に反する行為を強行した場合には，何らかの制裁を与えるとの取り決めもしておき，できるだけそうした事態が生じないためのガバナンスの仕組みを備えておくというように，脅迫の面も活用している。

表7-1　各種の経済活動遂行方法とその組織化類型

組織化原理＼経済活動遂行方法	組織内活動	提携行動	市場取引行動
権威＋統合＋交換	組織	組織的提携	組織的市場
統合＋交換	市場的組織	提携	組織的市場
交換	市場的組織	市場的提携	市場

〔出所〕　筆者が作成。

経済活動遂行方法には，組織内活動，提携行動，市場取引行動などがあり，それらを組織化するパターンには，権威，交換，統合の諸原理に基づく権威＋統合＋交換，統合＋交換および交換というパターンがあると想定すると，経済活動遂行方法の組織化類型を表7-1のように示すことができる[7]。

第3節　提携行動を説明する諸理論

　企業は，提携行動を通じて，資源，情報，心理的エネルギーなどの有効活用を図るとともに，その有効活用に必要な提携企業間の組織間調整も行っている。提携行動にともなう各側面を説明する理論には以下のようなものがある。

1．提携行動での資源面を説明する資源ベース論と資源依存論

　ある企業が本業以外の業種への参入を試みようとしても，その参入のために必要な経営資源を十分もたない場合は，他社との戦略的提携を通じて利用可能な資源の確保を目指そうとする。このように，ある事業への参入に必要な資源を提携行動の活用により確保しようとする取り組みは，資源ベース論の枠組みを用いて説明できる。

　また企業が，その存続と成長に当たり，他組織に資源の供給を依存する場合がある。そのとき，資源確保を他組織に依存することになり，その組織にパワーを保有させ，それにより不確実性を生じさせることがある。資源依存論では，重要資源を他組織に依存する場合に相手組織が手に入れるパワーの影響を回避するにはいかなる方策があるかを論じている。そうした外部への依存性から生じる不確実性を軽減するには，契約に基づいた取り決めとしての提携行動を選ぶのが良い。そのことは，資源依存論の枠組みを用いて説明できる。

2．提携行動での情報面を説明する組織間学習論

　企業が他組織との提携を通じて，幅広い知識の学習を目指す場合がある。提携を通じて学習した知識を活かすならば，競争優位を獲得でき，経営成果も改善できる。業界では，各社がお互いに競争を繰り広げることにより，ともに学習を達成するという面が存在するが，提携を通じて学習を達成するという面も見られる。提携行動を通じて新しいコア能力の構築が可能となる場合や，各企業の知識の統合が可能となり，ノウハウの移転が可能となる場合がある。

グローバル競争に直面した企業が，自社スキルの不足していることを痛感し，提携行動を通じて，スキル・ギャップを解消しようとする場合がある。ドイツのジーメンスは，マイクロエレクトロニクス分野での活躍に必要なコンピタンスを学習して内部化するべく，東芝との提携を行った。フリップスとは高密度メモリーの開発で提携を行い，さらには，IBM，モトローラとの提携も進めた（ハメル＝ドーズ[2001]p.54）。組織が新たな知識を獲得し，それを組織内で広め，保持するのをねらいとする提携は，組織間学習論の枠組みを用いて説明できる（石井[2003]p.20）。

3．提携行動での心理的エネルギー面を説明するゲームの理論

ある企業が提携行動を選択するのは，その方が自社に有利だと判断するからである。そうした有利な選択を選ぼうとする心理的エネルギーの動きをゲームの理論によって説明できる。ゲームの理論によると，企業は，予想される結果を考慮しながら，自らのコスト－便益間のトレードオフを最適化しようとする。ゼロサム・ゲーム（一方が得をすれば，他方は損をするゲーム）状況では，企業は，自社の利益が，他社の犠牲によって得られるのを知っているので提携を選ぼうとはしない。他方，協力ゲームあるいは非ゼロ和ゲームでは，協力をするという手を選ぶのが自社の利益になるとの観点から提携行動を選択する場合がある。その例として，複数の企業が提携を活用した事業創造を双方の企業にとっての有望なオプションと見なすコオプション戦略と呼ばれる提携形態が挙げられる（ハメル＝ドーズ[2001]p.60）。ビデオの標準規格をめぐって対立したパナソニックとソニーの両社は，DVDの後継規格についてはブルーレイとすることで提携を行い，その後の光ディスクにおいても提携を行っている。そういう提携を行ったのは，規格標準化というオプションを通じて，台湾や中国のメーカーに対して勝利を収められることに魅力を感じたからである。

4．提携行動での組織間調整面を説明する組織間関係論

ある企業が提携行動を実行するとき，相手方企業と何らかの取引関係や相互

依存関係を形成する。そうした提携行動にともなう組織間関係を適切に調整することにより，提携行動を効果的なものにできる。こうした提携行動における組織間調整の面は組織間関係論によって説明できる。その組織間関係論では，組織セットとアクション・セットといった2つの組織間関係類型を想定している（Aldrich[1979]pp.279-290, 佐々木[1990]pp.14-23）。

ここでアクション・セットとは，特定の期間に限定して，特定の目的に関してだけ協調行動を取るための組織間関係である。このアクション・セットについては，いくつかの問題が指摘されている。たとえば，参加組織数が多いと調整が大変となり，それを調整するためのルール形成が行われるなど官僚化が進行し，それが問題を生じさせるという点である。そのため，アクション・セットは脆弱な構造にとどまりやすいと指摘されている[8]。

次に，組織セットとは，ある企業組織（焦点組織）と，そのインプットやアウトプットを取り扱う企業組織との直接的な結びつきから成る組織間関係のことである。製パン企業にとって小麦粉は製パンに不可欠であり，油脂や酵母も必要である。小麦粉を安定的に確保するのに，山崎製パンは，日清製粉の株式を保有し，日清製粉の側も山崎製パンの株を保有するといった，相互に株式を保有しあう組織間関係を作りあげている。こうした関係性に基づいて，山崎製パンは，製パンに欠かせない小麦粉の安定的な確保を目指している。同様な組織間関係を，油脂や酵母の供給確保のためにも形成している。製パン業のように日常生活に必要な製品を作っている製造業企業の組織セットでは，安定的な組織セットを形成する必要があり，タイト・カップリングな組織間関係を形成して，資源の取引をめぐる組織間調整を行っている。

安定的生産を行う製造業の場合とは異なり，書籍出版業者，レコード会社，映画会社などの文化的産業の特色は，需要が不確実性を有し，比較的少額の資本支出しか必要としないことである（Aldrich[1979]pp.287-288）。ここで需要の不確実性とは，文化産業が生み出す文化財は高度に主観的なものなので，何が流行するかを予測するのが難しいことである。以前は，映画会社が映画館を保有していたが，1948年の判決で，その保有が禁止され，映画製作者が映画館経

営者の意向をコントロールするのが困難になった。そのため映画製作者は，需要の不確実性に直面せざるを得なくなり，映画館経営者への依存性が生じるに至った（Aldrich[1979]pp.286-290）。また，比較的少額の資本支出で製作が可能であることから，少額の投下資本で作品を数多く作るのを有効な戦略と見なしてきた。こうした考え方のもとに作品が過剰生産され，それを評価する立場のマス・メディアや評論家などのゲートキーパーに過大な負担を与えることにより，短絡的なコメントを乱発させ，消費者の移り気な選好を助長させてきた。

　こういう文化産業で形成される組織セットの特徴とは，本質的にクラフト（職人）管理的生産システムを用いることである。そのシステムは，多くの自律的な生産単位から成り立ち，それらは仕事の期間中は参集して仕事を行うが，仕事が終わればそれぞれ別な仕事に戻るという仕組みとなっている。そのシステムの主たるベネフィットとは固定費を最小化できることである。文化財生産を企てるどの会社も関連する多くの生産単位を自社が常時支えることはできないからである。文化産業の組織セットの次の特徴は，非常にルース・カップリングな組織間関係を形成していることである。映画会社の俳優，作家，歌手との結びつきは一時的なものであり，各種の必要業務を下請けに回すことによって固定費を最小化させている。ルース・カップリングな組織間関係の特徴は，その結びつきが一時的であるだけでなく，確定的ではなく蓋然的なことである（Aldrich[1979]pp.77-78）。たとえば，文化財生産会社は，自社の販売部門をもつが，必要に応じて中間配給業者も活用する。製造業の組織セットにはタイト・カップリングなものが多いのに対して，文化財生産に関わる組織セットの場合は，ルース・カップリングな組織間関係の形成を通じて，高度の不確実性に対処するための組織間調整を行っている。

第4節　提携行動の諸形態

　企業は，さまざまな動機に基づいて，資源，情報，心理的エネルギーなどをより有効に活用するための提携行動を多様な形態で遂行している。

1. 同業者間で形成される企業間ネットワーク

　提携行動の第1の形態は，同業者同士が企業間ネットワークを形成するというものである。ただし，形成される企業間ネットワークの特徴は業種ごとに異なっている。半導体産業では，グローバル競争状況を前にして，多様で複雑なアライアンスが作り出されている（牛丸[2007]p.89）。そこでのDRAM競争では，1M（メガ）の次は，4M，8M，16Mと，インクリメンタル（漸進的）な革新過程が展開されてきた。とはいえ，業界ライフサイクルは短縮化し，市場状況の変化のスピードも激烈である。そのため，知識を共同学習するためのネットワークや，情報移転を効果的に行うための強い組織的結びつきのネットワーク，より異質な知識への柔軟なコンタクトを可能にする弱い組織的結びつきのネットワークなど，多様な企業間ネットワークを形成している。

表7-2　半導体と化学工業の産業特性と企業間ネットワークの比較

産業	技術特性	製品／市場特性	競争構造	ネットワーク	アライアンスの類型
半導体	インクリメンタルな進化が継続的に発生	多様化／総合エレクトロニクスメーカー	多様な競争戦略，強い国際競争力をもつ	特定化と多様化	戦略的アライアンス／組織学習の場
化学工業	ラディカルなイノベーションが生ずるとき以外は一定	非常に多様／中小加工メーカー	低価格戦略，弱い国際競争力	特定化と継続性	アライアンス戦略／単なる技術導入の場

〔出所〕　牛丸[2007]p.89参照。

　ところが化学工業では，多様な事業分野ごとにアライアンスのパートナーが明確に定められ，ひとたび提携関係に入ると長期的に継続する傾向がある。化学工業では，ラディカルなイノベーション（製法イノベーション）がときに生ずる場合がある一方，中核技術が長期にわたって業界の技術パラダイムを支配する傾向がある。そうした製法イノベーションが生じていない状況での技術変化に対して，技術導入を目的としたアライアンスを形成している。また化学工業では，中小メーカーが素材型製品であるがゆえの価格競争に陥りがちであり，それを回避するためのアライアンスを形成している。

2．異業種提携によるEDI網の形成

　提携行動の第2の形態は，異業種企業のあいだでの取引情報を効率的にデータ処理するための情報ネットワークを共同構築するというものである。日用品メーカーのライオンは，取引関連企業との取引情報を効率的に処理するため，取引関連企業との提携に基づく情報ネットワークを作りあげようとした。その情報ネットワークでは，各種製品についての取引情報様式を標準化し，種々さまざまな物資を空間的に移転したり，所有移転したりするのに必要な情報処理様式としてのEDI（Electronic Data Interchange）を標準化し，取引コストの削減とともにスピードアップをも目指そうとした。そこで，ライオンは，自社の情報システムをより一層発展させて，包装資材メーカー，消費財メーカー，卸，小売りの四層を垂直統合し，異業種提携に基づくEDI構築を図るプラネットという名の情報ネットワーク運営会社を立ちあげた。多くの関係者間でEDI標準化の試みを実現させた後には，最大の競争相手であった花王とのEDI網との統合の道も視野に入れることにした。花王の側でも，そうした標準化の動きへの同調を通じて，これまで自社の流通情報システムの利用が十分浸透していない地方の量販店などを自社システムへ取り込めると考え，EDI標準化に協力しようとしている。

　企業は競争を繰り広げつつ，他方で各種の提携活動を展開している。各社のねらいは，何よりも自社製品に対して魅力を感じる顧客をできるだけ多く確保することである。自社単独ではとうてい達成困難なEDI網の構築を他社との提携行動を通じて実現しようとするのは，販売コストや情報処理コストの低減によって可能な限り製品価格を顧客にとって受け入れやすい水準にさせ，顧客数の増大を期待するからである。

3．知識の学習を目指した提携行動

　提携行動の第3の形態は，後発企業が先発企業との提携を通じて知識の学習を目指そうとするものである。自社能力が不足する領域において，知識の学習や獲得を効果的に進めることにより，自社事業の成長を図りたいと考える企業

は，提携行動への取り組みを学習のための機会ととらえる。そこで，知識の獲得や学習という目的をもって，多くの企業が提携行動を活用し始めている。その場合，提携の主目的は，パートナーの知識を学習して自社能力を構築することである。第2次大戦後に日本企業が急速に競争力を向上できたのは，欧米企業との提携行動による戦略的な学習を達成できたからだという見方がある（Hamel[1991]pp.88-89）。そうした日本企業と欧米企業との提携を，日本企業の側は，提携とは競って学習を進めるための場だと位置づけていた。また，提携パートナーの欧米企業の側も，生産技術についての情報を日本企業から学習し続けられる場と位置づけていた。そこで欧米企業としては，日本企業からの学習への期待に応えられるように，何かしら新たな面を自社のポートフォリオに付け加えようとしていた。つまり，この場合の提携は，どちらが速く相手方から学習できるのかを競うようなものであった。日本企業の場合は特に，パートナー相互が協調して価値創造を行うといった従来型の提携形態ではなく，自社の個別成果としての学習をいかに早く進めるかを競うような形態の提携だと位置づけて提携に取り組んでいた。こうした競争的学習の場としての提携の特徴は，表7-3のように示すことができる。

表7-3　競争的学習の場としての提携

	従来の提携	競争的学習の場としての提携
提携のロジック	不完全な内部化	（学習による）実質的な内部化
分析単位	パートナー間の共同成果	各パートナーの個別成果
基盤プロセス	価値創造	価値獲得
成功決定要因	形態と構造（法律，ガバナンス，タスクを通じた全般的交渉）	協働的交換（組織成員，設備，文書，他の形態の知識へのアクセスをめぐる個別的交渉）
成功指標	満足度と持続性	交渉力と競争力

〔出所〕　Hamel[1991]p.101，石井[2003]p.23参照。

韓国企業のサムスンの場合も，1953年から1995年にかけて開始した96の新規事業のなかの25事業を合弁事業（JV：Joint Venture）としてスタートさせた

(Bamford et al.[2003]p.45)。サムスンは，数多くのジョイント・ベンチャーを通じて，個々の提携領域での学習を進めるとともに，それらの複合的な合弁事業への取り組みに基づきつつ，低コストの製造方式や，ユニークな流通ネットワークを育成して企業力を成長させてきた。サムスンの側では，グローバル・エコノミーに対する手がかりを得るため，自社技術のステップアップを図ろうとした。他方，日米欧のグローバル企業の側では新興国市場を成長のターゲットとして着目し，サムスンとの提携により，新興国市場への手がかりが得られることを期待した。双方の思惑のもとに，両者の提携が形成され，サムスンは，それらの提携行動から多くの知識を学習してきた。

4．アライアンス・コンステレーション（星座）戦略

　提携行動の第4の形態は，空間的に分散した同業者が，自社活動と他社活動とを連携して遂行することにより，顧客便益を増大させようとするものである。提携を通じて行う活動自体は空間的には分散しているが，活動をめぐる提携の仕方は決してルースではなく，むしろタイトに提携を行う形態である。そのように，分散した組織同士をタイトにネットワークする形態の提携をアライアンス・コンステレーション（星座）戦略と呼ぶことができる。それは，空間的に分散した同種の組織が緊密な連携を行う形態の提携であり，米国大手航空会社ユナイテッド航空を中心に1997年に発足した主要国際航空路線企業による事業提携としてのスター・アライアンスがその例である（若林[2009]p.297）。そのアライアンスは，エア・カナダ，全日空，スカンジナビア航空，中国国際航空，アシアナ航空，上海航空，ニュージーランド航空，ルフトハンザ航空，シンガポール航空，USエアウェイズなどの航空会社の提携から成り，提携航空会社間での航空便のスムーズな乗り換えと航空券発券サービスの共通化を行い，空港ラウンジの共同利用とマイレージの共同サービス化を図っている。スター・アライアンス加盟各社は，この提携（アライアンス）の活用を通じて自社路線の乗客により多くの便益を与えることができ，自社路線の魅力を高めるのに成功している。

5．プラットフォーム・リーダー企業と補完業者との提携行動

　コンピュータ，通信，電気機器などの産業では，独立した部品製造業者がさまざまな部品を製造している。それぞれの部品は他の部品との相互依存性を有しているので，各部品製造業者は，自社が製造する部品と他社が製造する部品との適合性を保つことができるようにイノベーションに取り組んでいる。そのため，各部品業界での速やかな技術革新の一方で，製品同士の相互依存関係は，より複雑化してきている。

　こうした相互依存関係が複雑化するのを解消する工夫には，モジュール化と呼ばれる動きがある。モジュール化とは全体のシステムをある程度独立な部分に分けられるようにデザインし，各部分を独立に開発したり，生産したりしようとする考え方である。モジュール化を進めることにより，各モジュール部分は自由度をもって開発を推進できるので，過度の相互依存関係の複雑化は避けられるが，それでも各モジュール間の統合と調整が必要とされる。そのため，そうした統合と調整を容易にさせる「プラットフォーム」の形成が必要となる。マイクロソフトやシスコなどは，当該業界でのプラットフォームを作り出すのに成功した企業であるため，プラットフォーム・リーダーと呼ばれる。

　プラットフォーム・リーダーが作りだしたプラットフォームのうえに，モジュール化された各種のサブシステムを位置づけることができる。各サブシステムに当たるモジュール部品生産企業は，プラットフォーム・リーダーの補完業者の役目を担うことになる。ただし，そのために必要なのは，こうしたモジュール部品同士とモジュールとプラットフォームとのインターフェースの標準化である。そうした標準化への取り組みを通じて，プラットフォーム・リーダーと補完業者との情報伝達や協調はよりスムーズに行われるようになり，その結果，プラットフォーム・リーダーと補完業者のあいだには緊密な相互依存関係が生み出される。提携行動の第5の形態は，プラットフォーム・リーダー企業と補完業者とが技術革新に取り組む際に連携するための提携行動である。

　ところで，プラットフォーム・リーダー企業が補完業者の分野にも進出し，収益の専有度合いを高めようとする場合がある。つまり，プラットフォーム・

リーダー企業による垂直統合の試みによって，補完業者がリスクに直面する場合がある。マイクロソフト社が，マイクロソフトオフィスや自社ブラウザに補完業者が担当していた諸機能を追加していこうとするのがその例である。そうした動きによって，プラットフォーム・リーダー企業と補完業者との提携関係が崩壊する場合がある。

第5節　提携戦略の類型分類法

1．提携を通じて形成される集団についての類型分類法

　提携行動の遂行を支えるため，複数の主体の結合に基づくさまざまな形態の集団（collectives）が形成されている。そうした集団を類型分類する試みがAstley and Fombrun[1983]によって示された。類型分類を行うときの第1の着眼点は，提携行動に関わる主体が同種の組織であるか，それとも異種の組織であるかである。本来，企業が諸活動を遂行するには，原材料や部品の仕入れを行い，自社製品を流通業者に販売するというように異種企業との取引が必要である。企業は，他方で，同業者とは競争を行っている。このように企業は，同種または異種の企業と関わり合いながら企業諸活動を遂行している。ただし，他企業との関わり方には，競争的な関係と共生的な関係とがある。ところで提携行動で形成するのは共生的な関係の方であり，その共生的な関係には，同種の組織が共生的関係を形成する同種共生（Commensalism）と，異種の組織が共生的関係を形成する異種共生（Symbiosis）とがある[9]。

　提携行動の遂行を支える集団について類型分類を行うときの第2の着眼点は，提携行動に関わる主体の結合関係が直接的であるか，それとも間接的であるかである。提携行動の結合関係が各種の情報や資源を相互に交換するといった直接的な結びつきの場合と，ルールを共有し，緩やかに影響を及ぼし合うといった間接的な結びつきの場合とがある。

　以上で示したように，提携行動を支える集団での複数主体の結合様式と結合関係には，それぞれ2つのタイプが考えられる。それゆえ，提携行動を支える

集団としては，4つの類型を想定できる。同種の組織が直接的に結びついて共生的関係を形成する類型は連盟型集団と呼ばれ，異種の組織が直接的に結びついて共生的関係を形成する類型は接合型集団と呼ばれる。そして，同種の組織が間接的に結びついて共生的関係を形成する類型は集塊型集団と呼ばれ，異種の組織が間接的に結びついて共生的関係を形成する類型は有機体型集団と呼ばれる（Astley and Fombrun[1983]p.580，佐々木[1990]pp.62-65）。

同種の組織が直接的に結びつく連盟型集団として，高度に寡占的な製造業企業同士が形成する連盟体などがその例として挙げられる。連盟型集団では，メンバー組織同士の直接の対面接触の機会も多く，情報フローがそのなかで自由に行き来しているので，公式情報の価値はそれほど高いわけではない。また，人的フローを通じて共謀を図ったり，非公式的リーダーシップを及ぼしたりしている[10]。サッカーの国際連盟（FIFA）は，連盟型集団の例である。

図7-2 提携行動を支える集団の類型分類法

結合関係 \ 結合様式	同種共生的 (Commensalistic)	異種共生的 (Symbiotic)
直接的 (Direct)	連盟型集団 (Confederate) 人的フロー（共謀，非公式リーダーシップ）	接合型 (Conjugate) ワークフロー（法的制裁，JV，兼任重役，異業種交流）
間接的 (Indirect)	集塊型集団 (Agglomerate) 情報フロー（経済的制裁，事業者団体）	有機体型集団 (Organic) 影響フロー（ネットワーク組織，制度化されたルール構造）

〔出所〕 Astley and Fombrun[1983]p.580参照。

異種の組織が直接的に結びつく接合型集団として，製造業者がインプット関係の供給業者やアウトプット関係の配給業者などと結びついて形成する集団などがその例として挙げられる。接合型集団では，異種の企業組織同士が仕事上のワークフローを通じて結びついている[11]。こうした結びつきの信頼性を高めるため，取り決めに違反した場合の法的制裁のルールを定めている。

同種の組織が間接的に結びつく集塊型集団として，結びつきがそれ程強いわ

けではない場合の事業者団体や，同業者が緩やかに結びついて形成する集団がその例として挙げられる。集塊型集団では，同種の組織が限られた共通の資源をめぐって相互に競争し合うという意味での間接的な関係を通じて結びついている[12]。こうした結びつきのもとでは，幅広く分散した資源をめぐって情報フローを交流させながらオープンな競争を繰り広げている。

　異種の組織が間接的な関係を通じて結びつく有機体型集団として，ある地域でさまざまな業種の企業が広範な産業の集積を作り出している場合がその例として挙げられる。有機体型集団では，多様な影響のフローが張りめぐらされ，それらは，ルースにカップリングされている。こうした産業集積が急激に拡大している場合には，それをコントロールするメカニズムが適切に形成されていない場合も多い。そのため，制度化されたルールの構造，相互依存関係を規範的に調整する方策などの整備が必要とされている。

２．各種提携行動の分類結果

　前節で示した各種の提携行動が，どの類型の集団のもとで遂行されているかについての考察結果を示したのが図7-3である。化学工業企業間での提携では，同種の化学工業企業が直接的に結びついた連盟型集団のもとで提携行動を展開している。それに対し，半導体産業での提携では，得意分野を異にする企業が直接的に結びついた接合型集団のもとで，提携行動を遂行している。

図7-3　提携行動の分類結果

結合様式 結合関係	同種共生	異種共生
直接的	連盟型集団に基づく提携 ●化学工業企業間の提携	接合型集団に基づく提携 ●半導体企業間のアライアンス ●異業種提携によるEDI網の形成 ●知識の学習を目指した提携行動
間接的	集塊型集団に基づく提携 ●アライアンス・コンステレーション戦略	有機体型集団に基づく提携 ●プラットホーム・リーダーと補完業者との提携行動

〔出所〕　Astley and Fombrun[1983]の類型分類法を用いて，筆者が作成。

異業種企業間でのEDI標準化のための提携の場合,異業種企業による提携という意味では異種共生の様式で直接的な結合関係をもつ接合型集団（たとえば,プラネット社）を形成し,そのもとでEDI利用をめぐる提携行動を遂行している。また,同業の企業同士が知識の学習を目指すという目的で提携を行うとき,一方が先進的な企業であり,他方が後進的な企業である場合は,異種共生の様式で直接的な結合を行うのを支える接合型集団（例えば,JVなど）を形成し,そのもとで,それぞれの企業が異なった思惑のもとに密接な提携行動を展開している。

　同種の組織が間接的な結びつきを形成するような航空路線企業が用いるアライアンス・コンステレーション戦略の場合には,同種企業が緩やかに結びついた集塊型集団のもとで航空路線サービスについての提携行動を展開している。さらに,プラットフォーム・リーダー企業と補完業者とが提携を通じて形成するビジネス・エコシステムでは,異種共生の様式での間接的な結びつきを形成している。たとえば,マイクロソフトが中心となって作りあげているIT関係企業の結びつきでは,異種の企業組織が緩やかに結びつくといったタイプの有機体型集団（プラットフォームをめぐる評議会など）のもとで,プラットフォーム・リーダー企業と補完業者とが提携行動を遂行している。

第6節　提携行動における重要事項

　以上で示した一連の提携行動を効果的なものとするには,いくつかの重要な決定事項を適切に定めていかなければならない。

1．活動の戦略的重要性とコンピタンス水準に基づく提携行動選択

　提携行動を遂行するうえで重要な第1の決定事項は,どの分野について提携行動を選択するかについての決定である。企業は,製品やサービスを提供するのに必要な一連の諸活動を,自社組織による生産活動として遂行するのが良いのか,それとも市場取引による外部企業への生産委託が良いのか,あるいは提

携による共同生産が良いのかの比較検討を行う。そうした比較の方法を提供する分析枠組みが，Child and Faulkner[1998]によるMBAマトリックス（図7-4参照）である。その方法によると，当該活動の戦略的重要性の程度と自社コンピタンスの水準の組み合わせに基づいて，自社生産，提携行動，市場取引のなかのどの対応を行うのが良いかを明らかにできる。

　当該活動の戦略的重要性が低い場合は，当該活動についての自社コンピタンスの水準の高低にかかわらず，企業としては，市場取引による外部企業への生産委託を選ぶのが良い。戦略的重要性が低いと判断した活動に対して，自社の限られた経営資源を割り当てるのは意味がないからである。ただし，当該活動の戦略的重要性が高い場合や中程度の場合は，当該活動についての自社コンピタンスの水準に応じて妥当な対応が異なる。自社コンピタンスの水準が高い活動については自社生産を選択するのが適切であり，自社コンピタンスがそれほど高くない活動については提携を選択するのが良い。

図7-4　MBA（make-buy-ally）マトリックス

最優良企業と比較したときの自社コンピタンスの水準

		低い	中程度	高い
活動の戦略的重要性	高い	提携行動	自社生産	自社生産
	中程度	提携行動	提携行動	自社生産
	低い	市場取引	市場取引	市場取引

〔出所〕　Child and Faulkner[1998]pp.90-92参照。

　このMBAマトリックスにおける当該活動の戦略的重要性の程度は，ポジショニングの観点から提携行動を選択すべき分野を考えるときに重要である。他方，当該活動に対する自社コンピタンスの水準は，資源ベースの観点から提携行動を選択すべき分野を考えるときに重要である。ポジショニングと資源ベースといった2つの異なる観点の組み合わせに基づいて，提携行動を選択すべきかどうかについての対応方針を決めようとするのがMBAマトリックスという分析枠組みである。

2. 製品ライフサイクルの各段階に対応した提携戦略

次に重要な決定事項は，製品ライフサイクルの各段階に応じた提携戦略のあり方についての決定である。ある製品のライフサイクル段階が導入期にあるとき，他社との共同開発を通じて製品開発に着手する傾向がある。ただし，製品のライフサイクル段階が導入期末期に到達したときは，標準化のための連携を選択する傾向がある。さらに，製品のライフサイクル段階が成長期に到達したときは，生産提携を通じて急速な生産拡大に対処する傾向がある。ライフサイクル段階が成熟期に位置するときは，販売提携などにより，市場確保を目指そうとする。このように，当該製品が製品ライフサイクルのどの段階に位置するかに対応して，提携戦略の適切なあり方は異なっている（小川[1995]p.100）。それは，製品ライフサイクルのどの段階に位置しているかによって，戦略的問題の性質が異なり，企業組織の側の経営資源状態も異なるためである。

3. 提携（アライアンス）パートナーの選択

さらに重要な決定事項は，提携に当たって，誰をパートナーとするかについての決定である。パートナーを決定するうえで重要な1つの側面とは，どのようなタイプの組織と提携するかを決めることである。たとえば，パートナーとして大学の研究室を選ぶのか，それとも異業種企業とするのかをまず定めようとする。製品に関しての技術知識がまだ不十分な場合は，大学の研究室をパートナーとする産学連携を通じて技術知識を吸収し，育成していくといった取り組みを選択する傾向がある。ソフトバンクの場合は，グループ内にパートナーを求めるといったグループ内提携により，携帯電話事業（ソフトバンクモバイル）とオンライン証券事業（SBI証券）とのシナジーを実現しようとしている[13]。また，近年，グローバル化の進展のもとで，提携のパートナーを進出先の外国企業に求めるという国際連携も多く形成されている。急速に技術の進展が見られる場合は，それまで競争を繰り広げてきた同業者を提携パートナーとする場合がある。たとえば，パナソニックとソニーが協調して次世代DVDの標準をブルーレイとするために形成した企業連合の場合などがその例である。

第7章 提携（アライアンス）の戦略

第7節 ま と め

　提携行動に踏み切る動機としては，内部的動機，外部的動機，戦略的動機が挙げられる。それらの動機に基づいて遂行される提携行動には，資源のより効果的な獲得，情報の入手，心理的エネルギーの増強，利害の調整などの特徴が見られる。それらの面は，資源ベース論，資源依存理論，組織間学習論，ゲームの理論や組織間関係論などの枠組みを用いて説明できる。

　現実の提携行動は，同業者間で形成される企業間ネットワーク，異業種提携によるEDI網の形成，知識の学習を目指した提携行動，アライアンス・コンステレーション，プラットフォーム・リーダー企業と補完業者との提携行動，などの形態で展開される。そうした提携を支えるために形成される集団の形態は，結合様式が同種共生なのか異種共生なのか，そして結合関係が直接的なのか間接的なのかに基づいて，連盟型集団，接合型集団，集塊型集団，有機体型集団に分類される。

　多様な形態の提携行動を効果的なものとするには，まず，どういう事業領域について提携を選択するのが妥当なのかを，MBAマトリックスなどを用いて検討する必要がある。製品ライフサイクルの段階推移にともなって必要とされる提携内容が変化していくことにも注意を払う必要がある。さらに，提携問題のなかでもっとも重要な点は，パートナー選択という問題である。

【注】
1) Yoshino and Rangan[1995]pp.4-7参照。なお，石井[2003]は，提携の定義として，「独立した企業間の継続的協調」というものを示している（石井[2003]p.1)。この定義のなかの「合意した目的を追求するために結びつくこと」という点については，契約によって合意したと表現されている目的と，本音において当事者が目指す目的が異なっている場合が現実にはありうる。ハメル＝ドーズ[2001]では，戦略的アライアンスを表す時，「結婚」はもっとも一般的に用いられる比喩である，と述べつつ，結論的には買収のように真に一体化しなくてはならない場合にはその比喩は当てはまるかもしれないが，アライアンス一般の比喩としては不適当だろうと述べている。その代わり，外交や軍事の歴史に見られる「連合」や「同盟」が，今日のアライアンスをたとえるのに適当な表現であると述べている（ハメル＝ドーズ[2001]pp.33-34)。
2) Harrigan[1985]では，ジョイント・ベンチャーという提携の一形態をめぐってではあるが，そ

の形成動機を内部的目的,競争的目的,戦略的目的の3つに区分している。また,Child, Faulkner and Tallman[2005]では,提携に踏み切る動機を戦略的動機(strategic motivation),外部的課題(external challenges),内部的ニーズ(internal needs)と区分している。
3) 2010年6月18日『日経産業新聞』「レナウン,山東如意の傘下に,生産・調達網活用再建急ぐ,中国で数百店体制」参照。2012年4月12日『日本経済新聞朝刊』「レナウン,中国出店4倍,今期,婦人服需要取り込む」参照。
4) 2010年5月21日『日本経済新聞朝刊』「ソニー・グーグル提携,ネットTV・携帯端末開発,アップルに対抗──次世代機秋に」参照。
5) 2007年10月3日『日経MJ(流通新聞)』「日経・朝日・読売が業務提携,ネットで共同事業,情報発信力を強化」,2011年11月11日『日本経済新聞朝刊』「日経・朝日・読売,連絡協議会,新春に設置」参照。
6) ボールディング[1970]pp.45-54参照。
7) ここでの整理は,伊藤・沼上・田中・軽部[2008]pp.90-94における市場と組織の相互浸透についての議論の視点を参考にした。なお,ボールディング[1970]では,脅迫(threat)という用語を用いたが,ここでは脅迫に代えて権威という用語を用いることにした。
8) Aldrich[1979]pp.316-322.ただし,そこで挙げられているアクション・セット(提携戦略)の例は,価格競争を避けるための取り決め,競争業者のテリトリーへの侵入を差し控えること,などの競争制限的なものである。
9) Aldrich[1979]pp.266-267参照。そこでは,組織間の関係を明確に区分することは,困難なことが多いことに注意を喚起している。たとえば企業と従業員とは同種共生的な面があり,その結果として利潤の分配をめぐって賃金と内部留保とのあいだの競争関係をもつが,他方で,生産プロセスや組織の名声などについては,異種共生的であるというように,複合的な関係が見られると述べている。
10) Astley and Fombrun[1983]pp.582-583参照。
11) Astley and Fombrun[1983]pp.583-584参照。
12) Astley and Fombrun[1983]pp.581-582参照。
13) ウィッティントン[2008]p.166参照。

第8章

効果的なビジネスモデルの形成と革新

第1節　競争優位獲得の決め手となるビジネスモデル

　企業に競争優位をもたらすのは，外部環境のなかに見いだした絶好の領域へのポジショニングだという考え方と，経営資源ベースの強みの活用だという考え方とがある。このように相対立する考え方のどちらか一方ではなく，双方の考え方を取り入れたうえで，各種企業活動を効果的に結合したビジネスモデルを形成することこそが競争優位獲得の決め手となるという考え方もある。絶好のポジションの選択や，良質の経営資源ベースの活用などの単一側面だけに基づいてビジネスの成功を達成することはできそうもないからである。そこで，事業遂行に関わる多くの側面を効果的に結合した仕組みを作ることによってこそビジネスの成功の基盤を形成できると考えられるようになってきた。

　こうしたビジネスの成功を達成させ，価値の創造と獲得を可能にするシステムとしてのビジネスモデルを形成するのに重要な側面とは，どのようなものだろうか。ところで，システムの本質をめぐって，①全体と部分，②システムと環境，③システム自体に基づく新たなシステムの形成，という3つのシステム観がある。これらの3つのシステム観を念頭に置くことによって，ビジネスモデルの形成に当たって重要な取り組みとは何なのかを明確化できる。つまり，価値の創造と獲得を支える全体システムのサブシステムとはいかなるものか，価値創造・獲得のシステムと環境とのインターフェースをいかに形成すべきか，既存ビジネスモデルに基づく新たなビジネスモデルの創出をいかにして行えば良いか，などがビジネスモデルの形成に当たって重要な点である。

第2節　効果的なビジネスモデル形成に必要な構成要素

　「有用な製品とサービスの提供」や「収益性の向上」そして「成長の達成」を可能にする事業（ビジネス）の仕組みとしてのビジネスモデルを形成するには，まず有用な製品とサービスを提供するための活動部分を確立させる必要がある。それには，経営資源の確保とともに，コア活動プロセスの確立が必要である。さらに，コア活動プロセスを変動的な環境のもとでも運用できるように，顧客や供給業者との適切なインターフェースを作りあげ，環境変化に対処できるようにする必要もある。さらに，収益性の追求が可能となる仕組みの工夫も必要である。その仕組みには，コストダウンの工夫とともに，顧客価値の向上についての工夫が必要である。こうした諸部分を常に更新していくことにより，「成長の達成」も可能となる。ビジネスモデルの形成のために必要な構成要素とは，以上のようなものだと考えられるが，従来のビジネスモデルをめぐる議論では，どのような構成要素を重視してきたのだろうか。

1．従来のビジネスモデルをめぐる議論

　ハメル[2001]によると，ビジネスモデルの形成に必要な構成要素には，①コア戦略の独自化，②戦略的資源の充実，③顧客とのインターフェースを通じた顧客利得の把握，④価値創造のためのネットワークの形成，⑤富の可能性を高める工夫などがある[1]。ここで，「①コア戦略の独自化」とは，自社のビジネス・ミッション，製品と市場の範囲，差別化の実現方法などを他社には見られない独自なものとして定めることである。ヴァージン・アトランティック航空の場合，ライフスタイルやエンタテイメントを意識したビジネス・ミッションを航空業界にもち込むといった方法により，コア戦略の独自化を実現させた。コア戦略の独自化以外の方法で競争優位を獲得する方法には，企業に独自な資源としての「②戦略的資源の充実」という方法がある。eBayは，顧客同士の交流に基づくオークションの市場を作りだすに当たって，新聞が探しもの欄を

第8章　効果的なビジネスモデルの形成と革新

運営するのに用いるのとはかなり異なる資源を工夫の末に作りあげた（ハメル[2001]pp.106-112)。また,「③顧客とのインターフェースを通じた顧客利得の把握」もビジネスモデルの構成要素として重要である。顧客との接点を活かして,顧客が何を欲しているかを探ることができれば,顧客満足を高めるための方策がイメージしやすくなるからである。さらに,納入業者やサプライヤーと提携して作り出す「④価値ネットワークの形成」も重要である。今日,企業の成功を左右する重要な資源は,企業の外部にあることが多い。供給業者や補完業者との連携を強化し,戦略的提携やジョイント・ベンチャーなどの価値創造を可能にするネットワークを形成するのもビジネスモデルの重要な構成要素である。最後に,利益を生み出す工夫としての利益ブースターなどの「⑤富の可能性を高める工夫」もビジネスモデルの形成に必要な構成要素である。

　次に,Afuah[2004]によると,ビジネスモデルとは,顧客への便益の提供と収益の獲得を可能にさせるための一連の企業活動を組み合わせたものであり,何を（which）行うのか,どのように（how）行うのか,いつ（when）行うのかを定めたビジネスの枠組みである（Afuah[2004]p.14)。その枠組みのもとで,各種の経営資源と組織能力を活用して顧客が必要とする製品やサービスをどのようにして提供するのかが定められる。ただし,その枠組みに基づく企業諸活動によって得られる収益性は,競争諸力や提携相手の存在,さらにマクロ環境の影響などの産業要因と,企業のポジション,活動,経営資源などの企業固有要因とによって影響される。ビジネスモデルを定めるに当たっての最大の関心の一つは収益性の確保なので,こうした産業要因と企業固有要因とを考慮してビジネスモデルの枠組みを定めていく必要もある。

　そこで各企業は,企業を取り巻く各種環境状況のもとで,どのような市場セグメントを相手にどのような顧客価値を提供するのかという競争ポジションをまず定めようとする。この面では産業要因の考察が重要である。そのうえで,資源変換を行うための企業諸活動の内容を定める。この面では企業固有要因の考察が重要である。つまり,ビジネスモデルとは,経営環境変化のもとで展開しようとするビジネス領域を競争ポジションとして戦略的に定めたうえで,当

該企業の経営資源と組織能力を活用して遂行する企業諸活動をどのように結合すればよいかを示したものであり，その際，企業諸活動にともなうコストの水準がどのようなものかも把握しようとする。

それゆえ，ビジネスモデルの構成要素として重要なのは，まず①産業要因（マクロ経済要因，競争・協調要因，産業価値ドライバー），次に②競争ポジション（顧客価値，市場セグメント，戦略的ポジショニング），さらに③経営資源と組織能力，そして④結合された諸活動，さらにまた⑤諸活動にともなうコストであると言える。

図8-1 Afuah[2004]によるビジネスモデルの構成要素

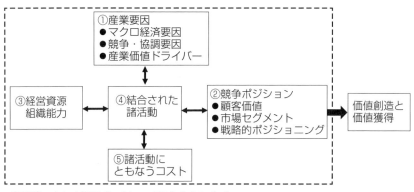

〔出所〕 Afuah[2004]p.94, p.236をもとに作成。

さらに，オスターワルダー＝ピニュール[2012]によると，ビジネスモデルの形成には9つの構成要素が必要である[2]。第1は顧客セグメントの設定であり，第2は価値提案（value proposition）の提示である。第3はチャネルの設定であり，第4は顧客との関係の形成である。第5は収益の流れの工夫であり，第6は一連の活動を支える戦略的資源の育成，第7はそうした戦略的資源を活用した主要活動の展開である。第8は提携パートナーとの関係形成であり，第9はコスト構造の適正化である（図8-2参照）。

アップルの場合，2001年にiPodという携帯音楽再生機ブランドを立ち上げたが，対象とする顧客セグメントは，音楽愛好者のマスマーケットであった。

アップルが提示した価値提案とは，顧客がデジタル音楽をいとも簡単に検索でき，シームレスに音楽体験を楽しめるようにするというものであった。チャネルとしてはiTunesオンラインストアを設定した。収益の流れとしては，収益の多くをオンラインストアからではなく，iPodというハードウェアの販売によるものとした。また，戦略的資源の育成を，アップルのブランドや，iTunesのソフトウェア，楽曲の利用許諾権の強化などを通じて図ることにした。また提携パートナーとの関係形成については，レコード会社との関係形成に取り組んだ。そしてコスト構造については，iPodの製造コスト，マーケティング・販売コスト，システム・デザインの担当者の人件費などについての適正化を図った（オスターワルダー＝ピニュール[2012]pp.46-47）。

図8-2　オスターワルダー＝ピニュール[2012]によるビジネスモデルの構成要素

⑧パートナー	⑦主要活動	②価値提案	④顧客との関係	①顧客セグメント
	⑥戦略的資源		③チャネル	
⑨コスト構造			⑤収益の流れ	

〔出所〕　オスターワルダー＝ピニュール[2012]p.49参照。彼らによると，図の左半分は効率を高めるための要素を示し，右半分は価値を高めるための要素を示している。

2．ビジネスモデルの構成要素

ビジネスモデルの構成要素についての以上の主張をまとめたものが表8-1である。その第1の構成要素は，コア活動プロセスの整備であり，コア戦略の独自化（ハメル[2001]），諸活動の結合（Afuah[2004]），主要活動（オスターワルダー＝ピニュール[2012]）などが重要である。第2の構成要素は，経営資源の効果的活用であり，戦略的資源の充実，経営資源と組織能力の育成などが重要である。さらに第3の構成要素は，顧客との関係形成であり，顧客とのインターフェースを通じた顧客利得の把握，顧客価値を高めること，顧客セグメント特定化に基づく価値提案などが重要である。そして，第4の構成要素は，取引企業との関係形成であり，価値創造のためのネットワークの形成，経営環境要因

への対処（競争と提携），パートナーとのコミュニケーションやチャネル形成などが重要である。最後に，第5の構成要素は，収益向上の工夫であり，富の可能性を高める利益ブースターと呼ばれる仕組み，諸活動にともなうコスト動向の把握，コスト構造や収益の流れの適正化などが重要である。

表8-1 ビジネスモデルの構成要素

	コア活動プロセスの整備	経営資源の効果的活用	顧客との関係形成	取引企業との関係形成	収益向上の工夫
ハメル[2001]	コア戦略の独自化	戦略的資源の充実	顧客インターフェースを通じた顧客利得把握	価値創造のためのネットワークの形成	富の可能性を高める工夫（利益ブースター）
Afuah[2004]	諸活動の結合	経営資源組織能力	顧客価値を高めること	経営環境要因対処（競争と提携）	諸活動にともなうコスト動向の把握
オスターワルダー＝ピニュール[2012]	主要活動	戦略的資源の育成	顧客セグメント特定化に基づく価値提案	パートナーとのコミュニケーション，チャネル形成	コスト構造や収益の流れの適正化

〔出所〕 筆者作成。

　ビジネスモデルの構成要素のなかの「コア活動プロセスの整備」と「経営資源の効果的活用」は，製品やサービスを提供するのに必要な企業内部での活動に関わる部分である。それに対し，「顧客との関係形成」と「取引企業との関係形成」は，製品・サービスの販売促進や原材料購入を行うのに必要な企業外部との関係構築に関わる部分である。つまり，企業諸活動は，コア活動部分（企業内部側面）と外部環境への対処活動部分（企業外部との関係構築側面）とに区分できる（序章第6節参照）。効果的なビジネスモデルの形成には，こうした企業内部と企業外部に関わる構成要素が必要なのであり，さらに「収益向上の工夫」に関する構成要素も必要である[3]。

第3節　ビジネスプロセスの活用に基づく価値創造

　ビジネスモデルの構成要素のなかのコア活動プロセスの部分は価値創造を行ううえでの中心的な要素であり，各種の企業活動が結合されたものである。こ

の結合された企業諸活動を，ここではビジネスプロセスと呼ぶことにする[4]。ただし，そのビジネスプロセスの形態は，業種ごとに大きく異なる。

　自動車製造企業の場合は，車のデザイン，部品の購入，車体の組み立て，マーケティング，ディーラーへの配送，顧客への販売などの一連の諸活動を次々と遂行することにより，価値創造を行っている。そのビジネスプロセスの特徴は，ある活動が終われば，次の活動へ着手し，それが終わればまた次の活動へ着手するといった形態で価値創造を図る点にある。他方，銀行の場合は，預金者や借り手などを結びつけるネットワークを形成し，クライアントのニーズに応えるようなサービス（預金，融資）を提供することにより，価値創造を行っている。そのビジネスプロセスの特徴は，多くの人々を相互に結びつけるようなネットワークを活用して人々に便益をもたらし，価値創造を実現する点にある。さらに，病院の場合は，医師や患者を惹きつけ，それらを結合する活動（治療）によって，医師には名声を，患者には健康回復という結果をもたらすことにより，価値創造を行っている。そのビジネスプロセスの特徴は，問題をもつ対象に対し，さまざまな働きかけを行い，問題解決を図る点にある。

　一連の活動の結合により，価値創造が可能となるという視点を最初に示したのはポーター[1985]である。そして，そうした価値創造を可能にする活動の連鎖をバリューチェーンと呼んだ。ただし，そうした価値創造活動にはいくつかの形態があることを，ポーター[1980]は明示的には示さなかった。それに対して，Stabell and Fjeldstad[1998]は，バリューチェーン，バリューネットワーク，バリューショップという3つの異なる価値創造形態があり，その相違は，企業が用いるテクノロジーの差異に基づくことを主張した。そして，価値創造形態の相違をもたらすテクノロジーとして，トンプソン[2012]が示した長連結型，媒介型，集中型という技術類型に注目した（トンプソン[2012]pp. 21-24）。長連結型テクノロジーを用いる場合はバリューチェーンと呼ばれる形態のビジネスプロセスが形成され，媒介型テクノロジーを用いる場合はバリューネットワークと呼ばれる形態のビジネスプロセスが形成される。さらに，集中型テクノロジーを用いる場合はバリューショップと呼ばれる形態のビジネスプロセス

が形成されると主張した (Afuah[2004]pp.84-89)。

1. バリューチェーン形態のビジネスプロセス

　製造業企業では，長連結型テクノロジーを用いて，バリューチェーンと呼ばれる諸活動の連鎖から成るビジネスプロセスを形成し，価値創造と価値獲得を行う。ここで，長連結型テクノロジーとは，ある工程のアウトプットが，次工程のインプットとなり，次工程のアウトプットがさらに次の工程のインプットとなるというように，工程同士を連鎖状に結合するテクノロジーである[5]。

　製造業の場合は，原材料や部品などのインプットを中間製品や最終製品などに変換することにより価値を創造する。こういう業態では，製品とは製造業企業が作り出した価値を顧客に伝えるためのメディアだと見なされる。製造業では，原材料や中間部品が工場に届けられ，それが製品として組み立てられ，それが顧客に出荷される。このように，バリューチェーン形態のビジネスプロセスは，種々の資源を加工・変形し，最終的には顧客に対する製品の提供を行うにいたる購買物流，製造，出荷物流，販売・マーケティング，サービスなどの主活動 (primary activities) の連鎖と，主活動の遂行をサポートするための全般管理，人事・労務管理，技術開発や調達活動などの支援活動 (support activities) の連鎖とから成り立っている (第6章，図6-3参照)。

2. バリューネットワーク形態のビジネスプロセス

　銀行業，証券業，人材紹介サービス業，SNSサポート企業などは，バリューネットワークと呼ばれる関係者相互を結びつけるネットワークを作り出し，そこで関係者の交流を行うというビジネスプロセスを通じて価値創造と価値獲得を行う[6]。こうしたネットワーク形成企業の活動を支えるのは，媒介型テクノロジーと呼ばれる技術類型である。媒介型テクノロジーとは，多くの関係者を結びつけるようなネットワークの形成を通じて，各人が必要とするものを入手できるようにさせるテクノロジーである。それを用いて，多くの関係者を結びつける媒介の役目を果たすバリューネットワークを作り出すことができ，価値

創造を行うことが可能となる。

　バリューネットワークに関わる顧客をクライアントと呼ぶこともあるが，バリューネットワークでは，クライアントや顧客（銀行の場合は，預金者と借り手）を結びつけることにより価値を作り出している。そうしたバリューネットワークにおいてまず第1に重要な活動は，ネットワーク・インフラの構築と運用である。銀行の場合は，各地に店舗を開設し，情報ネットワークを構築しようとする。そのうえで，預金者の預金を集めて，それを資金借入者に貸し出すというように，預金者やローン借入者などの関係者を結びつけるネットワークの運用ができる仕組みを整える。バリューネットワークにおいて第2に重要な活動は，顧客の増大を図ることである。顧客数をできるだけ増大させるのがネットワークの発展にとって重要であり，facebookも，この観点から，さまざまな手を用いて顧客数の増大を図っている。携帯電話サービス業の場合は，基地局の整備などネットワークのインフラを構築する活動を終えたうえで，「つながりやすさ」をアピールして顧客の増大を図ろうとしている。銀行の場合も，銀行ネットワークによる価値創造をより活発化させるには，サービス対象顧客の増大が必要である。そのため，バリューネットワークの媒介者としての企業組織は，自社諸活動の標準化を通じて，コストの引き下げを実現させ，契約も標準化して，加入をより容易なものにさせ，加入者を増加させようとしている。このように加入者の増大を実現した後に，バリューネットワークにおいて第3に重要な活動は，銀行の場合であれば，預金，引き出し，送金，残高照会，利子計算などの各種サービスの提供を効果的に行うことである。

　こうしたバリューネットワークにおける重要な3つの活動が，バリューネットワークでの主活動（primary activities）を構成している。これらの3つの主活動は，バリューチェーンでの主活動のようにシームレスに連続的に結合されるというよりは，重なり合うように関連づけられている[7]。銀行の場合，ネットワーク・インフラの構築と運用を通じて，情報システムを構築し，ATMを稼働させ，支店網を形成する。そのようにして形成されたネットワークの基盤のうえに，ネットワーク形成と加入者契約のマネジメントを行い，そのうえで預

金の引き受け，引き出しなどの各種サービスの提供を行っている。

バリューチェーンの場合と同様，バリューネットワークでも，全般管理，人事・労務管理，技術開発，調達活動などの支援活動が必要である（図8-3の上の部分）。その支援活動の内容は，3つの主活動の各部分に対応しており，そのことは支援活動の部分に引かれた縦の点線で示されている。たとえば，バリューネットワークでの技術開発活動には，新サービスのデザインやサービス・ルーティン・プログラムの開発という活動が含まれているが，これらは，ネットワーク形成と加入者契約のマネジメントという主活動に対応している。

バリューネットワークでは，バリューチェーンでの価値創造のように，前工程のアウトプットを次工程のインプットとした後に，それを変換するという仕方で価値創造を図っているわけではない。銀行の場合も，預け入れられた預金をいわば原材料として，それを貸付資金に変換することによって価値創造を行っているわけではない。多くの関係者を結びつけ，媒介するための仕組みを作り出し，そのもとでの諸活動を遂行することによって価値創造を実現させている[8]。銀行が形成するバリューネットワークを例に挙げて，バリューネットワークでの価値創造に必要な活動要素を示したのが図8-3である。

図8-3　銀行が形成するバリューネットワーク

支援活動	全般管理（インフラストラクチャ）		
	人事・労務管理		
	技術開発 新サービスのデザイン サービス・ルーティン・ プログラムの開発		コミュニケーション・ ネットワーク拡張 標準の設定
	調達活動		

主活動：
- ネットワーク・インフラの運用
  ・支店の運営
  ・ＡＴＭの稼働
  ・情報システムの運用
  ・他銀行との連絡
- ネットワーク形成と加入者契約のマネジメント
  ・サービス販売
  ・リスクの評価
  ・契約締結
  ・契約のモニター
  ・契約終了
- 各種サービスの提供
  ・預金
  ・引き出し
  ・送金
  ・残高照会
  ・利子計算

〔出所〕　Stabell and Fjeldstad[1998]p.430の図を参照しつつ，一部修正。

バリューネットワークには，加入する顧客（クライアント）の数が増えれば増えるほどネットワークの価値が増すというネットワーク外部性が見られる。バリューネットワーク型サービス業の1つとしての結婚相談サービス業でも，会員顧客が増えれば増えるほど，ネットワークの価値が高まる。銀行の場合も預金者の数が増えれば増えるほど借り手がローン借り入れをできる可能性が高まり，銀行の存続可能性が高まる（Afuah[2004]p.87）。こうしたネットワーク外部性というメリットが得られるように，バリューネットワークの構築が図られている。

3．バリューショップ形態のビジネスプロセス

　病院，大学，建築会社などは，クライアント（顧客）がもつ問題の解決を通じて価値創造と価値獲得を行う。この種の業態では，バリューショップと呼ばれる現場において，多様なクライアント（顧客）が固有に抱える問題は何なのかをまず明らかにしようとする。バリューショップという用語は，当該現場では，価値を作り出すための多様な活動が同時並行的に遂行されることを強調するためのものである。バリューショップでの活動を支えるのは，集中型と呼ばれるテクノロジー類型である。ここで，集中型テクノロジーとは，クライアントが直面する問題の解決に必要な諸活動を，対象とする問題に対して集中的に適用して，顧客の問題を解決し，価値創造を図ろうとするものである[9]。集中型テクノロジーは，特注型のテクノロジーであり，対象物がもつ問題の性質に応じてテクノロジーの運用の仕方は異なったものとなる。病院の場合であれば，個々の患者が抱える病状の治療に必要な諸活動を患者に向けて集中的に適用するという仕方で諸活動を遂行し，価値創造を実現させている。

　弁護士事務所や病院，建設会社などのバリューショップでは，クライアントが抱える問題に対処すべく，多様な活動を試行錯誤的に適用することを通じて，問題解決を図り，価値創造を実現させるためのビジネスプロセスを遂行している[10]。ただし，バリューショップでの主活動（primary activities）も，バリューチェーンでの主活動のように予め定められた順番で逐次的に行うわけではない。

203

そこでの主活動は，むしろ循環的に，サイクルをなすように遂行される。そうしたバリューショップでの価値創造のための循環的な諸活動の結びつきを示したのが図8-4である。まず，問題発見と情報入手の活動では，クライアント（顧客）が有する問題を把握し，解決されるべき点は何かを明らかにする。この段階は製造業の場合のマーケティングに当たる段階であり，製品コンセプト形成に当たる段階である（Stabell and Fjeldstad[1998]pp.423-424）。

図8-4　バリューショップにおける主活動と支援活動

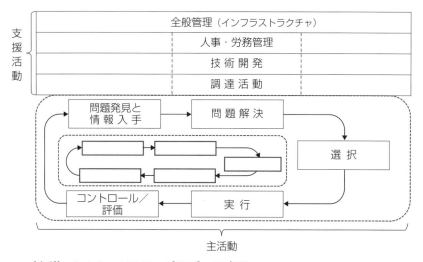

〔出所〕　Stabell and Fjeldstad[1998]p.430参照。

自社のクライアント（顧客）が抱える問題の特質を見きわめた後に，問題解決に必要な諸活動を顧客へ向けて集中的に適用する[11]。たとえば，名声を誇る病院には，治療を希望する多くの患者が訪れるが，人々の病気が何なのかを解明するための最新の検査機器が備えられ，それを用いて検査技師が検査を行う。その検査結果を見て，さまざまな分野の専門医が的確な診断を下した後に各人が抱える病気の治療法を選択する。そのうえで，各患者の病気の治療に必要な諸活動を，クライアントへ向けて適用する。治療に際して，最初に試みる経営資源集合の適用での問題解決ができなければ，他の経営資源集合（他の医師，

第8章　効果的なビジネスモデルの形成と革新

他の治療法，他の検査法）の適用を図る。そのように多段階での取り組みを行うことは，以上の問題解決の各ステップのつながりを示すサイクルのなかに，より小規模な問題解決のサイクルを示すものとして描かれたより小さなサイクルによって示されている。一連の治療活動はスパイラル的に実行され，こうしたスパイラル的に繰り返される問題解決への試みは，顧客の問題が解決されるまで繰り返される（Stabell and Fjeldstad[1998]pp. 420-427）。

　バリューショップでは，多様なクライアントに対して各人の問題に応じた仕方で集中型テクノロジーを個別的に適用する。こうしたバリューショップでの多様な問題解決活動の遂行には，全般管理（インフラストラクチャ）や人事・労務管理，技術開発，調達活動などの支援活動の効果的遂行も必要とされる。多様なクライアントに対する多様な対応を可能にする幅広い経営資源を企業組織内に保有するための全般管理や労務管理も必要とされるのである。

第4節　ビジネスモデル革新を実現するための諸手法

　各種ビジネスプロセスを活用したビジネスモデルが形成され，さらにその革新が図られる。その革新を図るための手法には次のようなものがある。

1．コア活動プロセスと取引関係の再編によるビジネスモデル革新
（1）　サプライチェーン・マネジメント（SCM）の推進

　ビジネスモデル革新を実現する第1の手法は，コア活動プロセスや取引企業との関係を根本的に再編成することであり，そうした手法の1つは，サプライチェーン・マネジメント（SCM）と呼ばれるものである。サプライチェーンとは，供給業者から消費者にいたる開発，調達，製造，販売などの一連の業務の流れを意味する。そうした一連の業務の流れを統合的に運営できるように，コア活動プロセスや取引企業との関係の根本的再編成を目指すのがサプライチェーン・マネジメント（SCM）である。SCMでは，一連の業務を担当する企業や部門のあいだで情報交換を行い，供給（サプライ）に関する連携関係の

調整を目指している。その連携のねらいは，納期の迅速化，在庫の最小化，品質管理の改善などを通じて，顧客満足の向上とコストの削減を実現させることである。その具体的な手法には，EDIやインターネットなどの情報技術を活用して情報交換の効率化を図ることや，サプライチェーン（供給業者間の連携）を活用して資源供給のスピード化を図ることがある。

　日用消費財の大手メーカーのＰ＆Ｇの場合，1988年にウォルマートとQR（クイック・レスポンス）取引を始めた。ウォルマート側は，Ｐ＆Ｇに自社のPOSデータを即時に提供し，Ｐ＆Ｇは，それをもとに製品の生産計画を立て，工場からウォルマートに製品を自動発送することにした。その結果，ウォルマートとＰ＆Ｇを合わせた在庫は３分の１となり，店頭欠品率は30％減少した（福島[1998]p.16）。Ｐ＆Ｇでは，この成功経験に基づいて，QRから生まれるさまざまな要求に対応できるサプライチェーン・マネジメントに取り組み，ビジネスモデル革新を試みている。

（2）　アンバンドリングへの取り組み

　コア活動プロセスや取引企業との関係を根本的に再編成する手法の次のものは，アンバンドリングと呼ばれるものである。ヘーゲルⅢ／シンガー[2000]によると，企業活動システムを構成する主要な業務を３種類に分類できる。それは，①カスタマー・リレーション業務（顧客を見つけ出してきて，その顧客と良好な関係を築きあげること），②イノベーション業務（魅力的な新製品や新サービスの考案と商品化），③インフラ管理業務（ロジスティクス，在庫管理，生産，通信などの設備を構築し，管理するための日々繰り返される膨大な作業）の３種類である（ヘーゲルⅢ／シンガー[2000]p.12）。これらの３種類の業務は，それぞれが企業活動システム全体にとってのコアプロセスの１つではあるが，それぞれの業務が，組織的にすっきりと分担されているケースはまずない。イノベーション業務の場合，研究開発部門や製品開発部門で遂行するだけではなく，それ以外の部門でも同様な取り組みを行っている。

　これら３つのコアプロセスを支配する経済原則は互いに異なっている。カス

トマー・リレーションシップ業務の場合，顧客とのリレーションシップを構築するには，多大のコストが必要であり，それに見合う収益が得られるかどうかは「範囲の経済」をいかに実現するかに依存する。他方，イノベーション業務の場合，スコープ（範囲）ではなく，スピードが決め手であり，「スピードの経済」をいかに実現するかが重要である。また，インフラ管理業務の場合，大量または多頻度の作業を効果的に処理する設備の構築と管理が必要であり，「規模の経済」をいかに実現するかが重要である。

このように，3種類の業務を支配する経済原則は互いに異なるので，これらの業務が相互関連性をもって行われる場合，その調整に手間どる場合がある。にもかかわらず，3種類の業務を単一企業内で担当しなければならないとの考え方が根強く存在していた。垂直統合型の大企業では，その考え方に基づいて，コアプロセスの再構築や再設計に多大なエネルギーや経営資源を注ぎ込み，コアプロセスの合理化に努めてきた。しかし，そうした合理化から得られる利益には限界がある。3つのコアプロセスを支配する経済原則は互いに相容れないからである。3種類の業務のすべてを1つの企業のなかで遂行しようとしても，範囲（スコープ），スピード，規模（スケール）の経済のすべてを同時に最適化するのは困難であり，それらにトレードオフが生じてしまう。こうしたトレードオフを解消させるには，特徴の異なる3種類の業務のすべてを自社で担当するのではなく，ある業務については他企業に外部委託するのが良い場合がある。このように，それまで企業が行ってきた業務の一部を切り離すのがアンバンドリングという手法である。

アンバンドリング手法が多く採用される業種には，電話会社，新聞社，クレジット・カード会社，金融業などがある（ヘーゲルⅢ／シンガー[2000]p.16)。それらの多くは，媒介型テクノロジーを用いるネットワーク型産業に分類される業種である。そこでは，製造業でのバリューチェーンのように，各種活動が密接に結びつけられるというより，3種類に分類される活動が比較的分離可能な形で存在しているため，アンバンドリング手法を適用しやすいのである。

表8-2　3種類の業務の役割と特色

	カスタマー・リレーション業務	イノベーション業務	インフラ管理業務
役割	顧客の特定，獲得そしてリレーションシップの維持	魅力的な新商品と新サービスの考案とその商品化	大量または多頻度の作業を処理する設備の構築と管理
経済面の特色	顧客の総支出額に占める自社シェアを高めることが重要，成功要因は「スコープ（範囲）の経済」	早期市場参入により，プレミアム価格の設定や市場シェアの獲得が可能。成功要因は「スピードの経済」	固定費コスト負担を下げるためには生産数量が多いことが重要。成功要因は「スケール（規模）の経済」
組織文化面の特色	顧客第一主義，高度なサービスを志向すること	従業員中心主義，創造性の高い「花形社員」を大事に養成する	コスト重視，標準化や効率性，予見可能性を重んじる
競争面の特色	範囲の拡大を目指した競争や統合が急速に進む，2，3の大規模プレイヤーが支配	有能な人材を競って求める，参入障壁は低い，小規模プレイヤーが成長していく	スケールの拡大を求めた競争や統合が急速に進む，2，3の大規模プレイヤーが支配

〔出所〕　ヘーゲルⅢ／シンガー［2000］p.14参照。

2．経営資源保有形態の工夫によるビジネスモデル革新

　ビジネスモデル革新を実現する第2の手法は，従来とは異なる経営資源保有の形態を工夫することである。それは，すべての経営資源を自社で保有するのではなく，特定の経営資源だけを保有しようとする手法である。ある種の業態では，人的経営資源の活用に当たって，専門家を雇い入れる方法に代えて，マニュアル化を推進し，アルバイト人員でも業務を担当できるように工夫している。こうした工夫が，ブックオフのビジネスモデルでも取り入れられた。従来の中古書店では，買い取り価格や販売価格を決める目利き能力をもった店員が必要であった。ところが，ブックオフでは，買い取った本を，原則として定価の5割で販売するというように，業務を簡素化し，標準化した。こうした工夫により，人件費の安いパートタイマーやアルバイトでも店の運営ができるようになった。旧来の中古書店の経営は属人的要素が強かったのに対して，ブックオフでは属人性を排した単純化と標準化の推進により，中古書店の店員確保を容易にする経営資源保有の新形態を作り出した（山田［2012］pp.172-173）。

　経営資源保有形態の工夫によるビジネスモデル革新はパーク24にも見られる。

パーク24は，駐車場管理業者としては日本国内最大手であり，日本国内各所でコインパーキングの「タイムズ」を展開し，東京証券取引所1部に上場している。「タイムズ」の強みは，遊休地を一定期間，駐車場として供給できるシステムを作りあげたことである。土地保有者が一台分の土地があれば契約が可能なのである。ロック付きの無人駐車料金徴収装置による24時間無人時間貸駐車場を展開し，現在，国内最大の駐車場ネットワークを形成している。タイムズ以前の駐車場は1時間単位で課金するものが多く，わずか15分の駐車でも，数百円支払わなければならなかった。それに対し，パーク24は，30分単位で100円から課金するタイムズ事業を1991年に開始させた。パーク24自体が駐車場の土地を保有することはない。土地所有者が整地した後，パーク24が看板設置，電気工事，機器設置などを自社の費用負担で準備する。パーク24は，土地所有と駐車場運営とを分離したビジネスモデルを作り出したのである（山田[2012] pp.86-89）。

3．独自な顧客価値の提供によるビジネスモデル革新
（1） 新たな顧客の想定

　ビジネスモデル革新を実現する第3の新手法は，独自な顧客価値を新たな発想のもとに提供することである。独自な顧客価値を新たな発想のもとに提供する手法の1つとして，誰が顧客なのかをとらえ直すという手法がある。たとえば，今まで消費者が顧客であると見なしていた業界で，取引企業も顧客であると視点を転換した例が挙げられる。消費者から買い取った車を中古車販売業者に販売していた中古車業界のガリバーの場合，買い取り車の販売相手の中古車販売業者もガリバーの顧客なのだと視点を転換した。従来の中古車業界では，一般の消費者から自動車を安く買い取り，別の消費者にできるだけ高く売ることにより利益を得るという手法が主流であった。そのため，消費者からは愛車が安く買いたたかれるといったイメージをもたれていた。それに対して，ガリバーが作り出したビジネスモデルとは，消費者から適切な価格で買い取った車を中古車販売業者が集まるオークション市場で業者にできるだけ高く売るとい

うものであった。消費者から車を買い取る際は，査定の根拠を明確にするべく，オークション市場での売却可能価格をもとに買い取り価格を設定した。中古車業界の顧客を，中古車をもち込んだり，買い入れたりする消費者だと考えるだけではなく，買い取りの顧客とは中古車販売業者であると新たな顧客を想定することにより，独自な顧客価値の創造を実現させた（山田[2012]p.123)。

(2) リピーターを囲い込むための手法

　独自な顧客価値を新たな発想のもとに提供する別な手法は，リピート購買のメリットを際立たせることにより，リピーターの反復購買を促進させようとする手法である。それは，大規模調査の結果，少数の優良顧客によって売上の大半がもたらされていることが判明したからである。つまり，20％の優良顧客によって売上の80％がもたらされている。こういう現状を維持し，改善するのに，一般顧客を相手としたテレビCMや雑誌広告は効果が期待できない。優良顧客だけを対象にして再購買促進を図る方がはるかに効果的である。こうした優良顧客を優遇する販売促進活動により，顧客ロイヤルティの向上，顧客の囲い込み，収益性の向上が期待できる。こうした優良顧客の囲い込みの方法としてFSP（Frequent Shoppers Program）なる手法が注目されている。FSPとは1980年代にアメリカン航空が初めて取り入れたもので，航空各社が実施する「マイレージサービス」の原型である（月泉[2004]p.166）。その後，ホテルや，ドラッグストア，コンビニ，家電量販店などが利用客に会員カードを発行し，購買金額に応じてポイントを付与するなどの方法により，リピーターの反復購買を促すようになった。このFSPは，小売業では，自社店舗で商品をたびたび購入する優良顧客の再購買促進を促進させる戦略の1つとして重視されている。

4．コストダウンへの取り組みによるビジネスモデル革新

　ビジネスモデル革新を実現する第4の新手法は，ビジネスモデルにともなう各種コストの発生状況を把握するとともに，そのコストダウンを図ることである。Afuah[2004]によると，あるビジネスモデルの諸コストは，経営資源コス

ト，活動コスト，そして製品コストに区分される。図8-5は，それらの関係を示している（Afuah[2004]pp.179-180）。

企業は，価値創造を行うべく企業諸活動を遂行している。各種活動のコストを測定するABC管理（activity-based cost measurement）によって，製品ごとのコスト，製品作りに必要な各活動のコスト，各種活動に必要な経営資源のコストなどの測定が可能となる。それにより，直接費用と間接費用の測定も可能になる（Afuah[2004]pp.184-187）。

図8-5　経営資源コストと企業活動コストの製品コストへの転換

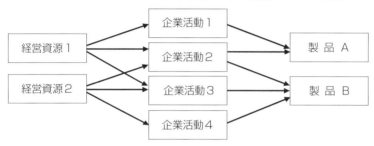

〔出所〕　Afuah[2004]p.179参照。

企業は，バリューチェーン，バリューネットワーク，バリューショップのいずれかの形態で価値創造のための企業活動を遂行している。あるビジネスモデルの諸コストを把握するには，どのような形態で企業活動を遂行しているかをまず明らかにする必要がある（Afuah[2004]p.180）。そのうえで，各種活動についてコストを押し上げる要因（コスト・ドライバー）は何であり，コストを引き下げる改善方策は何であるかを検討することにより，コスト管理が可能となる。企業が展開する活動には，研究開発（R&D），製品デザイン，製造，マーケティング・販売，流通などがあるが，各種活動のコスト動向には，業種に固有な事情によってコストが押し上げられる側面や，その企業の業界内ポジションによってコストの押し上げ圧力が決められる側面（差別化戦略を取っているかどうか）などがある。また，企業活動の遂行の仕方によって決まる側面や経営資源の内容によって決まる側面などもある（Afuah[2004]p.173）。

一連のコストについて，①何らかの関係者のモラル・ハザード的な行動に基づくエージェンシー・コストはないか，②経営資源の浪費はないか，③従業員の生産性について問題はないか，などの検討を通じて，コストダウンの可能性を高めることができる（Afuah[2004]p.177）。

第5節　ビジネスモデル革新の形成と推進のプロセス

　以上の諸手法を用いたビジネスモデル革新が人々に受け入れられるのは，それがより多くの関係者に，より大きなメリットを与えるように，ヒト・モノ・カネ・情報の流れを再編成しているからである。そうしたビジネスモデル革新がいかなるプロセスを経て生み出されるのかを，以下で示したい。

1．既存ビジネスモデルでの問題点の認識

　さまざまなビジネスモデル革新は，多くの要素を新たな仕方で結合することにより形成される。そうしたビジネスモデル革新が生み出される最初のステップとは，従来のビジネスモデルについて生じがちな問題，故障，トラブルを明確に認識することである（廣田[1992]p.126）。人々が直面する問題，故障，トラブルを何とか無くしたいとの「生活世界」での実感に根ざした強烈な問題意識に基づいて問題解決への着手を行う[12]。こうした問題意識に基づいて，現在のビジネスモデルの問題点を見つめ直し，不満な点を根底的に解消し，生活実感の観点から納得のいくビジネスモデルに仕上げていこうとするビジネスモデル革新形成の最初のステップが開始される。

2．ビジネスモデル革新の形成を引き起こす要因への着目

　ビジネスモデル革新を形成する次のステップとは，ビジネスモデル革新の形成を可能にさせる技術や制度の変化への着目を行うことである。たとえば，情報技術，通信技術，測定技術，運輸技術，バイオテクノロジーなどの技術の変化は著しく，それらを効果的に活用するならば，従来は実現できなかったビジ

ネスモデルの形成が可能となる。しかしながら，一連の技術の進展の利用可能性が明らかとなっても，現実には，社会制度上の変革が手つかずのため，革新的技術の利用に対して制度面からブレーキがかけられている場合が多い。たとえば，金融，通信，運輸などの分野では情報技術など各種技術の進展にもかかわらず，規制によって各種の新システムの構築が制約されている状況が多く見られた。そういう社会制度面の制約を，種々の規制の解除，人々の既成観念の打破などを通じて緩和できないのかという可能性への着目が行われる。こうした技術変化や制度面でのさまざまな規制緩和の可能性へ着目することにより，ビジネスモデル革新の実現可能性が高められる（廣田［1992］p.127）。

　ビジネスモデル革新の推進を促す技術的な変化には，①製品技術・生産技術（製品やサービスを開発し，生産加工する技術）の変化，②交通技術（人の移動や物の輸送の技術）の変化，③情報伝達・処理技術（情報を伝達したり，処理する技術）の変化，④取引・組織技術（商取引を制御し，人々の協働を促進する技術）の変化などがある（加護野・井上［2004］p.22）。これらの技術的変化は，ビジネスの供給側に影響を及ぼす要因である。他方で，社会構造や生活習慣の変化の面への着目を通じて，ビジネスモデル革新の形成を図る場合がある。それらは，ビジネスの需要側に影響を及ぼす要因である。ビジネスモデル革新を形成し，推進しようとする気運は，ビジネスに関わる需要側と供給側の双方の要因への着目によって高められる。

3．企業家によるビジネスモデル革新の提唱と人々の価値観の変化

　ビジネスに関わる需要側と供給側の要因がともに変化しても，自動的に新たなビジネスモデルが生み出されるわけではない。先駆的な企業家がこれらの変化に気づくことによって初めて，ビジネスモデル革新の推進プロセスが始動させられる。既存のビジネスモデルで提供される製品やサービスに消費者が必ずしも満足していないと気づいた企業家は，何とかして問題を解決できないかと考え始める。その結果，既存のビジネスモデルで，もはや時代遅れとなり，不要となった要素や活動がまだ用いられているのを直視し始める。そこで，かつ

ては必要だったとしても，技術や制度の変化によって不要となった要素や活動を省き，新たな技術や制度を適用して，ビジネスモデル革新を実現させようとする動きを開始する（廣田[1992]pp.126-127）。つまり，既存のビジネスモデルにおけるヒト・モノ・カネ・情報の流れに対し，不要となっている要素を取り除いたり，減らしたりするとともに，より価値を高める面を付け加えたり，増やすといった工夫を通じて新たなビジネモデルの提唱を行う。こうした動きは，「ブルーオーシャン戦略」なる戦略論において，新たな戦略を創造するためのステップとして4つのアクションを提案しているのと本質的には同様である。そこでは，現行のシステムに対して，「減らす」「取り除く」「付け加える」「増やす」などのアクションを通じてブルーオーシャンをもたらす戦略を作り出すことができると主張している（キム＝モボルニュ[2005]pp.58-61）。

なお，ビジネスモデル革新の実現によって，社会でのヒト・モノ・カネ・情報の流れの変革が実現可能となったとしても，それが幅広く受け入れられるには，関係者の価値観の変革が必要な場合がある。たとえば，インターネットが幅広く，社会の各活動に取り入れられるようになったのは，多くの人びとのネット利用に対する価値観の変化が生じたからである。こうした価値観の変化に裏づけられた新たなビジネスモデルの提案を通じて，従来のあり方を一新するビジネスモデルが誕生しうる（廣田[1992]p.126）。

4．提案されたビジネスモデル革新についての検討

提案されたビジネスモデル革新について，事物次元，社会的次元，時間次元の立場から，その妥当性の検討を行い，さらに改善の可能性がないかどうかを点検・評価するステップも必要である。その際の評価基準として，事物次元の立場からは，同じ価値あるいは類似の価値を他のビジネスモデルと比べてより効率よく，低コストで提供できないのかという効率性の基準が考えられる。次に，社会的次元の立場からは，当該ビジネスモデルが製品やサービスの提供を受ける顧客によって大きな価値があると認められているかどうかという有効性の基準や，競争相手にとってどの程度模倣が難しいと見なされているかという

模倣可能性の基準が考えられる（加護野・井上［2004］pp. 39－44）。さらに，時間次元の立場からは，当該ビジネスモデルが長期にわたって持続しうるのかという持続可能性の基準や，当該ビジネスモデルが将来の発展可能性をどの程度もっているのかという発展可能性の基準が考えられる[13]。

第6節　ま　と　め

　企業諸活動に基づくビジネスの有効性を高める決め手の1つは，ビジネスの遂行に関わる多くの側面を効果的に結合するビジネスの仕組みを作りだすことである。そのように多くの側面を効果的に結合した企業活動のシステムはビジネスモデルと呼ばれ，激変する企業環境を前にして，さまざまな形態のビジネスモデルが生み出されている。企業活動基本プロセスの整備や経営資源の効果的な活用などの企業内部のコア活動の部分，顧客との関係形成や取引企業との関係形成などの企業外部との関係構築の部分，さらに収益向上の工夫の部分などが，ビジネスモデルの構成要素である。

　これらのビジネスモデルにおける企業活動基本プロセスに当たるビジネスプロセスの形態には，製造業などにおけるバリューチェーン形態，ネットワーク型産業におけるバリューネットワーク形態，専門的サービス業におけるバリューショップ形態などがある。各種形態のビジネスプロセスを活用したビジネスモデルについて，企業活動システムの再編成，経営資源保有形態の工夫，独自な顧客価値の提供，コストダウンへの取り組み，などの手法により，その革新が図られている。こうしたビジネスモデル革新が，既存ビジネスモデルでの問題発生の認識，ビジネスモデル革新の形成を引き起こす要因への着目，企業家によるビジネスモデル革新の提唱と人々の価値観の変化，提案されたビジネスモデル革新についての検討，などのプロセスを経て推進されている。

【注】
1) ハメル[2001]pp.100-126参照。ゲイリー・ハメルは，コア・コンピタンスの重要性を主張した『コア・コンピタンス経営』[1995]の著者の一人である。その主張に対応する部分は，コア戦略や戦略的資源が重要であるとの指摘である。ハメル[2001]では，その点に加えて，顧客とのインターフェース，価値のネットワークなどの要素の重要性も強調している。それは，よりオープンにビジネスを展開するうえでの必要性に基づくものだと考えられる。
2) オスターワルダー＝ピニュール[2012]では，ビジネスモデルの構成要素を，ビジネスモデルの構築ブロックと呼んでいる。また，ビジネスモデルの構築ブロックのすべてをまとめて表示した図をビジネスモデル・キャンバスと呼び，そのキャンバス上で個々の構築ブロックの内容を具体化することにより，ビジネスモデルのデザインが可能となると述べている。オスターワルダー＝ピニュール[2012]p.42参照。
3) 山田[2012]pp.104-106において，Afuah[2004]，チェスブロウ[2007]，ジョンソン[2011]などの議論に基づいて，ビジネスモデルの構成要素を示している。
4) Afuah[2004]では，それをビジネスシステムと呼んでいるが，ここでは，他章での記述と整合性を持たせるために，ビジネスプロセスと呼ぶことにした。
5) トンプソン[2012]p.21参照。Afuah[2004]p.85参照。
6) Stabell and Fjeldstad[1998]pp.427-433参照。Afuah[2004]pp.86-87参照。
7) Stabell and Fjeldstad[1998]pp.427-430参照。
8) Stabell and Fjeldstad[1998]p.430参照。
9) トンプソン[2012]pp.23-24参照。
10) Stabell and Fjeldstad[1998]p.420参照。
11) Afuah[2004]p.87参照，トンプソン[2012]pp.23-24参照。
12) こうした取り組みは，現象学的なとらえ直しと解される。「生活世界」とは，現象学の創始者の1人としてのフッサールが，その著『ヨーロッパ諸学の危機と超越論的現象学』で示した概念であり，「生活世界」とは，われわれがごく普通に生きている具体的な生活の領域のことである。フッサールは，ヨーロッパの近代的な学問が，この「生活世界」の場から遊離して，抽象的なものと成ってしまい，現実的妥当性を失ってしまったと批判した。ハーバーマスは，この「生活世界」という用語を受け継ぎ，社会をシステムと生活世界という二側面からとらえ，近代社会における合理化の進展の結果，生活世界が抑圧される可能性を指摘した。ハーバーマスは，人間性の回復のためにも，コミュニケーション行為を通じての「生活世界」の復権の必要性を主張した（友枝[1986]pp.102-108）。
13) 加護野・井上[2004]pp.38-39参照。加護野・井上[2004]では，ビジネスモデルという用語ではなく，事業システムという用語を用いているが，事業システムの検討を行ううえでの，有効性，効率性，模倣の困難性，持続の可能性，発展の可能性という5つの基準を示している。これらの5つの基準を，事物次元，社会的次元，時間次元という3つの意味次元に関連づけたのは筆者の見解に基づくものである。

第9章

イノベーションの戦略

第1節　イノベーションの重要性

　企業を取り巻く経営環境は絶えず変化している。顧客のニーズは刻々と変化し，競争業者も今までになかった戦略を打ち出し始めている。こうした変化が続発するなかで，各企業が従来通りの製品やサービスを提供し続け，今まで通りの事業運営を続けるならば，顧客離れや競争力低下などの事態が生じかねない。こうした事態に陥るのを避けるため，企業は，新製品・サービスの開発や変化する競争環境への対応，新たな事業分野の探索などを試みている。これまでの慣行や常識にとらわれることなく，より効果的な仕方で経済活動を遂行するべく，新機軸の導入を図ろうとしている。

　経済活動の本来の意義は，経済社会の再生産を可能にさせることであり，経済社会の営みを維持することである。しかし，経済社会を取り巻くさまざまな条件が変わるなかで，経済社会の営みを維持し続けるのは容易ではない。「経済社会の営みを維持する仕組み」自体の有効性を維持し続けることが必要である。こうした「「維持」の維持」を図るには，今までのシステムの枠を超えるような新機軸の導入が必要であり，それがイノベーションの本質である[1]。

　石油ショックの到来，プラザ合意後の円高不況，バブル崩壊後の平成デフレ不況，リーマンショックなど一連の苦境を打開できたのは，日本企業が，活動の効率化を達成するだけではなく，数々のイノベーションを達成してきたからである。日本企業は，幾多の苦境を乗り切った経験を通じて，イノベーションの重要性を，ますます強く認識するようになってきたのである。

第2節　イノベーションの本質と特徴

1．経済社会でのイノベーションの役割

　今日，重要性の認識が高まってきたイノベーションであるが，これまでの経済社会で，それが果たしてきた役割は，どのようなものだったのだろうか。この問いに対する答えを求めるべく，人類誕生以来の歴史を振り返ると，そこには社会の発展の道筋を変えた数多くの転換点を見いだすことができる。ただし，それらの転換点に先だって，さまざまなイノベーションが成し遂げられてきたという事実も見いだせる。イノベーションは，経済社会の転換をもたらす原動力なのである。アシモフ[1992]は，そうした経済社会の転換をもたらした人類の誕生以来の主要な科学と発明の歴史を，年代別に示している。そこで取りあげられた科学と発明の歴史を，イノベーションの歴史であるととらえることもできる（表9-1参照）[2]。

　一連のイノベーションが，なぜ生じてきたのかと言えば，それは，それまでの経済社会での生活や活動に，生存上の恐怖や生活上の不便など種々の困難や問題があり，それを何とか打開して，より豊かな生活を実現したいとの願いやニーズが存在していたからである。そのため，さま

表9-1　科学と発明の歴史

	技　術	制　度
400万B.C.	二足歩行	
200万B.C.	石器	
50万B.C.	火	料理，防衛
20万B.C.		宗教
2万B.C.	弓矢，オイルランプ	芸術
12000B.C.		動物の家畜化
8000B.C.	農耕	定住生活
7000B.C.	陶器	
6000B.C.	リネン，いかだ，鎌	
5000B.C.	灌漑，秤	
4000B.C.	銅，日時計	
3500B.C.	荷車，川舟，鋤	文字
3100B.C.		国家
3000B.C.	ろうそく	
2800B.C.		暦
2500B.C.	ガラス	文学
2340B.C.		帝国
2000B.C.	ウマ	
1800B.C.	数学と天文学，発酵	
1775B.C.		法律
1550B.C.		医術
1500B.C.		アルファベット
1375B.C.		一神教
1200B.C.	染料	
1100B.C.	航海	
1000B.C.	鉄	

〔出所〕　アシモフ[1992]における記述を筆者が表として作成。

ざまな模索が試みられ，数多くの工夫がなされてきた。他方で，それまでにはなかった知見が明らかにされるなどの情報上のブレイクスルーも生じてきた。こうした動きを背景としつつ，もともと存在していた諸問題を何とか解決するべく，さまざまな試みを積み重ねることを通じて，イノベーションが実現されてきたのである。

　一連のイノベーションは，技術的な面に関するものと制度的な面に関するものとに区分できる。ヒトがモノに働きかけて有用なものを作り出す知識の体系は技術と呼ばれるが，ヒトがヒトに働きかけて社会の秩序を作り出すための工夫は制度と呼ばれる。技術と制度のいずれか，あるいは双方に変化をもたらす取り組みがイノベーションの本質である。なお，技術や制度の変化は，必ず時間の経過を必要とするので，イノベーションの生成には時間的側面もともなう。イノベーションを通じて，技術，制度，時間をめぐる経済社会の新たな姿が作り出されている。

　「技術」「制度」「時間」という用語を用いてイノベーションの本質が説明できるという考え方に対して，これまでは，企業組織の諸側面を事物次元，社会的次元，時間次元から成る3つの意味次元の立場からとらえてきた。これらの2つの考え方は，ともに時間の面を取りあげてはいるが，それ以外の面は異なっている。とはいえ，「技術」は基本的に事物次元に関わるものであり，「制度」は基本的に社会的次元に関わるものであると考えるならば，両者の考え方には親近性を見いだすことができる。

　つまり，イノベーションとは，事物次元では技術や製品・サービスなどについて，社会的次元では組織や社会制度などについて，新たな動きや意味を生み出すことである。ただし，そのためには，時間次元での時間の経過が必要である。ところで，イノベーションに関する先駆的議論を行ったシュンペーターによれば，イノベーションの本質は「新結合」を行うという点にある[3]。その「新結合」を成し遂げる方法には，新商品・新技術の導入・新資源の開発，新市場の開拓・新組織の結成などがある。このなかで，新商品・新技術の導入・新資源の開発などは事物次元での変化をもたらすものであり，新市場の開拓・

新組織の結成などは社会的次元での変化をもたらすものである。イノベーションは，経済変化への単なる受動的適応を超えるものであり，時間次元での不可逆的な変化を生み出すものでもある。それゆえ，シュンペーターによるイノベーションの本質の説明も，3つの意味次元の立場から理解することができる。

2．企業が手がけるイノベーションの特徴

　以上の考察に基づくと，企業が手がけるイノベーションの特徴も説明することができる。つまり，各企業によるイノベーションには，今までになかった製品・サービスを実現させるという事物次元での革新の面がある。アスクルの場合，文房具の注文を受けたのち，迅速に（明日来る）届けるという従来なかったイノベーションを1995年にスタートさせた。次に，アスクルが手がけたイノベーションには，従来，積極的な販売促進対応が取られていなかった従業員30人以下の企業を対象とするサービスを開始したという社会的次元での革新の面もある。さらに，アスクルが成し遂げたイノベーションには，1998年からはWeb受注を開始するなど，取引に必要な時間を短縮させるような時間次元での革新の面もある。

第3節　イノベーションを生成させる諸要因

　企業諸活動の遂行を可能にする要因として，資源，情報，心理的エネルギーを挙げてきたが，イノベーションを生成させる要因にも，同様な考え方が当てはまる。つまり，イノベーションを生成させる要因として，①思い（心理的エネルギー），②資源，③情報を挙げることができる。ただし，イノベーションの生成という複雑な課題の達成には，④「場」の生成という要因も必要である[4]。これらの4要因が関わり合いながら，イノベーションを生成させている。ただし，その生成には長いプロセスが必要であり，Van de Ven et al.[2008]は，そのプロセスを「イノベーション実現の旅」（イノベーション・ジャーニー）と呼んでいる[5]。その旅は，綿密な計画と周到な準備に基づいて旅程通りに粛々とす

すむパッケージ・ツアーではない。途中で出会うさまざまな予期せぬ障害や苦労を乗り越え，自ら道を切り開きながら，ときには偶然に導かれ，紆余曲折を経て前進していく旅である（武石・青島・軽部[2012] p.8）。以下では，各要因が「イノベーション実現の旅」にどのように関わりながら，イノベーション生成をもたらすのかを検討していきたい。

1．思　　い

　イノベーションを生成させるには，あることがらを何としてでも実現したいという「思い」がまず必要である。自動車を生み出したヘンリー・フォードの場合，地上を速く移動したいと願った。飛行機を生み出したライト兄弟は，空を何としてでも飛びたいと思った。イノベーションを生成させる第1の要因は，イノベーションに取り組む人々の思いである。あるイノベーションを何とか実現させたいとの独自の思いがある場合，失敗にも挫けず試行錯誤を続けるのに必要な心理的エネルギーがもたらされる。イノベーションを何とか実現させようとする思いや問題意識，知的好奇心などがイノベーションを生成させる第1の要因である。

　イノベーションの実現にとって「思い」が重要な役割を果たすことを野中・勝見[2004]では，忍耐の経済（economy of patience）と表現している。忍耐を重ねた取り組みの継続によって，イノベーションの実現が可能になるからである。研究者としての「思い」を追求するなかで，失敗に挫けず忍耐をもってひたすら自分の研究課題に取り組むのを通じて，「真のコンセプト」を形成でき，イノベーションを実現に近づけることができる（野中・勝見[2004] pp.93–96）。ポラニー[1980]は，人間の知識についての新しい観念としての「暗黙知」という概念を提唱したが，それは，ある対象に対する言葉では語れない感知であり，それに導かれて対象のゲシュタルト（全体形態）と細目とを明らかにできるのであり，こうした暗黙知が思いの背後にある。

　イノベーションとは，新たなシステムを創造することである。その創造の背後には，現行のシステムの不具合に対する問題意識や不満があり，問題解決へ

の情熱や探究心がある。ただし，あるイノベーションを実現しようとする「思い」がなぜ生成されたのかと言えば，それは，もとをたどれば，社会システムの側に何らかの問題が存在し，それを何とか解決したいと考える人々の「心的システム」の作動が誘発されたからである。要するに，社会を変革しようとする思いの基盤には，社会システム自体の問題の存在が見いだされる。社会システムそれ自体の問題が人々の思いを媒介として社会システムの変革をもたらすというように，自己準拠的な変化がそこでは生み出されている[6]。そうした自己準拠的な変化を仲立ちしているのが，人々の「思い」なのである。

「有用な製品・サービスの提供」と「収益性の向上」とが企業経営の基本目的として設定されるのは，ある有用なことがらへの取り組みが，その報酬としての収益の獲得によって報われる面があるのを反映している。それと同様に，今までなかったものを実現したいという思いに裏づけられた努力は，イノベーションの実現によって得られる特別利潤によって報われる。シュンペーターによれば，イノベーションこそが特別利潤の獲得を可能にする。こうした特別利潤の獲得によって報われるさまざまなイノベーション追求の動きが資本主義市場経済のダイナミズムを生じさせてきた面も否定できない。ただし，そのイノベーション追求の基盤には，人々の「思い」がある。

2. 資　　源

イノベーションを生成させるうえで，資源面の要因も重要である。自動車の発明に際しては，それに先行して内燃機関が発明されており，その発明が自動車のイノベーションを可能にした面がある。また，トランジスタなどの電子デバイスの発明がパソコンなどのイノベーションを生み出す条件を整えたという面もある。同様に，ITやインターネットの進展などの物的，技術的な面での変化が多様なイノベーションの生成をより生じやすくさせている。イノベーションを生成させる第2の要因は，各種の資源である。イノベーションを実現させるには，それに先立って重要部品や各種機構が開発されていることが必要である。また，資金も必要であり，データベースを活用して得られる情報も重

要な情報的資源である。イノベーション・プロセスにおける試作途中の手づくりのプロトタイプは,「3次元の議事録」ともいうべきものであり，それが触媒となり，多様な関係者間の矛盾解決プロセスをより加速させる資源として役立っている（野中・勝見[2004]p.98）。さらに，各企業がイノベーションに取り組むうえでの「型」としての「クリエイティブ・ルーティン」も，イノベーションを成功に導く重要な資源である（野中・勝見[2004]p.19）。各企業は，製品を作るのにヒト・モノ・カネの諸資源をどのように用いればよいのかという経験を積み重ねており，そうしたチャレンジを積み重ねて得た経験も重要な資源である。そのように，イノベーション追求活動によって生み出されてきた資源がイノベーション生成を支える重要な資源であるというように，イノベーション追求活動にはオートポイエティック（自己準拠的）な側面が見られる。

3. 情　　報

　イノベーションを生成させる第3の要因は，情報であり，それには，ニーズ情報とシーズ情報がある。前者は，需要に関する情報であり，後者は，供給に関する情報である。「必要は成功の母」という言葉が示すように，社会にとって必要なものは何かというニーズ情報を明らかにすることがイノベーションの生成には不可欠である。イノベーションは，需要側での強いニーズの存在に基づいて実現されるという見解をデマンド・プルと呼ぶ。この考え方では，デマンド（需要）がプルする（引っ張る）ことによってイノベーションが生み出されると見なし，イノベーション生成における需要側のニーズ情報の影響を重視している。こうしたニーズ情報だけではなく，技術や科学上のブレイクスルーなどのシーズ情報もイノベーションを生成させるのに有効である。イノベーションは，技術や科学上のブレイクスルー（突破）に基づいて実現されるという見解をテクノロジー・プッシュと呼ぶ。この考え方では，技術や科学上の新たな展開がイノベーションをプッシュする（推進する）と見なし，イノベーション生成における供給側のシーズ情報の影響を重視している。

　イノベーションを生成させるに当たって，規制に関する情報も重要な役割を

果たしている（Ashford et al. [1979] pp. 166-190）。環境規制の強化（マスキー法）が，さまざまなエンジンの革新を誘発するきっかけとなったように，規制情報が技術のあり方や製品・サービスのあり方に影響を及ぼす場合がある。たとえば，安全規制について新たな動きが生じている場合，用いる資源や製造プロセスの変更が必要となり，その面でのイノベーションの実現が促される。

4．場

　関係者が密接な相互作用を行うための「場」の形成もイノベーションの生成には必要である。イノベーションを生成させるには，情報，資源，心理的エネルギーの各要因を活用した度重なる試行錯誤（イノベーション・ジャーニー）が必要であり，そのためにこそ試行錯誤を可能にする場が必要なのである。そういう「場」は，さまざまなレベルで設定されている。その1つは，市場競争が繰り広げられる資本主義経済社会という「場」である。現代の経済社会では，市場経済での交換を目指した経済的諸活動が遂行され，グローバルなスケールで競争が行われている。そういう状況のもとで，種々の商品の比較がたえず行われ，その結果，事物次元，社会的次元，時間次元で意味のある商品が選び出される。熾烈な競争を通じて，今までで一番優れた商品を開発しようとする工夫が始まる。そういう動きのなかで，企業家は，優れた商品の開発にはイノベーションの追求が不可避であると考え始め，必死にその実現を図ろうとする。ユーザーの方でも，従来と比べて少しでも良いものを手に入れようと探索を行う。企業家には，ユーザーのニーズに応えた従来はなかった商品を作り出すことにより，莫大な利益を獲得できるとのインセンティブが示され，それに基づいてイノベーションの実現に取り組む面もある。そういう取り組みは，アダム・スミスの言う神の見えざる手（invisible hand）によって導かれたものであり，そうした取り組みが全体としての経済社会の発展をもたらす面がある。アダム・スミスが示したように，市場経済では，各人による自利の追求に基づいた経済諸活動が種々の市場での不均衡を一時的に生じさせるとしても，その不均衡は，神の見えざる手に象徴される市場メカニズムを通じて，短期的あるいは

長期的に調整され，解消される。個人によるイノベーションの追求と全体としての経済社会の発展とが，神の見えざる手によって調整されている。

ところで，資本主義経済社会には「見えざる手」だけではなく「隠れた足」と呼ばれるものも存在する（Klein[1979]pp.68-72）。「隠れた足（hidden foot）」とは，能率の低い企業を市場から退出させる仕組みを説明する概念である。トランジスタ登場前に真空管を作っていた大手メーカーのうち，数社がトランジスタ製造に参入し，テキサス・インスツルメント社が市場を支配するようになった。その状態に対して挑戦を行う動きが，ショックレイ研究所のなかから生じてきた。トランジスタの原理を提唱したウィリアム・ショックレイは，トランジスタの商品化は10年後には十分引き合うと考えていたが，彼が雇ったスタッフは，半年で十分引き合うようになると考えた。トランジスタの性能を落とさずに，コストダウンして製造するならば，新たな需要が生まれてくると考えたのである。そういう見通しのもとに，プレーナー法を開発して，シリコン基板上に，トランジスタを複数個まとめて製造することによるコストダウン達成の工夫を実現させた。さらに，その考えを突き詰めることにより，さまざまな機能のトランジスタをまとめて形成する集積回路の開発にも成功した。できるだけ高い性能のものをコストダウンして製造するようにという圧力がかかるダイナミックな市場経済のもとでこそ，このような動きが生じたのであり，そのような試みを行わなかった業者は，業界から蹴り出され，退出を余儀なくされた（Klein[1979]pp.76-77）。このように，資本主義経済社会には，市場ニーズに対応した取り組みを行わない企業を市場から蹴り出すといった「隠れた足」が備えられている。ダイナミックに変化する資本主義経済社会のもとでの「隠れた足」によって蹴り出されるのを回避し，存続し続けるためにも各企業はイノベーションを追求せざるを得ない。このように，各企業がイノベーションの実現を必死に追求する結果，「隠れた足」の作用はますます明確なものとなる。資本主義経済社会の「場」においては，各企業によるイノベーションの追求が，さらにイノベーションを生み出すことへの圧力につながるという自己準拠的なプロセスが生み出されている。

イノベーションの生成を実現させるには，思い，情報，資源などの要因に加えて，種々のコンフリクトを解消させ，問題解決を図るのに必要な相互作用を行うための「場」が必要である。大きくは資本主義経済社会という「場」が基盤に形成されており，それ以外の多様な場も重層的に作り出されている。つまり，資本主義経済という場のうえに，各種企業という場が作り出され，その企業組織のなかにも各種の部門やプロジェクト・チームの形態で「場」が設定されている。それらの「場」で進行するプロセスは多様である。対話はその1つである。弁証法というダイナミクスが生み出される相互作用関係のプロセスもその1つである（野中・勝見[2004]p.64）。多様な仕方で重層的に形成された「場」の存在がイノベーションの生成にとって重要な要因の1つである。

第4節　生成される多様な形態のイノベーション

さまざまな相互作用が生ずる「場」において，ある「思い」をもった主体が種々の「資源」を活用しつつ，効果的な「情報」とは何かを探索し，活用するのを通じて多様な形態のイノベーションが生成されている。

1．製品イノベーションと工程イノベーション

生成される多様なイノベーション形態のなかで，まず取り上げられてきたのは製品イノベーションと工程イノベーションとの区分である。製品イノベーションとは，人々の熱望にもかかわらず未充足のニーズに応えるべく，従来なかった性能をもつ製品を生み出すことであり，製品の特性や構成についてなされる革新である。自動車，ジェット旅客機，パソコン，いずれの製品も，最初は，「製品イノベーション」の産物として世のなかに登場した。このように，「製品イノベーション」とは，従来なかった性能をもつ製品を生み出すことであり，ラディカルなイノベーションだという特徴をもっている。

製品イノベーションの実現を開始させた段階では，製品のコンセプトは非常に流動的であり，ニーズ志向的に今までなかった製品を作り出すための工夫が

行われる。各種製品の開発当初には，製品の形態，素材，動力源，基本部品，機能など製品を成り立たせている基本的な要素あるいはその要素の組み合わせについて，さまざまな製品イノベーションが数多く生み出される[7]。なぜならば，製品を構成する多数の部品の個々のものに関する創意工夫や，部品同士の連結のさせ方に関するアイデアなどについて，多くの可能性が未開拓のまま残されているからである。未開拓の可能性を試行錯誤により模索し，従来なかった製品の実現を図り続けることを通じて，さまざまな側面に関して納得のできる製品の原型（ドミナント・デザイン）がついに生み出される。それは，これ以上の修正は必要がない決定版だと見なされる製品仕様を意味している。そうした製品の原型（ドミナント・デザイン）を作りあげるのに成功した企業は，顧客の支持を受けて，製品の売上げを伸ばすことができるし，他社もそうしたドミナント・デザインへ同調し，追随しようとする。

　こうした同調や追随のために行われるイノベーションは，製品の原型には基本的な変更をともなわない漸進的（インクリメンタル）なものであり，ドミナント・デザインへの標準化の動きを加速化させる。それとともに，市場競争の中心面は製品自体の革新性をめぐる競争から，価格面の競争に移行し始める。そこで次の段階（過渡期）では，一部自動化された製造工程の活用により，コストダウンが図られる。さらに，特定期と呼ばれる段階では，製造工程の全面的自動化などによるコストの引き下げが図られる。そのねらいのもとに，製造工程を成り立たせている各要素ステップおよび，それらの要素ステップの連結の仕方の改善を行う「工程（プロセス）イノベーション」が数多く生み出される。その結果，製品価格が低下し始め，需要が増大し始める。増大した需要の分け前をめぐって，各企業は価格競争により力を入れ始め，価格競争を有利に展開するためにも，さらに工程イノベーションに力を入れるようになる。このように，時間の経過にともない，イノベーション上の重点が製品イノベーションから工程イノベーションへ移ることを図9-1が示している。製品開発の初期時点では，性能の良さの評判に応じて売上げが伸びるので，製品イノベーションが追求される。ところが，ドミナントデザイン（製品の原型）が確立された後

では，性能に比した価格の安さに応じて売上げが増加するので，コストダウンを目指した工程イノベーションが追求される。

これらの製品イノベーションと工程イノベーションは，双方とも事物次元でのイノベーションである。とはいえ，前者は製品そのもの，後者は製造工程という事物に関わるという相違がある。社会的次元については，製品イノベーションの初期では，新奇な財を好む高所得者が顧客であるのに対し，工程イノベーションが中心となってきた状況では，より一般的な消費者が顧客であるという相違がある。

図9-1　製品イノベーションと工程イノベーション

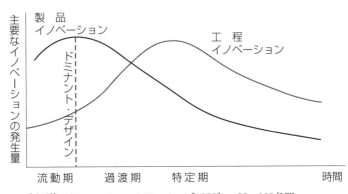

〔出所〕　Abernathy and Utterback[1982]pp.98-100参照。

2．マーケティング・イノベーションとマネジメント・イノベーション

現在，イタリアのみならず世界のファッションをリードするベネトンの創業者のルチアーノ・ベネトンは，創業当初に，非常に明るい色調の毛糸のセーターを作りたいと考えた。それまでは，セーターの色づかいは英国調のクラシックで地味なものが多かったが，ぱっと人目を引く鮮やかな色のセーターを作るという製品イノベーションをまず実現させた[8]。ただし次の段階では，その製品をいかにすれば安く多く作れるかという工夫に取り組んだ。当時，シームレス・ストッキングが導入され始めていて，シーム付ストッキングの製造機械が余っていた。そこで，それらをセーターの編み機に改造し，新しい機械

を購入するよりもずっと安いコストで，セーターの生産設備の増強を行った。ベネトンが次に行ったのは工程イノベーションであった（ベネトン[1992]p.66）。

　さらにベネトンは，マーケティング上の革命的なアイデアも実現させた。ベネトン製品の魅力は「色」にあるが，色の流行は変わりやすく，特に移り気なローマ市場では，流行色が猫の目のごとく変わる。この点に対応するため，ベネトンはセーターの「あと染め」の技術を確立させた。それまでは，まず毛糸を染色して，その先染めの毛糸を手編みないしは機械編みしていた。セーターを編み上げた後で染色できれば，指定の色の製品を1週間以内に納品できるようになる。数か月の実験を繰り返して「あと染め」の方法を確立した後は，染色機を購入して工場に設置し，色のレパートリーを40種類に増やした。変幻自在な流行色に対応したセーターを速やかに生産する工夫によって，大量の在庫を抱える事態を解消できた。こうして，ベネトンは，明るい色調のセーターという製品革新，そしてそれをコストダウンして作るための工程革新，流行色についての売上動向をフィードバックさせるというマーケティング・イノベーションとマネジメント・イノベーションをなし遂げて，人々が憧れる流行色のセーターをスピーディに提供するのに成功した。

　イノベーションを通じて，社会にとっての新たな姿が生み出されるが，その新たな姿は事物次元，社会的次元，時間次元の立場からとらえられる。事物次元に関わるベネトンの取り組みとは，「ぱっと人目を引く鮮やかな色づかいのセーター」という製品の導入を行ったことである。それまでの地味な色づかいのセーターではなく，カラフルなセーターを市場にもち込んだ。また当時，シームレス・ストッキングの登場により，余っていたシーム付きストッキング製造機械をセーターの編み機に改造してセーターの製造を増産するための生産技術上の工夫を行ったのも事物次元に関わる取り組みであった。社会的次元に関わる点とは，ヨーロッパに散らばっている小売店を情報ネットワークで結ぶためのイノベーションを行い，若年層へのスピーディなアピールを行おうとしたことである。また，時間次元としては，その時点の流行色をリアルタイムで把握し，その流行色を取り入れたセーターを即時に提供した点である。

3. サービス・イノベーション

　アバナシー＝アターバック[1982]によれば，イノベーションへの取り組みの初期段階での中心課題は製品イノベーションの実現であるが，初期段階を過ぎると，次第に工程イノベーションへの取り組みが中心課題となる。ところがバラスによれば，こうしたパターンが当てはまるのは製造業の場合だけである。保険業や銀行業などのサービス業で最初に生じるのは，製品イノベーションではなく，工程（プロセス）イノベーションなのである（Barras[1986]p.165）。

　銀行の場合，1970年代にはまず各種業務の遂行のコンピュータ化による業務効率の徹底的な改善を図った。1980年代にはATM（自動金銭支払機）や通信ネットワーク等を導入するなど，サービス提供方法の改善を行い，カードで預金を引き出せるようにした（Barras[1990]pp.227-231）。こうして徐々に業務処理方法の改善を積み重ねていき，その改善を通じて諸能力が十分蓄積された段階で，新サービスのイノベーションへの模索を開始した。その結果，1990年代以降，家にいながら種々の決済ができるホームバンキングなどのイノベーションを実現させた。このように，サービス業のイノベーションでは，工程（プロセス）イノベーションが最初に生じ，その後に製品（サービス）イノベーションが生じるというパターンが見られた。それは，アバナシー＝アターバック[1982]の主張とは異なる逆のイノベーション発生順序を示していた。Barras[1986]は，アバナシー＝アターバック[1982]の議論に，kuznets[1953]の産業発展やVernon[1966]の海外直接投資のパターンを示したプロダクト・サイクル・モデルとの類似性を見いだしたうえで，サービス業のイノベーション発生パターンに対して，逆プロダクト・サイクルという名前を提唱した。

　サービス業でのイノベーションが逆プロダクト・サイクルの形態で生じるのは，技術イノベーション提供産業とサービス業とのあいだで相互作用的にイノベーションが生じているからである（Barras[1990]pp.224-227）。最初に技術イノベーション提供産業（コンピュータ製造業など）で製品イノベーションが生み出され，それがサービス業によって採用され，業務の効率化(コンピュータ化など)が行われる。そうした取り組みを行うなかで，サービス業での機器・設備

に対するニーズが技術イノベーション提供企業に伝えられ，それをもとにより進んだ製品イノベーションが実現される。こうしたメーカーによる製品イノベーションが再びサービス業によって採用され，サービス工程がより改善される。このように製造業とサービス業とのあいだで相互作用的にイノベーションが繰り返されるなかで，サービス業でのサービス提供能力の改善がなされる。それを踏まえて，最終的にサービス業で，従来なかったサービスを提供するというサービス（製品）イノベーションが達成される。

表9-2　コンピュータ利用をめぐる逆プロダクト・サイクルの各段階

段階 業種	効率の改善 1970年代 メインフレーム	質の改善 1980年代 オンラインシステム	新サービスの提供 1990年代 ネットワーク
保　険	証券コンピュータ化	オンライン検索	オンラインサービス
銀　行	取引記録の自動化	自動金銭支払機（ATM）	ホームバンキング
地方政府	財務システムのコンピュータ化	部門毎サービスに適用	公共情報サービス

〔出所〕　Barras[1986]p.166およびBarras[1990]p.227をもとに作成。

上記のサービス業でのイノベーション発生パターンは，近年のITやネットに基づくサービス業でのイノベーションには必ずしも当てはまらない。従来型の労働集約的にサービス提供を行っている業態では，上述のパターンが当てはまるであろうが，アマゾンやグーグルのように，情報通信技術を集約的に用いて，従来になかったサービスを提供しようとする業態では，ここでの議論が当てはまらず，当初からサービス（製品）イノベーションが打ち出されている。

4．アーキテクチュラル・イノベーション（構築的革新）

アバナシー＝アターバック[1982]による説明と，バラス[1986, 1990]によるサービス・イノベーションの説明とでは，製品イノベーションと工程イノベーションの発生順序が逆であった。ただし，イノベーションの発生順序には一定のパターンがあり，その推移は不可逆的だと主張する点で，両者の見解は一致していた。それに対して，アバナシー＝クラーク＝カントロウ[1984]は，製品

イノベーションや工程イノベーションが一定のパターンのもとに不可逆的に発生するとは限らないと主張した（同書pp.193-206）。彼らは，イノベーションには構築的革新，通常的革新，革命的革新，間隙創造的革新の4つの類型が存在し，これらの4類型のイノベーション間の移行は予め定まった順序で生じるとは限らないし，それらの類型間の移行は不可逆的でもないと主張した[9]。

　イノベーション各類型間の移行の順序は定まってはいないとしても，最初に生じるのはアーキテクチュアル・イノベーション（構築的革新）である。構築的革新とは，技術面では既存の技術体系を破壊するに至るほどの影響をもたらし，市場面でも既存の市場関係のあり方を破壊するに至るほどの影響をもたらすイノベーション形態である。シュンペーターは，イノベーションの本質を創造的破壊と表現したが，その面をもっとも明確に示すのが，このイノベーション形態である。こうした構築的革新を通じて，既存の技術体系や市場関係のあり方を一新するイノベーションが生み出される。

　ただし，その後は，徐々に，コストダウンの実現をねらいとする通常的革新形態へと移行する。テープレコーダーのイノベーションの場合も，当初は構築的革新が試みられたとしても，いかにコストダウンして製造するかに重点をおいた通常的革新への移行が生じる。ところが，ある時期にカセット・テープのように従来のリール式テープとは技術的にはかなり大きな変革をともなうイノベーションが導入される。ただし，それは，技術的には大きな変化をともなうとしても，既存の買い手に売り込むのを想定したイノベーションであり，革命的革新と呼ばれる。そうした革命的革新を通じて，カセット・テープレコーダーという新たな製品が生み出され，その後，その製品に関する構築的革新への取り組みが再度開始される。しかしそのうち，再び通常的革新の段階へ移行し，工程上のコストダウンを図るイノベーションへ関心が移る。ところが，次に「ウォークマン」の事例のように，「歩いている人が使う再生機」という従来，全然想定していなかったニッチ・マーケットへ売り込む間隙創造的（ニッチ創出的）革新が生み出される。その場合，技術的な面での大きな変革は試みられず，むしろ既存技術を強化する動きが生じるが，市場面では既存市場には

なかった新たな市場を創造する動きが生じる。こうしたイノベーション形態を経て，ウォークマンに関する構築的革新に対する取り組みが再び始まる。新しい技術の導入といった事物次元での変化や，新たな市場の発見や新たなニーズの創出といった社会的次元での変化を通じて，イノベーションの類型は時間次元上で常に新たな姿への転換（脱成熟化）を成し遂げている。

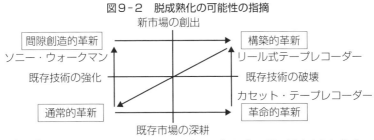

図9-2　脱成熟化の可能性の指摘

〔出所〕　アバナシー＝クラーク＝カントロウ[1984]p.193の図をもとに作成。

5．持続的イノベーションと破壊的イノベーション

クリステンセン[2001]によると，イノベーション形態には，持続的イノベーションと破壊的イノベーションとがある[10]。持続的イノベーションとは，確立された技術をもとに従来製品の改良を進め，性能を向上させるイノベーション形態である。他方，破壊的イノベーションとは，従来までの製品の価値を破壊して，これまでにない新しい価値を生み出すイノベーション形態である。表9-3は破壊的イノベーションをもたらした破壊的技術の例を示している。

表9-3　確立された技術と破壊的技術

確立された技術	破壊的技術
銀写真フィルム	デジタル写真
固定電話	携帯電話
回路交換電気通信網	パケット交換通信網
総合証券サービス	オンライン証券取引
通常の小売業	オンライン小売業
電力会社	分散発電（ガス・タービン，燃料電池）

〔出所〕　クリステンセン[2001]p.23より抜粋。

イノベーションに取り組む企業は，新製品や改良製品の発売を通じて，持続的かつ急激に性能を改善させていく。それによる持続的な性能の向上は，図9-3での「持続的技術による進歩」の直線で示される。そういう技術進歩は，顧客が利用または受容可能な性能を超えて速く進む傾向がある。その場合，客観的には性能が着実に高められていても，顧客の側ではこうした技術進歩を取り入れた持続的イノベーションをあまり評価しない傾向がある。

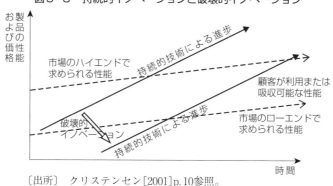

図9-3　持続的イノベーションと破壊的イノベーション

〔出所〕　クリステンセン[2001]p.10参照。

こうした状況のなかで，ある企業が現在の技術とは異なった観点から，一見安物に見える別な技術を活用した製品を発売し，ローエンドの客を獲得し始める。それは，シンプルで使い勝手がよく，安上がりな製品となっており，新しい顧客やそれほど要求が厳しくない顧客にもアピールする[11]。こうした製品イノベーションの進め方が破壊的イノベーションである。破壊的イノベーションを体した製品の方がはるかに安価であり，かつ顧客が利用または受容可能な性能の枠内にある。この破壊的イノベーションの登場によって，既存製品の発展軌道に対する代替案が顧客に提示され，多くの顧客が，破壊的イノベーションに基づく新タイプの製品をより好んで採用し始める。

破壊的イノベーションの例として，かつてのホンダ，カワサキ，ヤマハの小型オートバイが挙げられる。それらのオートバイは，当初，ハーレイ・ダヴィッドソンのオートバイに対して，まがい物であり，安物だと思われていた。

しかし今日，日本各社のオートバイは，より幅広い層からその高性能が評価されている。同様に，デジカメ，携帯電話，オンライン証券取引など，当初は，今までの製品のあり方を破壊するものの，安物に過ぎないと思われた製品が，やがてはそれまでの製品にとって代わる事態がいたるところで生じている。

　既存の優良企業は，こうした破壊的イノベーションの将来性を見過ごしがちである。既存の優良企業では，既存製品の重要部品ごとに組織上の部門を分割して構造化する場合が多く，部品レベルのイノベーションに精力を集中させがちだからである（クリステンセン[2001]p.59）。また，既存の優良企業は，既存製品の生産に関わる部品供給業者との価値を作り出すためのネットワークを重視しがちであり，現在の顧客の声に耳を傾ける傾向がある。そのように既存製品や当面の市場を前提とするため，破壊的イノベーションに対する注目を怠る傾向がある。こうした傾向を打破するには，破壊的イノベーションを生み出すのに適した組織の形成が必要である。たとえば，破壊的イノベーションに取り組む組織単位を，本社からスピンオフさせ，自律的な組織単位とさせる方法が考えられる。こうした方法の採用により，既存の取引先との結び付きにとらわれ過ぎて，新たな発想が妨げられがちとなる事態を回避でき，新鮮な発想のもとでのイノベーションへの取り組みが可能となる。

6．オープン・イノベーション

　イノベーションには，企業の内部だけでイノベーションを実現させる形態と，企業の枠を超えて実現させるオープン・イノベーション形態とがある。20世紀初頭から中期にかけての大企業は，多角化経営を行うとともに，研究開発から流通までの垂直統合によって規模の経済と範囲の経済を実現させ，中小企業や新規参入企業に対する競争優位を確立し，重要なテクノロジーを，大規模な多角化企業の研究部門で開発していた。そうした大企業は，経営史研究者のチャンドラーが提示した大企業のイメージを体現しているので，チャンドラー・モデルと呼ばれる。チャンドラー・モデル企業が，社内で幅広く各種資源の配分上の調整を行うことは，アダム＝スミスが市場を「見えざる手」と表現したの

をもじって「見える手」と表現された（チャンドラー[1979]p.4）。

　しかし20世紀末あたりから，チャンドラー・モデル企業からのシフトが生じ始め，企業活動の役割がモジュール化され，細分化され始めた。企業活動役割のモジュール化と細分化にともなって，先進的なアイデアが社内外に分散して存在するようになった。そして，そういうアイデアへのアクセスには社内と社外の2つの経路があると気づき始めた。そこで，多くの企業は，イノベーションへの取り組みのすべてを自社内部だけで行うのではなく，自社外部の数多くの中小企業の技術力を活用し始めた。その結果，大企業内部でのイノベーションをめぐるさまざまな調整の比重が低下してきた。従来，外部技術に優れたものがある場合，それを自社でも活用できるように社内研究への投資を行い，それを手がかりとして，社内への取り入れも可能なようにさせてきた。そうした外部技術を取り入れる組織能力は，吸収能力（absorption capacity）と呼ばれる。

　ところが，そうした吸収能力も十分ではなくなってきた状況では，自社内の「見える手」による調整のもとで新たな活動を手がけるといった取り組みが困難となる[12]。このように，自社の吸収能力が不十分なため，社内で幅広い活動を行うのが困難となり，結果としてそれまで社内で取り組んでいた活動のなかのあるものを行わなくなる事態を「消える手」と呼ぶ（Langlois[2003]p.379，谷口[2006]p.254）。こうした状況のもとで，自社単独の取り組みではなく，戦略的提携を通じた知識の吸収に努めるようになる。こういう経緯のもとに，外部と提携してイノベーションを実現しようとするオープン・イノベーションの形態が現われ始めてきた（チェスブロウ[2004]pp.7-13）。

　先進的ユーザーの意見を取り入れることによってイノベーションを生成させ，洗練させるユーザー・イノベーションもオープン・イノベーションの1つの形態である。医薬品の先進企業であるメルクは，世界の生物医学研究成果の約1％を担っているが，世界中の大学，研究機関，企業と連携して，残りの99％の成果を取り入れようとしている（チェスブロウ[2008]p.27）。たとえば，メルクは，2015年度ノーベル生理学・医学賞受賞者の大村智博士との連携により，抗寄生虫薬「イベルメクチン」の開発を成し遂げた。

第5節　イノベーション促進の方策

　以上で示した多様なイノベーションを促進する方策とは何かを考察するべく，イノベーションをもたらす要因とは何か，イノベーションのアイデアを生成させるプロセスとはどのようなものかについての検討を行いたい。

1．イノベーションをもたらす技術的機会の出現と市場ニーズの認識

　イノベーションをもたらす源泉として，技術的機会の出現と市場ニーズの認識とがしばしば挙げられる。ところでイノベーションへの取り組みとは，経済的な行為の1つであり，経済的な行為には，供給の面と需要の面とが常にともなう。技術的機会の出現とは，イノベーションを実現させる供給面での変化である。科学技術の進歩や優れた技術方法の登場などによって，イノベーションの実現が供給面からみてより可能性の高いものとなる。他方，新たな市場ニーズの認識とは，イノベーションに関わる需要面での変化である。そうした新たな市場ニーズの出現によって，イノベーションの実現が促される。

　こうした技術的機会の出現と市場ニーズの認識のいずれの方がより多くイノベーションをもたらす源泉となっているのかという問いかけがなされてきた。この問いに対して，イノベーションの源泉をめぐる多くの研究では，市場ニーズの認識の方がより強力な影響を及ぼしていることを示してきた。たとえば，カーター＝ウィリアムズの研究では，調査対象イノベーションの73％においては生産・市場ニーズの認識がイノベーションの源泉であった。さらに，マイヤーズ＝マーキスの研究では，実に調査対象イノベーションの77％において生産・市場ニーズの認識がイノベーションの源泉であった（OECD[1974]p.35）。

　この事実は，研究→発見→開発→応用という流れでイノベーションが実現されると主張するリニア・モデルが適切ではないのを示している。市場ニーズの認識こそがイノベーション成功に不可欠な本質的要因であり，市場ニーズの存在の不確かさがイノベーションを実現させるうえでの最大の問題なのである。

表9-4 イノベーションをもたらす技術的機会の出現と市場ニーズの認識

研究 項目	カーター＝ ウィリアムズ	ゴールド ハール	ラング リッシュ	マイヤー＝ マークィス
技術的機会の出現（％）	27％	33％	34％	23％
市場ニーズの認識（％）	73％	67％	66％	77％
対象イノベーション件数	204	600	84	567

〔出所〕 OECD（編）[1974] p.35参照。

2．イノベーションをもたらすアイデアの生成プロセス

イノベーションをもたらすアイデアの生成プロセスとして，3つの類型が考えられる。第1は，顧客主導型のイノベーションであり，先進的ユーザーが自らの独自な必要性に基づいて思いついたアイデアを製造業者に提案を行い，製造業者がユーザーのニーズに応えるようにイノベーションの試作を行い，それが次第に多くの顧客に広まるにつれて，量産を始める類型である。第2は，メーカー主導型のイノベーションであり，消費財メーカーによるイノベーションに見られる類型である。一般消費者が顧客（ユーザー）である場合，顧客自身がイノベーションを成し遂げる可能性は少ない。メーカーの方で色々なイノベーションの提案を行い，顧客の方がそれを受け入れていく類型である。第3は，未充足のニーズ触発型のイノベーションであり，医薬品産業などで見られる類型である。ガン治療薬のように，ニーズ自体は明確に知られていたとしても，科学の進歩が十分ではないため，未充足のままにとどまっていたニーズに対して，科学の進歩を適用してイノベーションを成し遂げる類型である。

表9-5 イノベーションをもたらすアイデア生成プロセスの3つの類型

類型	各種活動の連鎖			例
顧客主導型	顧客からの製品要求 →	別注の産業財 →	他者による採用	産業財
メーカー主導型	メーカーによるニーズ研究 →	アイデア・ジェネレーション →	アイデア・テスト	消費財
未充足の ニーズ触発型	よく知られた未充足のニーズ →	科学技術の進歩 →	技術進歩の組み込み	科学依存型 製品

〔出所〕 von Hippel [1982] p.421参照。

第6節　ま　と　め

　技術と制度のいずれか，あるいは双方に変化をもたらすのがイノベーションの本質である。たとえば，インターネットは通信技術や情報技術の進歩を適用して作りあげられたが，人々のあいだでのコミュニケーションの制度を劇的に変えたイノベーションでもある。こうしたイノベーションを生成させる要因には，思い，資源，情報，場などがある。

　社会あるいは企業において，思い，資源，情報，場などを活用してイノベーションを生み出す仕組みの特質を，オートポイエーシス（自己準拠）の面に見いだすことができる。ここで，オートポイエーシスとは，あるシステムの要素が，そのシステム自体に準拠して生成されることを意味し，あるシステム自体に基づいて，その要素が作り出されることから自己準拠（self‐reference）とも呼ばれる。競争をその本質とする資本主義経済社会というシステムの内在的特性に基づいて，より新たなビジネスを企てようとする企業家が生み出され，その企業家によってイノベーションが生み出される。要するに，オートポイエティックな資本主義経済社会のもとで，何としてでもイノベーションを達成しようとする思いが生み出され，そうした思いのもとに組織した企業システムの活動を通じて，企業の強みとしてのクリエイティブ・ルーティンが生成される。さらに，企業システムの諸活動を通じて，多様な技術が生成され，新たな動きを調整するための制度が生み出される。資本主義経済は，そうしたオートポイエーシスが作用する場であり，ダイナミックに変化する経済社会では，「隠れた足」が存在していて，従来と同じ取り組みしか行わない業者を業界から蹴り出そうとする働きが作用している。

　現代経済社会のもとでの企業経営戦略論を構想するうえで，イノベーションを実現させるための戦略はきわめて重要な役割を有している。

【注】
1) ボールディング[1970]では,「維持の維持」という概念を主張した。それは,ある状態を維持するだけではなく,そのような維持を行うシステムのあり方をさらに維持することが必要であるという考え方をいう。現代のように変化の激しい状況では,「維持の維持」活動の維持あるいは,その改善のために,さまざまなタイプのイノベーションが必要となってきていると思われる。ボールディング[1970]pp.116-117参照。
2) アシモフ[1992]では,400万B.C.における人類の二足歩行から,1991年のハイテク,情報戦争,1992年の持続可能な開発までの,科学と発見のイベントを記しているが,ここでは,400万B.C.における二足歩行から,1000B.C.における鉄の発明までの記述をまとめるのにとどめた。アシモフ[1992]pp.1-29参照。なお,そこで示された科学と発見を,技術に関するものと制度に関するものに区分したのは筆者の解釈によるものである。
3) シュンペーター[1977](上)pp.49-53, pp.180-185参照。シュンペーターによると,物を生産すると我々が言う場合,何ものかをゼロの状態から生み出すように響くが,たとえば自動車を生産する場合,生産するといっても何も真空から自動車を作るわけではない。鋼を用いて車体を作り,ゴムを用いてタイヤを作り,また繊維を用いてシートを作るというように,常に何か素材となるものがある。それを変形したり,組み合わせたりすることによってある製品を「生産」できる。その意味で生産するということは結合することである。そして,イノベーションとは,新しい仕方で生産を行うことであり,その意味で「新結合」がイノベーションの本質なのである。
4) クリステンセン[2001]においても組織がイノベーションを達成するのを可能にするものとして,資源,プロセス,価値基準の3つの要素を挙げている。言うまでもなく,ここでの資源は②資源に対応し,プロセスは④「場」の生成に対応する。そして価値基準は①思いと③情報に対応する(クリステンセン[2001]pp.220-224参照)。またVan de Ven[1986]では,イノベーションを生成する要素として,アイデア,人間,取引,コンテクストを挙げている。そこで,取引とは,取引を通じて②各種資源が確保されることを意味しており,アイデアに対応するのが③情報であり,人間に対応するのが①思いである。そして,コンテクストに対応するのが④「場」の生成であると考えられる。
5) Van de Ven et al.[2008]pp.ix-xiv参照。ミネソタ大学におけるミネソタ・イノベーション・プログラムでの研究の成果の概念がイノベーション・ジャーニーである。いかにして,なぜイノベーションがコンセプトから実現されるのかを明らかにしようとするものである。
6) ルーマン[1995](下)「第11章 自己準拠と合理性」参照。
7) Abernathy and Utterback[1982]pp.97-103参照。
8) ベネトン[1992]p.52参照,マントル[2000]p.51参照。
9) 一橋大学イノベーション研究センター[2001]pp.57-59参照。
10) クリステンセン[2001]pp.8-23, pp.36-57参照。
11) クリステンセン[2001]p.9, pp.13-23参照。
12) Cohen and Levinthal[1990]では,外部知識の徹底利用を可能にする能力がイノベーション能力の重要な要素であると見なし,その能力は,社内における既存の関連知識がどれ程あるかによって定まると見なしている。そうした社内での既存の関連知識が,新たな情報の価値を認識し,それを同化し,ビジネス上の結果を出すように応用するのを可能にするのであり,そうした能力を吸収能力(absorptive capacity)と呼んでいる。

参 考 文 献

Abernathy, William J. and James M. Utterback [1982] "Patterns of Industrial Innovation," in Michael L. Tushman and William L. Moore(eds.) *Readings in the Management of Innovation*, Pitman.

Abernathy, William J., Kim B. Clark and Alan M. Kantrow [1983] *Industrial Renaissance*, Basic Books.（W・J・アバナシー／K・B・クラーク／A・M・カントロウ [1984]（望月嘉幸監訳）『インダストリアル・ルネッサンス』TBSブリタニカ。）

Afuah, Allan [2004] *Business Models: A Strategic Management Approach*, McGraw-Hill.

Afuah, Allan [2009] *Strategic Innovation: New Game Strategies for Competitive Advantage*, Routledge.

Aldrich, Howard E. [1979] *Organizations and Environments*, Prentice-Hall.

Aldrich, Howard E. and David A. Whetten [1981] "Organization-sets, Action-sets, and Networks: Making the most of Simplicity," *Handbook of Organizational Design*, Oxford University Press.

Aldrich, Howard E. [1999] *Organizations Evolving*, Sage Publications.（H・E・オルドリッチ [2007]（若林直樹＋高瀬武典＋岸田民樹＋坂野友昭＋稲垣京輔訳）『組織進化論』東洋経済新報社。）

網倉久永・新宅純二郎 [2011]『経営戦略入門』日本経済新聞社。

Andrews, Kenneth R. [1980] *The Concept of Corporate Strategy*, Revised Edition, Richard D. Irwin.

Ansoff, H. Igor [1965] *Corporate Strategy*, McGraw-Hill.（H・I・アンソフ [1969]（広田寿亮訳）『企業戦略論』産業能率大学出版部。）

Ansoff, H. Igor [1978] *Strategic Management*, Macmillan.（H・I・アンソフ [1980]（中村元一訳）『戦略経営論』産業能率大学出版部。）

Ansoff, H. Igor [1984] *Implanting Strategic Management*, Prentice Hall.（H・I・アンソフ [1994]（中村元一＋黒田哲彦＋崔大龍訳）『戦略経営の実践原理』ダイヤモンド社）

青島矢一＋加藤俊彦 [2003]『競争戦略論』東洋経済新報社。

Argyris, Chris [1992] *On Organizational Learning*, Blackwell Publishing.

アリストテレス [1971]（高田三郎訳）『ニコマコス倫理学』(上)(下)岩波書店。

アリストテレス [1968]（出　隆・岩崎充胤訳）『アリストテレス全集3　自然学』岩波書店。

淺羽　茂 [1995]『競争と協力の戦略－業界標準をめぐる企業行動』有斐閣。

Ashford, Nicholas A., George R. Heaton Jr. and W. Curtiss Priest [1979] "Environmental, Health, and Safety Regulation and Technological Innovation," in Christopher T. Hill and James M. Utterback(eds.) *Technological Innovation for Dynamic Economy*, Pergamon Press.

Asimov, Isaac [1989] *Asimov's Chronology of Science and Discovery*, HarperCollins Publishers, Inc.（アイザック・アシモフ [1992]（小山慶太・輪湖　博訳）『アイザック・アシモフの科学と発見の年表』丸善）

Astley, W. Graham and Charles J. Fombrun [1983] "Collective Strategy: Social Ecology of Organizational Environments," *Academy of Management Review*, Vol.8, No.4.

Bamford, James D., Benjamin Gomes-Casseres, and Michael S. Robinson [2003] *Mastering Alliance Strategy*, Jossey-Bass.

Barnard, C. I.［1938］*The Functions of the Executives*, Harvard University Press.（C・I・バーナード［1956］（山本安次郎，田杉競，飯野春樹訳）『経営者の役割』ダイヤモンド社。）

Barney, Jay B.［2002］*Gaining and Sustaining Competitive Advantage*, Prentice Hall.（ジェイ・B・バーニー［2003］（岡田正大訳）『企業戦略論（上）基本編【競争優位の構築と持続】』ダイヤモンド社。）

Barras, Richard［1986］"Towards a Theory of Innovation in Services," *Research Policy* 15.

Barras, Richard［1990］"Interactive Innovation in Financial and Business Services: The Vanguard of the Service Revolution," *Research Policy* 19.

Baum, Joel A. C. and Bill McKelvey(eds.)［1999］*Variations in Organization Science: In Honor of Donald T. Campbell*, Sage Publications.

Bell, Daniel［1973］*The Coming of Post-Industrial Society: A Venture in Social Forecasting*, Basic Books.（ダニエル・ベル［1975］（内田忠夫・城塚登・馬場修一・村上泰亮・谷嶋喬四郎訳）『脱工業化社会の到来』ダイヤモンド社。）

Bell, Daniel［1976］*The Cultural Contradiction of Capitalism*, Basic Books Inc.（ダニエル・ベル［1976］（林雄二郎訳）『資本主義の文化的矛盾』（上）講談社学術文庫。）

ダニエル・ベル［1995］（山崎正和＋林雄二郎訳）『知識社会の衝撃』TBSブリタニカ。）

Benetton, Luciano［1990］*IO E I MIEI FRATELLI*, Sperling & Kupfer.（ルチアーノ・ベネトン［1992］[金子宣子訳]『ベネトン物語－革新的企業哲学はなぜ生まれたか』ダイヤモンド社。）

Boulding, K. E.［1958］*The Skills of the Economist*, Howard Allen Inc.（K・E・ボールディング［1964］（桜井欽一郎・桜井美智子訳）『経済学－その領域と方法』東洋経済新報社。）

Boulding, K. E.［1968］*Beyond Economics*, University of Michigan.（K・E・ボールディング［1970］（公文俊平訳）『経済学を超えて』竹内書店。）

Chandler Jr., Alfred D.［1977］*The Visible Hand: The Managerial Revolution in American Business*, The Belknap Press.（アルフレッド・D・チャンドラー Jr.［1979］（鳥羽欽一郎／小林袈裟治訳）『経営者の時代－アメリカ産業における近代企業の成立』東洋経済新報社。）

Chesbrough, Henry［2003］*Open Innovation: The New Imperative for Creating and Profiting from Technology*, Harvard Business School Press.（ヘンリー・チェスブロウ［2004］（大前恵一朗訳）『OPEN INNOVATION ハーバード流イノベーション戦略のすべて』産業能率大学出版部。）

Chesbrough, Henry［2006］*Open Business Models: How to Thrive in the New Innovation Landscape*, Harvard Business School Press.（ヘリー・チェブウ［2007］（栗原　潔訳）『オープンビジネスモデル』翔泳社。）

Chesbrough, Henry, Wim Vanhaverbeke, and Joel West(eds.)［2006］*Open Innovation: Researching a New Paradigm*, Oxford U. P.（ヘンリー・チェスブロウ（編）［2008］（長尾高弘訳）『オープンイノベーション－組織を超えたネットワークが成長を加速する』英治出版。）

Child, John and David Faulkner［1998］*Strategies of Co-operation: Managing Alliances, Networks, and Joint Ventures*, Oxford University Press.

Child, John, David Faulkner, and Stephen Tallman［2005］*Cooperative Strategy: Managing Alliance, Networks, and Joint Ventures*, Second Edition, Oxford University Press.

Christensen, Clayton M.［1997］*The Innovator's Dilemma: When New Technologies Cause Great Firms to Fail*, Harvard Business School Press.（クレイトン・クリステンセン［2001］（玉田俊平太監修／伊豆原　弓訳）『イノベーションのジレンマ』翔泳社。）

Coase, Ronald, H.［1988］*The Firm, The Market, and The Law*, The University of Chicago Press.（ロナルド・H・コース［1992］（宮沢健一・後藤　晃・藤垣芳文訳）『企業・市場・法』

東洋経済新報社。)
Cohen, Wesley M. and Daniel A. Levinthal [1990] "Absorptive Capacity: A New Perspective on Learning and Innovation," *Administrative Science Quarterly*, Vol. 35, No. 1.
Collins, James C. and Jerry I. Porras [1994] *Built to Last: Successful Habits of Visionary Companies*, Harper Business.(ジェームズ・C・コリンズ／ジェリー・I・ポラス [1995](山岡洋一訳)『ビジョナリーカンパニー－時代を超える生存の原則』日経BP出版センター。)
Collis, David J. and Cynthia A. Montgomery [1998] *Corporate Strategy: A Resource-Based Approach*, McGraw-Hill.(デビッド・J・コリス＋シンシア・A・モンゴメリー [2004](根来龍之＋蛭田 啓＋久保亮一訳)『資源ベースの経営戦略論』東洋経済新報社。)
Cusmano, Michael A. and Constantinos C. Markides(eds.) [2001] *Strategic Thinking for the Next Economy*, John Wiley & Sons.(マイケル・A・クスマノ＋コンスタンチノス・C・マルキデス(編) [2003](グロービス・マネジメント・インスティテュート訳)『MITスローン・スクール戦略論』東洋経済新報社。)
ダイヤモンド・ハーバード・ビジネス編集部 [1995]『未来創造企業の絶対優位戦略』ダイヤモンド社。
Drucker, Peter F. [1969] *The Age of Discontinuity*, Harper & Row.(P・F・ドラッカー [1969](林雄二郎訳)『断絶の時代－来たるべき知識社会の構想』ダイヤモンド社。)
Drucker, Peter F. [1973] *Management: Tasks, Responsibilities, Practices*, Harper & Row.(P・F・ドラッカー [1984](上田惇生訳)『マネジメント 課題, 責任, 実践』ダイヤモンド社。)
Drucker, Peter F. [1993] *Post-Capitalist Society*, Harper Business.(P・F・ドラッカー [1993](上田惇生・佐々木実智男・田代正美訳)『ポスト資本主義社会－21世紀の組織と人間はどう変わるか－』ダイヤモンド社。)
英『エコノミスト』編集部 [2012]『2050年の世界－英『エコノミスト』誌は予測する』文藝春秋。
Fayol, Henri [1916] *Administration Industrielle et Générale-Prévoyance, Organisation, Commandement, Coordination, Contrôle*, Bulletin de la Société de l'Industrie Minérale.(H・ファヨール [1972](佐々木恒男訳)『産業ならびに一般の管理』未来社。)
Foss, Nicol J.(ed.) [1997] *Resource, Firms and Strategies: A Reader in the Resource-Based Perspective*, Oxford University Press.
Freeman, Christopher [1987] *Technology Policy and Economic Performance*, Pinter Publishers(クリストファー・フリーマン [1989](大野喜久之輔監訳, 新田光重訳)『技術政策と経済パフォーマンス』晃洋書房。)
Freeman, Edward [1984] *Strategic Management: A Stakeholder Approach*, Pitman.
Freeman, Edward and John McVea [2001] "A Stakeholder Approach to Strategic Management," in Michael A. Hitt, R. Edward Freeman and Jeffrey S. Harrison(eds.) *The Blackwell Handbook of Strategic Management*, Blackwell.
Friedman, Thomas L. [2005] *The World Is Flat: A Brief History of the Twenty-first Century*, Picador.(トーマス・フリードマン [2008](伏見威蕃訳)『フラット化する世界』日本経済新聞社。)
藤本隆宏 [2004]『日本のもの造り哲学』日本経済新聞社。
藤本隆宏 [2003]『能力構築競争－日本の自動車産業はなぜ強いのか』中公新書。
藤本隆宏 [2013]『現場主義の競争戦略』新潮新書。
藤本隆宏・武石 彰・青島矢一(編) [2001]『ビジネス・アーキテクチャー製品・組織・プロセスの戦略的設計』有斐閣。

福島美明［1998］『サプライチェーン経営革命』日本経済新聞社。
Ghemawat, Pankaj［1999］*Strategy and the Business Landscape: Text and Cases*, Addison-Wesley.
Ghemawat, Pankaj［2001］*Strategy and the Business Landscape: Core Concepts*, Prentice Hall.（パンカジュ・ゲマワット［2002］（大柳正子訳）『競争戦略講義』東洋経済新報社。）
Ghemawat, Pankaj［2011］*World 3.0: Global Prosperity and How to Achieve it*, Harvard Business School Press.
Gilbert Jr., Daniel R., Edwin Hartman, John J. Mauriel, and R. Edward Freeman［1988］*A Logic for Strategy*, Ballinger Publishing.
Grant, Robert M.［1991］*Contemporary Strategy Analysis: Concepts, Techniques, Applications*, Blackwell Publishers.
Grant, Robert M.［1991］"The Resource-Based Theory of Competitive Advantage: Implications for Strategy Formulation," *California Management Review*, Vol.33, No.3.
Habermas J. and N. Luhmann［1971］*Theorie Der Gesellschaft oder Sozialtechnologie*, Suhrkamp Verlag.（J・ハーバーマス／N・ルーマン［1984］（佐藤嘉一・山口節郎・藤澤賢一郎訳）『批判理論と社会システム理論』（上）（下）木鐸社。）
Hamel, Gary［1991］"Competition for Competence and Inter-partner Learning within International Strategic Alliances", *Strategic Management Journal*, Vol.12 Summer.
Hamel, Gary and C.K. Prahalad［1994］*Competing for the Future*, Harvard Business School Press.（G・ハメル＆C・K・プラハラード［1995］（一條和生訳）『コア・コンピタンス経営－大競争時代を勝ち抜く戦略』日本経済新聞社。）
ハメル, ゲイリー＋イブ・L・ドーズ［2001］（和田正春訳）『競争優位のアライアンス戦略』ダイヤモンド社。（Yves L. Doz and Gary Hamel［1998］*Alliance Advantage: The Art of Creating Value through Partnering*, Harvard Business School Press.）
Hamel, Gary［2000］*Leading the Revolution*, Harvard Business School Press.（ゲイリー・ハメル［2001］（鈴木主税・福嶋俊造訳）『リーディング・ザ・レボリューション』日本経済新聞社。）
Hammer, Michael and James Champy［1993］*Reengineering the Corporation: A Manifesto for Business Revolution*, Collins Business Essentials.（M・ハマー＆J・チャンピー［1993］（野中郁次郎監訳）『リエンジニアリング革命－企業を根本から変える業務革新』日本経済新聞社。）
Harrigan, Kathryn Rudie［1985］*Joint Ventures, Alliances, and Corporate Strategy*, D. C. Heath and Company.
ハックス, アーノルドC＆ディーン・L・ワイルドⅡ［2003］「デルタモデル：激動の時代を勝ち抜くための適応型マネジメント」マイケル・A・クスマノ＋コンスタンチノス・C・マルキデス編『MITスローン・スクール戦略論』第5章所収, 東洋経済新報社。
Hax, Arnoldo C. and Dean L. Wilde Ⅱ［2001］*The Delta Project*, Palgrave Macmillan.（アーノルド・C・ハックス＆ディーン・L・ワイルドⅡ［2007］（池上重輔訳）『デルタモデル－ネットワーク時代の戦略フレームワーク』フアーストプレス。）
Hax, Arnoldo C.［2010］*The Delta Model: Reinventing Your Business Strategy*, Springer.
林 廣茂［2012］『AJINOMOTOグローバル競争戦略－東南アジア・欧米・BRICsに根づいた現地対応の市場開拓ストーリー』同文舘出版。
林雄二郎［1969］『情報化社会－ハードな社会からソフトな社会へ』講談社現代新書。
ヘーゲルⅢ, ジョン／マーク・シンガー［2000］「アンバンドリング：大企業が解体されるとき」『DIAMONDハーバード・ビジネス・レビュー』2000年4月号。
Helfat, Constance E., Sydney Finkelstein, Will Mitchell, Margaret A. Peteraf, Harbir Singh, David

J. Teece & Sydney G. Winter［2007］*Dynamic Capabilities: Understanding Strategic Change in Organizations*, Blackwell Publishing.（C・ヘルファット／S・フィンケルスティーン／W・ミッチェル／M・ペテラフ／H・シン／D・ティース／S・ウィンター［2010］（谷口和弘・蜂巣 旭・川西章弘訳）『ダイナミック・ケイパビリティ－組織の戦略変化』勁草書房。）
Hill, Christopher T.［1979］*Technological Innovation for a Dynamic Economy*, Pergamon Press.
廣田俊郎［1985］『技術の高度化と日本企業の戦略的対応』関西大学経済・政治研究所。
廣田俊郎［1988］「ソーシャル・イノベーションと経営戦略」『オフィス・オートメーション』Vol. 9, No. 2。
廣田俊郎［1992］「変革期の経営戦略－ソーシャル・イノベーション・アプローチ－」奥田幸助・大橋昭一・井上昭一（編）『現代の経営と管理』第6章所収，中央経済社。
廣田俊郎［1997］「日本のサービス産業企業の事業展開とサービス提供システムの解明」『商学論集』（関西大学）第42巻第3号。
廣田俊郎［2012］「企業の本質と経営戦略諸側面の基本的次元」『商学論集』（関西大学）第56巻第4号。
一橋大学イノベーション研究センター編［2001］『イノベーション・マネジメント入門』日本経済新聞社。
Hofer, Charles W. and Dan Schendel［1978］*Strategy Formulation: Analytical Concepts*, West Publishing.（C・W・ホファー／D・シェンデル［1981］（奥村昭博・榊原清則・野中郁次郎訳）『戦略策定－その理論と手法－』千倉書房。）
ホルト，エドウィン・B［2005］（本田 啓訳）「フロイト流の意図－意図の整理学，およびその統合」佐々木正人／三嶋博之編訳『生態心理学の構想－アフォーダンスのルーツと尖端』第3章所収，東京大学出版会。
HRインスティテュート［2001］『参画型経営戦略策定シナリオ』かんき出版。
Iansiti, Marco and Roy Levien［2004］*The Keystone Advantage: What the New Dynamics of Business Ecosystems Mean for Strategy, Innovation and Sustainability*, Harvard Business School Press.（マルコ・イアンシティ／ロイ・レビーン［2007］（杉本幸太郎訳）『キーストーン戦略－イノベーションを持続させるビジネス・エコシステム』翔泳社。）
一條和生＋徳岡晃一郎＋野中郁次郎［2010］『MBB：「思い」のマネジメント』東洋経済新報社。
今田高俊［1986］『自己組織性－社会理論の復活』創文社。
石井淳蔵・奥村昭博・加護野忠男・野中郁次郎［1985］『経営戦略論』有斐閣。
石井淳蔵・奥村昭博・加護野忠男・野中郁次郎［1996］『経営戦略論【新版】』有斐閣。
石井真一［2003］『企業間提携の戦略と組織』中央経済社。
伊丹敬之［1980］『経営戦略の論理』日本経済新聞社。
伊丹敬之［1984］『新・経営戦略の論理』日本経済新聞社。
伊丹敬之・加護野忠男［1989］『ゼミナール経営学入門』日本経済新聞社。
伊丹敬之・加護野忠男［1993］「三つの企業観－企業成長の物質観・情報観・エネルギー観」伊丹敬之・加護野忠男・伊藤元重編『日本の企業システム 第1巻 企業とは何か』有斐閣。
伊丹敬之［1999］『場のマネジメント－経営の新パラダイム』NTT出版。
伊丹敬之［2001］「企業という生き物－その様々な本質」『一橋ビジネスレビュー』第49巻第3号。
伊丹敬之・加護野忠男［2003］『ゼミナール経営学入門（第3版）』，日本経済新聞社。
伊丹敬之［2004］『経営戦略の論理（第3版）』日本経済新聞社。
伊丹敬之・軽部 大（編著）［2004］『見えざる資産の戦略と論理』日本経済新聞社。
伊藤秀史・沼上 幹・田中一弘・軽部 大（編）［2008］『現代の経営理論』有斐閣。
Jarzabkowski, Paula［2005］*Strategy as Practice: an Activity-based Approach*, Sage Publications.

加護野忠男・井上達彦［2004］『事業システム戦略−事業の仕組みと競争優位』有斐閣アルマ。
春日淳一［1984］『家族の経済社会学−パーソンズとルーマンにひきよせて』文眞堂。
春日淳一［2003］『貨幣論のルーマン−〈社会の経済〉講義』勁草書房。
勝西良典［2012］「カントの形式主義・厳格主義を擁護する−ビジネスの「倫理」のために−」中谷常二編『ビジネス倫理学読本』第4章所収，晃洋書房。
Kim, Chan W. and Renêe Mauborgne [2005] *Blue Ocean Strategy*, Harvard Business School Press.(W・チャン・キム＋レネ・モボルニュ［2005］（有賀裕子訳）『ブルー・オーシャン戦略』ランダムハウス講談社。)
Klein, Burton H. [1979] "The Slowdown in Productivity Advances: A Dynamic Explanation," in Christopher T. Hill and James M. Utterback(eds.) *Technological Innovation for Dynamic Economy*, Pergamon Press.
Kneer, Georg and Armin Nassehi [1993] *Niklas Luhmanns Theorie Sozialer Systeme*, Wilhelm Fink Verlag.（ゲオルク・クニール／アルミン・ナセヒ［1995］（舘野受男・池田貞夫・野﨑和義訳）『ルーマン　社会システム理論』新泉社。),
楠木　建［2010］『ストーリーとしての競争戦略−優れた戦略の条件』東洋経済新報社。
Kuznetz, Simon, S. [1953] *Economic Change: Selected Essays in Business Cycles, National Income and Economic Growth*, Greenwood Press.
Langlois, Richard N. [2003] "The Vanishing Hand: The Changing Dynamics of Industrial Capitalism," *Industrial and Corporate Change*, Vol.12, No.2.
Langlois, Richard N. and Paul Robertson [1995] *Firms, Markets and Economic Change: A Dynamic Theory of Business Institution*, Routledge.（リチャード・ラングロワ／ポール・ロバートソン［2004］（谷口和弘訳）『企業制度の理論−ケイパビリティ・取引費用・組織境界』NTT出版。)
Lawrence, Paul R. and Davis Dyer [1983] *Renewing American Industries*, Harvard Business School Press.
Levitt, T. [1960] "Marketing Myopia," *Harvard Business Review*, July − August.（セオドア・レビット［1993］（土岐　坤訳）「マーケティング近視眼」『DIAMONDハーバード・ビジネス』Feb.‐Mar.。)
Luhmann, Niklas [1964] *Funktionen und Folgen formaler Organisation*, Duncker & Humblot.（ニクラス・ルーマン［1992］（沢谷　豊・関口光春・長谷川幸一訳）『公式組織の機能とその派生的問題』(上)新泉社。)
Luhmann, Niklas [1968] *Zweckbegriff und Systemrationalität: Über die Funktion von Zwecken in sozialen Systemen*, Suhrkamp Taschenbuch Wissenschaft.（ニクラス・ルーマン［1990］（馬場靖雄・上村隆広訳）『目的概念とシステム合理性−社会システムにおける目的の機能について−』勁草書房。)
Luhmann, Niklas [1984] *Soziale Systeme: Grundriß einer allegemeinen Theorie*, Suhrkamp Verlag.（ニクラス・ルーマン［1993］［1995］（佐藤　勉監訳）『社会システム理論』(上)(下)恒星社厚生閣。)
Luhmann, Niklas [1988] *Die Wirtschaft der Gesellschaft*, Suhrkamp Verlag.（ニクラス・ルーマン［1991］（春日淳一訳）『社会の経済』文眞堂。)
Luhmann, Niklas [1997] *Die Gesellschaft der Gesellschaft*, Suhrkamp Verlag.（ニクラス・ルーマン［2009］（馬場靖雄／赤堀三郎／菅原謙／高橋徹訳）『社会の社会(1)』法政大学出版会。)
Luthans, Fred [1976] *Introduction to Management: A Contingency Approach*, McGraw-Hill.

MacIntyre, Alasdair [1981] *After Virtue - A Study in Moral Theory -*, University of Notre Dame Press.（A・マッキンタイア[1993]（篠﨑 榮訳）『美徳なき時代』みすず書房。）

Mantle, Jonathan [1999] *Benetton*, Blake Friedmann Literary.（ジョナサン・マントル[2000]（今野里美訳）『ベネトンの世紀』産業編集センター。）

March, J. G. & Simon, H. A. [1958] *Organizations*, John Wiley & Sons.（J・G・マーチ&H・A・サイモン[1977]（土屋守章訳）『オーガニゼーションズ』ダイヤモンド社。）

March, James G. [1991] "Exploration and Exploitation in Organizational Learning," *Organization Science*, Vol. 2, No. 1.

March, James G. and Herbert Simon [1993] *Organizations*, Second Edition, John Wiley & Sons.（ジェームズ・G・マーチ／ハーバート・サイモン[2014]（高橋伸夫訳）『オーガニゼーションズ』ダイヤモンド社。）

March, James G. [1999] *The Pursuit of Organizational Intelligence*, Blackwell.

丸山孫郎[1987]「セカンド・サイバネティクス－逸脱的増幅相互因果過程」北川敏男・伊藤重行（編）『システム思考の源流と発展』第4章所収,九州大学出版会。

松本和良[1989]『パーソンズの行為システム』恒星社厚生閣。

松本和良[1993]『組織体系の社会学』学文社。

Maturana, H. R. & F. J. Varela [1980] *Autopoiesis and Cognition: The Realization of the Living*, Reidel Publishing.（H・R・マトゥラーナ／F・J・ヴァレラ[1991]（河本英夫訳）『オートポイエーシス－生命システムとはなにか』国文社。）

マトゥラーナ,ウンベルト／フランシスコ・ヴァレラ[1987]（管啓次郎訳）『知恵の樹』朝日出版社。

Miles, Raymond E. and Charles C. Snow [1978] *Organizational Strategy, Structure, and Process*, McGraw-Hill.（R・E・マイルズ／C・C・スノー[1983]（土屋守章・内野崇・中野工訳）『戦略型経営－戦略選択の実践シナリオ』ダイヤモンド社。）

Mintzberg, Henry and James A. Waters [1982] "Tracking Strategy in an Entrepreneurial Firm," *Academy of Management Journal*, Vol. 25, No. 3.

Mintzberg, Henry and James A. Waters [1985] "Of Strategies, Deliberate and Emergent," *Strategic Management Journal*, Vol. 6, No. 3.

Mintzberg, Henry [1987] "The Strategy Concept I: Five Ps For Strategy," *California Management Review*, Vol. 30, No. 1.

Mintzberg, Henry, Bruce Ahlstrand, and Joseph Lampel [1998] *Strategy Safari: A Guided Tour Through the Wilds of Strategic Management*, The Free Press.（ヘンリー・ミンツバーグ／ブルース・アルストランド／ジョセフ・ランペル[1999]（齋藤嘉則監訳）『戦略サファリ 戦略マネジメント・ガイドブック』東洋経済新報社。）

見田宗介[1966]『価値意識の理論－欲望と道徳の社会学』弘文堂。

三谷宏治[2013]『経営戦略全史』ディスカヴァー・レボリューションズ。

Morris, Tom [1997] *If Aristotle Ran General Motors*, Henry Holt and Company.（トム・モリス[1998]（沢崎冬日訳）『アリストテレスがGMを経営したら』ダイヤモンド社）

村中知子[1996]『ルーマン理論の可能性』恒星社厚生閣。

長岡克行[1994]「企業組織の作動メカニズム」『岩波講座 社会科学の方法 X 社会システムと自己組織性』第5章所収,岩波書店。

長岡克行[2006]『ルーマン／社会の理論の革命』勁草書房。

ネイスビッツ,ジョン[1983]（竹村健一訳）『メガトレンド－10の社会潮流が近未来を決定づける』三笠書房。

ネイルバフ，B・J＆A・M・ブランデンバーガー［1997］（嶋津祐一・東田啓作訳）『コーペティション経営－ゲーム論がビジネスを変える』日本経済新聞社．(Brandenburger, Adam M. and Barry J. Nalebuff［1997］*Co-opetition,* Doubleday.)
中橋國藏［2005］『経営戦略論の発展』兵庫県立大学経済経営研究所．
中橋國藏［2005］「組織能力と個人知識」『オフィス・オートメーション』Vol.26, No.1．
中谷常二（編）［2012］『ビジネス倫理学読本』晃洋書房．
中野秀一郎［1999］『タルコット・パーソンズ－最後の近代主義者－』東信堂．
Nelson, Richard R. and Sidney G. Winter［1982］*An Evolutionary Theory of Economic Change,* Harvard University Press.（リチャード・R・ネルソン／シドニー・G・ウィンター［2007］（後藤晃／角南篤／田中辰雄訳）『経済変動の進化理論』慶應義塾大学出版会．）
西口敏宏［2009］『ネットワーク思考のすすめ－ネットセントリック時代の組織戦略』東洋経済新報社．
野間重光［2000］『グローバル時代の地域戦略』ミネルヴァ書房．
Norman, Richard and Rafael Ramirez［1994］*Designing Interactive Strategy: From Value Chain to Value Constellation,* John Wiley & Sons.
野中郁次郎［1985］『企業進化論』日本経済新聞社．
野中郁次郎［1990］『知識創造の経営』日本経済新聞社．
野中郁次郎＋竹内弘高［1996］（梅本勝博訳）『知識創造企業』日本経済新聞社．(Nonaka, Ikujiro and Hirotaka Takeuchi［1995］*The Knowledge-Creating Company: How Japanese Companies Create the Dynamics of Innovation,* Oxford University Press.)
野中郁次郎／紺野　登［1999］『知識経営のすすめ－ナレッジマネジメントとその時代』ちくま新書．
野中郁次郎・勝見　明［2004］『イノベーションの本質』日経BP社．
野中郁次郎・紺野　登［2007］『美徳の経営』NTT出版．
野中郁次郎・遠山亮子・平田透［2010］『流れを経営する－持続的イノベーション企業の動態理論』東洋経済新報社．
沼上　幹［2009］『経営戦略の思考法－時間展開・相互作用・ダイナミクス』日本経済新聞社．
小川卓也［1995］『戦略的提携－理論と実際』エルコ．
奥村惠一［1994］『現代企業を動かす経営理念』有斐閣．
OECD（編）［1974］（村井　仁訳）『イノベーション－技術革新成功の諸条件』通商産業調査会．
大澤真幸［1988］『行為の代数学－スペンサー＝ブラウンから社会システム論へ』青土社．
大滝精一・金井一頼・山田英夫・岩田　智［1997］『経営戦略－創造性と社会性の追求』有斐閣．
大森荘蔵ほか（編）［1986］『新 岩波講座 哲学 6 物質 生命 人間』岩波書店．
大山健太郎＋小川孔輔［1996］『メーカー・ベンダーのマーケティング戦略－製造・卸売一体化の効率経営』ダイヤモンド社．
Osterwalder, Alexander & Yves Pigneur［2010］*Business Model Generation,* John Wiley & Sons.（アレックス・オスターワルダー＆イブ・ピニュール［2012］（小山龍介訳）『ビジネスモデル・ジェネレーション ビジネスモデル設計書』翔泳社．
Parsons, Talcott［1937］*Structure of Social Action: A Study in Social Theory with Special Reference to A Group of Recent European Writers,* McGraw Hill.（T・パーソンズ［1976］（稲上毅・厚東洋輔訳）『社会的行為の構造』(1)木鐸社．）
Parsons, Talcott & Neil J. Smelser［1956］*Economy and Society,* Routledge and Kegan Paul Ltd.（T・パーソンズ＆N・J・スメルサー［1958］（富永健一訳）『経済と社会Ⅰ・Ⅱ』岩波書店．）
Parsons, Talcott［1956］"Suggestions for a Sociological Approach to the Theory of Organizations－

I," *Administrative Science Quarterly,* Vol. 1, No. 1.

Parsons, Talcott [1969] *Politics and Social Structure,* Free Press.（T・パーソンズ [1973]（新明正道監訳）『政治と社会構造』(上)誠信書房。）

Parsons, Talcott [1980]（間々田孝夫・友枝敏雄訳）「社会システム理論と組織理論」『現代社会学13』Vol.7, No.1。

Pascale, Richard T. [1984] "Perspectives on Strategy: The Real Story Behind Honda's Success," *California Management Review,* Vol.26, No.3.

Penrose, Edith T. [1959] *The Theory of the Growth of the Firm,* Basil Blackwell.（E・T・ペンローズ [1962]（末松玄六訳）『会社成長の理論』ダイヤモンド社。）

Peters, Thomas J. and Robert H. Waterman Jr. [1982] *In Search of Excellence: Lessons from America's Best-Run Companies,* Harper & Row.（T・J・ピーターズ／R・H・ウォータマン [1983]（大前研一訳）『エクセレントカンパニー－超優良企業の条件』講談社。）

Pfeffer, Jeffrey & Gerald R. Salancik [1978] *The External Control of Organizations: A Resource Dependence Perspective,* Harper & Row.

Polanyi, Michael [1966] *The Tacit Dimension,* Routledge & Kegan Paul Ltd.（マイケル・ポラニー [1980]（佐藤敬三訳）『暗黙知の次元』紀伊國屋書店。）

Porter, Michael E. [1980] *Competitive Strategy,* The Free Press.（M・E・ポーター [1980]（土岐　坤・中辻萬治・服部照夫訳）『競争の戦略』ダイヤモンド社。）

Porter, Michael E. [1985] *Competitive Advantage,* The Free Press.（M・E・ポーター [1985]（土岐　坤・中辻萬治・小野寺武夫訳）『競争優位の戦略』ダイヤモンド社。）

Porter, Michael E. [1990] *The Competitive Advantage of Nations,* The Free Press.（M・E・ポーター [1992]（土岐　坤・中辻萬治・小野寺武夫・戸成富美子訳）『国の競争優位』(上)(下)ダイヤモンド社。）

ロールズ，ジョン [1979]（田中成明・深田三徳・岩井正博・守屋　明・平野仁彦訳『公正としての正義』木鐸社。

Reich, Robert B. [2007] *Supercapitalism: The Transformation of Business, Democracy, and Everyday Life,* Random House Inc.（ロバート・B・ライシュ [2008]（雨宮　寛／今井章子訳）『暴走する資本主義』東洋経済新報社。）

Ritzer, George [2004] *The McDonalization of Society,* Pine Forge Press.（ジョージ・リッツア [2008]（正岡寛司訳）『マクドナルド化した社会－果てしなき合理化のゆくえ』早稲田大学出版部。）

榊原清則 [1992]『企業ドメインの戦略論』中公新書。

Saloner, Garth, Andrea Shepard and Joel Podolney [2001] *Strategic Management,* John Wiley & Sons.（ガース・サローナー／アンドレア・シェパード／ジョエル・ポドルニー [2002]（石倉洋子訳）『戦略経営論』東洋経済新報社）

佐々木利廣 [1990]『現代組織の構図と戦略』中央経済社。

佐々木正人 [2008]『アフォーダンス入門－知性はどこに生まれるか』講談社学術文庫。

Schumpeter, Joseph A. [1912] *Theorie der wirtschaftlichen Entwicklung,.* Dunker & Humblot.（シュンペーター [1977]（塩野谷祐一・中山伊知郎・東畑精一訳）『経済発展の理論』(上)(下)岩波文庫。）

Scott, Richard W. [1981] *Organizations: Rational, Natural, and Open Systems,* Prentice Hall.

社会経済生産性本部(編) [2004]『ミッション・経営理念【社訓社是　第4版】有力企業983社の企業理念・行動指針』生産性出版。

新宅純二郎・淺羽　茂（編）［1997］『競争戦略のダイナミズム』日本経済新聞社。
塩野谷祐一［2009］『エッセー　正・徳・善　－経済を「投企」する－』ミネルヴァ書房。
塩野谷祐一［2009］『経済哲学原理－解釈学的接近』東京大学出版会。
Simon, Herbert A.［1960］*The New Science of Management Decision,* Prentice-Hall.（ハーバート・A・サイモン［1979］（稲葉元吉・倉井武夫訳）『意思決定の科学』産業能率大学出版部）
Simon, Herbert A.［1945］*Administrative Behavior: A Study of Decision-Making Process in Administrative Organization,* Macmillan.（ハーバート・A・サイモン［1965］（松田武彦・高柳暁・二村敏子訳）『経営行動』ダイヤモンド社。）
Simon, Herbert A.［1997］*Administrative Behavior: A Study of Decision－Making Processes in Administrative Organizations,* Fourth Edition, Free Press.（ハーバート・A・サイモン［2008］（二村敏子＋桑田耕太郎＋高尾義明＋西脇暢子＋高柳美香訳）『［新版］経営行動』ダイヤモンド社。）
Simon, Herbert A., Donald W. Smithburg, and Victor Thompson［1950］*Public Administration,* Alfred A. Knopf, Inc.（H・A・サイモン／D・W・スミスバーグ／V・A・トンプソン［1977］（岡本康雄・河合忠彦・増田孝治訳）『組織と管理の基礎理論』ダイヤモンド社。）
Spencer-Brown［1969］*Laws of Form,* George Allen and Unwin Ltd.（G・スペンサー＝ブラウン［1987］『形式の法則』朝日出版社。）
Slywotzky, Adrian J. and David J. Morrison［1997］*The Profit Zone,* Time Books.（スライウォツキー，エイドリアン・J＆　デイビッド・J・モリソン［1999］（恩藏直人・石塚浩訳）『プロフィット・ゾーン経営戦略』ダイヤモンド社。）
Stabell, Charles B. and Øystein D. Fjeldstad［1998］"Configuring Value for Competitive Advantage: On Chains, Shops, and Networks," *Strategic Management Journal,* Vol. 19, No. 5.
Stalk Jr. George and Thomas M. Hout［1990］*Competing Against Time,* Free Press.（ジョージ・ストーク Jr.／トーマス・M・ハウト［1993］（中辻萬治・川口恵一訳）『タイムベース競争戦略－競争優位の新たな源泉…時間』ダイヤモンド社。）
Stern, Carl W. and George Stalk Jr.(eds.)［1998］*Perspectives on Strategy from the Boston Consulting Group,* Wiley & Sons Inc.
武石　彰・青島矢一・軽部　大［2012］『イノベーションの理由－資源動員の創造的正当化』有斐閣。
竹内弘高・楠木　建［2007］『イノベーションを生み出す力』ゴマブックス。
田中朋弘・柘植尚則(編)［2004］『ビジネス倫理学　哲学的アプローチ』ナカニシヤ出版。
谷口和弘［2006］『企業の境界と組織アーキテクチャ　企業制度論序説』NTT出版。
谷口和弘［2006］『戦略の実学　際立つ個人・際立つ企業』NTT出版。
Teece, David J., Gary Pisano and Amy Shuen［1997］"Dynamic Capabilities and Strategic Management," *Strategic Management Journal,* Vol. 18, No. 7.
Teece, David J.［2007］"Explicating Dynamic Capabilities: The Nature and Microfoundations of (Sustainable) Enterprise Performance," *Strategic Management Journal,* Vol. 28, No. 13.
ティース，デビット・J［2010］「ダイナミック・ケイパビリティの解明」渡部直樹(編著)『ケイパビリティの組織論・戦略論』第1章所収, 中央経済社。
Thompson, James D.［1967］*Organizations in Action: Social Science Base of Administrative Theory,* McGraw-Hill.（ジェームス・D・トンプソン［2012］（大月博司・廣田俊郎訳）『行為する組織－組織と管理の理論についての社会科学的基盤』同文舘出版。）
友枝敏雄［1986］「相互行為論と社会システム論」『新　岩波講座 哲学 11 社会と歴史』岩波書店。
月泉　博［2004］『よくわかる流通業界』日本実業出版社。

Tushman, Michael L. and Charles A. O'Reilly Ⅲ [1997] *Winning Through Innovation*, Harvard Business School Press.（M・L・タッシュマン／C・A・オーライリーⅢ [1997]（斎藤彰悟監訳　平野和子訳）『競争優位のイノベーション－組織変革と再生への実践ガイド』ダイヤモンド社。

占部都美・坂下昭宣 [1975]『近代組織論〔Ⅱ〕マーチ＝サイモン』白桃書房。

牛丸　元 [2007]『企業間アライアンスの理論と実証』同文館出版。

Van de Ven, Andrew H., Douglas E. Polley, Raghu Garud, and Sankaran Venkataraman [2008] *The Innovation Journey*, Oxford University Press.

Veblen, Thorstein [1904] *The Theory of Business Enterprise*, New Brunswick.（T・ヴェブレン [1965]（小原敬士訳）『企業の理論』勁草書房。）

Vernon, Raymond [1966] "International Investment and International Trade in the Product Cycle," *Quarterly Journal of Economics*, Vol. 80, No. 2.

von Hippel [1982] "Successful Industrial Products from Customer Ideas," Michael L. Tushman and William L. Moore (eds.) *Readings in the Management of Innovation*, Pitman Publishing Inc.

若林直樹 [2009]『ネットワーク組織－社会ネットワーク論からの新しい組織像』有斐閣。

渡部直樹(編著) [2010]『ケイパビリティの組織論・戦略論』中央経済社。

Weick, Karl E. [1979] *The Social Psychology of Organizing 2nd Edition*, Addison-Wesley.（K・E・ワイク [1997]（遠田雄志訳）『組織化の社会心理学』文眞堂。）

Whittington, Richard [1993] *What is Strategy and does it matter?*, Routledge.（R・ウィッティントン [2008]（須田敏子／原田順子訳）『戦略とは何か？』慶應義塾大学出版会。）

Williamson, Oliver E. [1975] *Markets and Hierarchies*, The Free Press.（オリバー・E・ウィリアムソン [1980]（浅沼萬里・岩崎　晃訳）『市場と企業組織』日本評論社。）

安室憲一(編著) [2007]『ケースブック－ビジネスモデル・シンキング』文眞堂。

山田英夫 [2012]『なぜ，あの会社は儲かるのか？』日本経済新聞社。

山口義久 [2001]『アリストテレス入門』ちくま新書。

山本安次郎・加藤勝康(編著) [1982]『経営学原論』文眞堂。

安田洋史 [2006]『競争環境における戦略的提携－その理論と実践』NTT出版。

吉田民人 [1974]「社会システム論における情報－資源処理パラダイムの構想」『現代社会学　1』Vol. 1, No. 1。

吉田民人 [1974]「社会体系の一般変動理論」青井和夫編『社会学講座　Ⅰ理論社会学』東京大学出版会。

吉田民人 [1990]『情報と自己組織性の理論』東京大学出版会。

Yoshino, Michael Y. and U. Srinivasa Rangan [1995] *Strategic Alliances: An Entrepreneurial Approach to Globalization*, Harvard University Press.

索　引

〔アルファベット〕

ABC管理 …………………………………… 211
AGIL …………………………………… 9-11, 21, 48
BCG ……………………………………… 91, 134
CRM ………………………………………… 162
EDI ………………………… 45, 181, 187, 188, 206
FSP ………………………………………… 210
M&A ………………………………… 93, 94, 136-138
MBAマトリックス ………………………… 189
PEST分析 ……………………………………… 64-65
PPM …………………………………………… 91, 92
QR …………………………………………… 206
SCM ………………………………………… 205
SRI（社会的責任投資） …………………… 106
SWOT分析 ……………………………… 70, 71, 89
VRIO ……………………………………… 130, 152
World 3.0 ………………………………… 50, 52

〔あ行〕

アーキテクチャ ……………………… 158, 160, 161
アーキテクチュラル・イノベーション … 231, 232
アート ……………………………………… 117, 119
アイデア ……………… 8, 227, 229, 236-238, 240
アイデンティティ ………………………… 82, 95
アウトソーシング ………………… 14, 78, 94, 95
アクション ………………… 28, 44, 56, 94, 178, 214
アバナシー（Abernathy）… 228, 230, 231, 233, 240
アファー（Afuah）………… 4, 195-198, 200,
　　　　　　　　　　　　　　　　203, 211, 212
アフォーダンス …………………………… 56-58, 71
アブダクション …………………………… 118
アライアンス ………………… 37, 136, 169-190
アライアンス・コンステレーション
　　　　　　　　　　　…………… 183, 187, 188
アリストテレス ……… 7, 98, 102, 103, 116, 117
アンソフ ……… 6, 25, 28, 40, 49, 66, 84, 124, 130, 135

アンバンドリング ……………………… 206-207
暗黙知 ……………………………… 114, 115, 221
意思決定 ………… 4-7, 20, 23, 33, 25, 84, 113, 142
意思決定前提 …………………………………… 5, 8
異種共生 ………………………………… 185-188, 191
伊丹敬之 ……………… 7, 17, 24, 67, 122, 123, 135, 144
5つの競争諸力 ……… 146, 147, 148, 149, 150, 166
意図した戦略 ……………………………… 30, 31
イノベーション …… 18, 39, 46, 65, 135, 142, 156,
　　　　　　　　　　163, 180, 206, 217-240
イノベーション・ジャーニー ……… 220, 224, 240
意味次元 …… 43, 45, 48, 84, 85, 162-164, 168, 219
インクリメンタル ………………… 29, 135, 180, 227
インセンティブ …………………………… 8, 142, 224
インターネット …… 51, 52, 65, 171, 172, 206, 222
インターフェース ………… 38, 161, 184, 193-195
インプット ……………… 21, 67, 124, 178, 186, 200, 202
インフラ管理業務 ………………………… 206-208
右脳 ………………………………………… 108
売り手 …………………………………… 147, 148
エージェンシー ………………………… 142, 212
エクセレント・カンパニー
　　　　　　　　　　…… 76, 107-110, 113, 119
オートポイエーシス（自己準拠）… 48, 96, 168, 239
オートポイエティック（自己準拠的）…… 223, 239
オープン・イノベーション …… 45, 142, 235, 236
思い ………………………… 8, 114, 220-222, 226, 239
オルドリッチ（Aldrich）………… 57, 72, 178, 192

〔か行〕

買い手 …………………………… 54, 57, 147-150, 232
外部経済 ……………………………………… 82, 83
外部的動機 ………………………………… 170
外部評価 …………………………………… 28
科学的管理法 ……………………………… 115
学習 ……………… 17, 18, 23, 82, 140, 176, 180-183
隠れた足（hidden foot）………………… 225

253

加護野忠男 …… 7, 17, 24, 88, 122, 123, 213, 215, 216	企業買収（M＆A）……………………… 92, 93, 95
価値概念 ………………… 98, 100−103, 106−107, 119	企業目的 ……………………… 4, 5, 105, 106, 111
価値獲得 ……………………… 4, 144, 182, 200, 203	帰結主義 …………………………………………… 100
価値観 ……………… 29, 65, 108−111, 116, 119, 214	技術的機会 …………………………… 140, 237, 238
価値基準 ………………………………… 27, 35, 97, 240	技術的適合度 ……………………………… 142, 143
価値規範 …………………………………………… 105, 106	技術変化 ………………………… 15, 22, 170, 180
価値前提 …………………………………………………… 5	技術力 ……………… 8, 45, 77, 86, 128, 150, 162, 171
価値創造 …… 4, 81, 151, 182, 193−196, 199−204	稀少性 ……………………………… 127, 130, 132, 143
価値連鎖（value chain）…………… 151, 152, 168	規制 ……………… 15, 52, 64, 67, 70, 164, 213, 223
活動システム ………………………… 52, 53, 153, 154	機能の定義 ……………………………………… 88, 89
合併 ……………………………………………… 63, 83, 93	機能要件 ………………………………………… 9−11
金のなる木 …………………………………………… 91, 92	規模の経済 …… 17, 83, 149, 157, 165, 207, 235
ガバナンス ……………………………… 16, 142, 175, 182	基本目的 …………… 2−4, 8, 9, 11, 25, 34, 105, 170, 222
可変性 ……………………………………………… 122, 123	義務論 …………………………………………………… 101
カルチャー ……………………………………………… 8, 144	逆プロダクトサイクル ……………………… 230, 231
川上統合 ………………………………………………… 163	キャッシュフロー ……………………………… 8, 92
川下統合 ………………………………………………… 163	吸収能力 …………………………………………… 236, 240
環境対応活動 ……………………………………… 21, 22	脅威 …………………………………… 70, 89, 146, 147
環境の乱気流 …………………………………………… 50	業界構造分析 …………………………………………… 146
環境不確実性 …………………………………… 80−82	境界連結活動 ……………………………………………… 21
関係市場分析 ……………………………………………… 67	供給 …………… 54, 72, 78, 91, 148, 164, 178, 213, 223, 237
感性 …………………………………………… 98, 99, 119	供給業者 ……………………………… 57, 67, 147, 148, 206
官僚制 ……………………………………………………… 117	競争業者 ………………………… 69, 70, 146, 147, 149, 165
関連支援産業 …………………………………………… 155, 166	競争戦略 ……………… 33, 37, 145, 146, 148−156, 167
消える手 ………………………………………………… 236	競争ポジション ……………………………………… 195, 196
機会 ………… 28, 29, 34, 41, 49, 70, 77, 78, 89, 140−142, 182, 237, 238	競争優位 …… 38, 77, 80, 126, 130, 138, 145, 156, 163
	協調 ……………………………………………………… 165, 196
機会主義 ……………………………………………………… 78	脅迫システム …………………………………………… 174
企業外部側面 …………… 77, 151, 155, 156, 164−167	業務の意思決定 ……………………………… 6, 7, 20, 33
企業家精神 ……………………………………… 109, 110, 132	国の競争優位 …………………………………………… 155, 167
企業活動領域 ……………………………………… 52, 53, 73, 84	国のダイヤモンド ……………………………… 156, 166, 167
企業環境 …… 34, 39, 40, 49, 50, 56, 63, 95, 106, 145	区別 ……………………………………………………… 94, 95
企業経営者 ……………………………………………………… 79	クライアント ……………… 81, 99, 199, 201, 203−205
企業経営戦略論 ……………………………………… 47, 239	グラント（Grant）……………………………… 125, 133, 144
企業生態系（ビジネス・エコシステム）… 68, 141	クリエイティブ・ルーティン ……………………… 223
企業成長の達成 …………………………………… 3, 34, 36	クリステンセン（Christensen）……… 233, 235, 240
企業戦略トライアングル ……………………………… 138	グローバル化 ……………… 50, 52, 53, 145, 170, 190
企業特異性 ……………………………………………… 122, 123	クロス・ライセンス ……………………………………… 173
企業ドメイン ……………………………………… 35, 45, 73−96	経営環境 ……………………………………… 54−58, 62, 80
企業内コア活動 ……………………………………………… 21	経営環境変化 ……………………………………… 75, 80, 195
企業内部側面 …………………… 77, 156, 164−167, 198	経営管理活動 …………………………………………… 20, 21

254

経営資源	11, 36, 121-141, 154, 208
経営資源展開	133-138
経営資源ベース	38, 75, 76, 133, 193
経営能力	124, 132, 133
経営理念	13, 35, 76, 97, 98, 105-107
計画的戦略形成プロセス	28, 29, 31
経験曲線	134, 149
経験効果	133, 134
経験論	114
経済社会	1, 2, 18, 43, 50, 51, 64, 218
経済社会環境	21, 49, 50, 52, 53, 64-66
経済循環	2
経済的価値	127, 130, 132, 152, 158
形式知	114, 115
形相因	7, 8
形態維持活動	22
形態生成活動	22
ケイパビリティ	144, 152, 154
経路依存性	129, 130, 132, 140, 142
ゲマワット（Ghemawat）	50, 153, 154, 163, 168
ゲームの理論	177
現状維持活動	22, 23
現象学	41, 42, 48, 216
現状変革活動	22, 23
限定された合理性	55, 78
現場諸活動	20, 21
賢慮（フロネシス）	104, 116-118
コア活動プロセス	38, 194, 197, 198, 205, 206
コア・コンピタンス	40, 144, 216
行為	5, 15, 18, 56, 94, 95, 101, 125, 173-175, 237
ゴーイング・コンサーン	17
コーペティション経営	165-167
交換システム	174
交互変換	10, 21
交渉力	83, 147, 148, 182
構築的革新	231-233
工程イノベーション	226-228, 230, 231
合弁	171, 173
功利主義	100, 101, 103
合理論	114
顧客価値	39, 45, 161, 195-198, 209, 210

顧客セグメント	196-198
顧客ソリューション戦略	157-162, 167
顧客ターゲティング	160, 161
顧客の創造	46
顧客満足	8, 44-46, 145, 162
顧客ロイヤルティ	159, 164, 210
コスト削減	134, 137, 149
コストダウン	43, 83, 134, 149, 210, 212, 225, 227
コスト・ドライバー	160, 161, 211
コスト・リーダーシップ戦略	148, 149, 157, 162
コミットメント	11, 13, 141, 153, 154, 167
コミュニケーション	27, 42, 48, 162, 198, 216, 239
コモディティ	82, 93
コリンズ（Collins）	96, 110-112
コンセプト	75, 114, 221, 226, 240
コンテクスト	114, 117, 118, 240
コンドラティエフの長期波動	50
コンピタンス	124, 125, 139, 177, 189
コンプライアンス	15

〔さ行〕

策略（プロイ）	59
指し示し	94-96
サービス・イノベーション	230, 231
サプライチェーン	8, 205, 206
差別化戦略	149, 150, 157, 162, 212
産業	4, 180, 184, 207
産業基盤	155
産業収益性分析	90
参入障壁	146, 208
シージング	141, 142
支援活動	20, 151, 152, 200, 202, 205
時間次元	44, 87, 88, 102, 106, 113, 163, 219
事業	4, 32, 33, 53, 73, 91-93, 138, 145
事業戦略	32, 33, 111
資源	11, 54, 57, 121-144, 152-155
資源依存性	57, 58, 60, 61, 63
資源依存論	176
資源動員	11, 12
資源ベース視角	36, 121, 152, 153

資源ベース論	176	職能別戦略	32, 33
試行錯誤	29, 59, 61, 62, 108, 203, 221, 224	進化	44-48, 116, 164, 166, 168
自己準拠	19, 22, 40, 48, 96, 168, 222	進化的適合度	143
事実前提	5	進化論プロセス	26-28, 112
事実上の業界標準	158	新規参入の脅威	146, 147
市場シェア	90-92, 134, 147, 157	新規事業創造	88, 167
市場成長率	91, 92	新機軸	217
市場セグメント	35, 45, 141, 150, 162, 195, 196	シングル・ループ学習	23
市場取引	14, 67, 77, 78, 175, 189	新結合	219, 240
市場ニーズ	163, 225, 237, 238	深耕可能性	45, 88
システム	9, 19, 40, 179, 184, 193, 216, 221	真・善・美	98, 119
システム観	19-22, 40, 193	人的資源	11, 34, 122, 152
システム・ロックイン戦略	157-161	進歩への意欲	111
持続可能性	44, 46, 128, 132, 215	心理的エネルギー	7-9, 56-58, 171-173
持続的イノベーション	233, 234	衰退期	82, 93
持続的競争優位	130, 138, 163, 164	垂直統合	81, 92, 181, 207, 235
実現された戦略	30, 31	スイッチング・コスト	159, 164
実践	109, 110, 113, 114	スキル	17, 124-126, 130-132, 177
実践知（フロネシス）	104, 116	スター（花形）	91, 92
実践的推論	117, 118	スタッフ	31, 109, 124, 172, 225
質料因	7, 8	ステークホルダー	15, 16, 48, 69
シナジー	95, 134, 135, 190	ステークホルダー分析	69
支配的地位	157	スピードの経済	45, 83, 84, 207, 208
事物次元	43, 48, 85, 86, 100, 163, 168, 219	スピンオフ	235
資本市場	67, 156	生活世界	212, 216
社会的次元	44, 86, 87, 101, 163, 168	正義論	101
収益性の向上	3, 4, 34, 105, 170, 194, 222	正・徳・善	103, 105
収益率	146	成果主義	116
集塊型集団	186-188	生産活動	7, 12, 21, 32, 78, 80, 86, 122, 188
集中型テクノロジー	81, 199, 203, 205	政治的プロセス	118
集中戦略	149, 150	成熟期	82, 93, 190
主活動	20, 151, 152, 200-204	成長期	66, 82, 93, 190
熟練労働	122, 123	成長ベクトル	84, 85, 95
需要	155, 164, 178, 213, 223	制度	15, 50, 64, 67, 100, 103, 140, 213, 218, 219
シュンペーター	102, 132, 219, 222	正統化	11-13
ジョイント・ベンチャー	173, 183, 195	制度変化	15, 22
状況把握	56	製品イノベーション	226-228, 230, 231, 234
少数性	78	製品コンセプト	8, 96, 204, 226
情報	8, 17, 55-58, 122, 131, 181, 204, 223	製品差別化	146
情報的経営資源	122, 144	製品-市場範囲	84, 85
情報不確実性	57, 58, 60-63	製品設計情報	12

製品ポートフォリオ・マネジメント	91
製品ライフサイクル	93, 170, 190
製法イノベーション	180
接合型集団	186-188
ゼロサム・ゲーム	177
善	98-100, 102-104, 117, 118
全社戦略	32, 33
センシング	141, 142
先発者利益	84, 159
全般管理	130-132, 151, 152, 202, 205
専有可能性	45, 128-130
戦略オプション	157-161
戦略形成	25-27, 34-39, 49, 56, 57, 59-62
戦略形成プロセス	26-32
戦略策定	29, 31
戦略的意思決定	6, 7, 20, 33
戦略的対応	52, 53, 57, 58, 63
戦略的動機	38, 170, 192
戦略的ポジショニング	74, 80, 196
戦略的問題	26, 41, 42, 190
戦略の5P	59, 60
戦略ポジション	158-161
相乗効果（シナジー）	134, 135, 137
創発的	30, 31, 48, 61
創発的戦略形成プロセス	28-31
組織学習	82, 180
組織間学習論	176, 177
組織間関係	68, 69, 177-179
組織間関係論	177, 178
組織間調整	176-179
組織成員	8, 10-13, 17, 44, 98, 114, 117, 126
組織セット	178, 179
組織能力	36, 124-127, 129-133, 154, 196-198
組織文化	115, 128, 132, 152, 164
組織ルーティン	125, 126, 129, 140

〔た行〕

ターゲット	74, 87, 141, 149, 150, 157, 183
代替製品	147
タイト・カップリング	30, 31, 178, 179
タイムベース競争戦略	45, 163
多角化	28, 29, 32, 33, 92, 93, 235
卓越性	45, 98, 99, 117, 153
脱成熟化	233
ダブル・ループ学習	23
探索（exploration）	41, 120, 141, 217, 224, 226
知識経済化	51
知識創造経営	113-116
チャンドラー	109, 110, 235, 236
調整	125, 126, 132, 139, 151, 178, 207, 236
長連結型テクノロジー	199, 200
強み	53, 70, 75, 89, 169, 193
ティース（Teece）	139, 141, 142
テイラー	109, 115
提携	37-39, 68, 69, 136, 169-191, 195, 236
提携戦略	169, 185, 190
テクノロジー	73, 80, 199, 200, 203, 207
テクノロジー・プッシュ	223
デザイン	8, 33, 94, 119, 199, 202, 216
デファクト・スタンダード	84, 159, 161, 163
デマンド・プル	223
デルタモデル競争戦略論	156
動機づけ	11, 12, 14, 56, 108
統合システム	174
投資	4, 16, 17, 132, 141, 154
同種共生	185-187, 192
導入期	93, 190
動力因	7, 8
徳	102-106, 113
独自能力	22, 136
特別利潤	222
ドミナント・デザイン	159, 163, 227, 228
ドメイン・コンセンサス	79, 80
ドメインの定義	35, 96
ドラッカー	18, 24, 46, 51
取引企業	44, 197, 198, 205, 206, 209
取引費用	77-80
トレードオフ	41, 177, 207
トンプソン	20, 21, 92, 199

〔な行〕

内部評価	28

内部的動機	38, 170
ニーズ	62, 150, 157, 223, 226, 237, 238
ニッチ	232
人間関係論	109, 115
忍耐の経済	221
ネットワーク外部性	141, 203
ノウハウ	94, 121, 122, 142, 172, 176
能力プロフィール	130, 131, 132
野中郁次郎	72, 88, 96, 113 – 120, 135, 221, 223, 226

〔は行〕

場	124, 144, 224 – 226
パースペクティブ	59 – 63, 114
パーソンズ（Parsons）	3 – 5, 9 – 13, 48
パートナー	169, 180, 182, 190, 197, 198
バーナード	10, 65, 109, 115
バーニー（Barney）	130, 152
媒介型テクノロジー	199, 200, 207
破壊的イノベーション	233, 234, 235
パス	139 – 141
パターン	59 – 62
ハックス（Hax）	156, 157, 161, 168
花形	91, 92, 208
ハメル（Hamel）	153, 177, 191, 194, 198, 216
バラス（Barras）	230, 231
パラダイム	24, 50, 59, 180
バリューショップ	199, 203, 204, 215
バリューチェーン	20, 151 – 153, 166, 199, 200
バリューネットワーク	199 – 203, 215
パワー	9 – 11, 124, 174 – 176
範囲の経済	83, 170, 207, 235
汎用性	122, 123, 132
美	98, 99, 106, 113, 119
ピーターズ（Peters）	76, 107 – 109, 113, 117, 120
ビジネス・エコシステム	68, 72, 188
ビジネスプロセス	160, 161, 198 – 200, 203, 205
ビジネスモデル	38, 142, 193 – 198, 212
ビジネスモデル革新	205, 206, 208, 209, 212
ビジネス・ランドスケープ分析	49, 90
ビジョナリー・カンパニー	110 – 113, 120
ビジョン	6, 35, 80, 97, 98, 105 – 107, 138
美徳の経営	115 – 119
評価	27 – 29, 202, 204
評価基準	27, 214
標準業務手続き	6, 7
付加価値	90
不確実性	6, 17, 18, 25, 49, 68, 73, 176, 179
物の資源	16, 34, 122
部分的無知	6, 7, 25, 33
物理的定義	88, 89
プラットフォーム・リーダー	184, 187, 188
プラットフォーム	68, 161, 184, 185, 187
プラン	59, 60, 61
ブランド	36, 44, 74, 123, 164, 171, 173, 196
ブルーオーシャン戦略	214
ブレイクスルー	219, 223
プロイ	59, 60, 133
プログラム	6, 7, 125, 202, 240
プロセス	25 – 27, 29, 31, 112, 140 – 142, 238
フロネシス（賢慮）	104, 116 – 118
プロフィット・ゾーン分析	90, 91
文化	9, 50 – 52, 76, 104, 108, 115, 133, 208
分析麻痺症候群	108, 117
ベストプロダクト戦略	157 – 160, 167
変化対応能力（ダイナミック・ケイパビリティ）	139 – 143
弁証法	118, 226
ベンチ・マーキング	18
ポーター	146, 147, 149 – 152, 155 – 157, 167
補完業者	140, 141, 158, 160, 161, 184, 195
ポジショニング視角	35, 164
ポジション	35, 38, 59 – 63, 139 – 142, 158 – 161
ボストン・コンサルティング・グループ（BCG）	91, 134
ポラニー	221

〔ま行〕

マージン	151, 152
マーケティング	7, 20, 46, 119, 131, 152, 204
マキアヴェリズム	118

負け犬	91
マッキンゼー	107
見えざる資産	122, 123, 144
見える手	236
ミッション	105, 194
3つの基本戦略	148, 149, 151, 166
3つのP	139, 140
ミンツバーグ（Mintzberg）	31, 48, 59, 61, 62
無知のヴェール	102, 104
メディア	10, 174, 200
目的因	7, 8
目的論	100
モジュール化	184, 236
モティベーション	8, 108, 120, 172
模倣	36, 121, 126, 128, 129, 130, 167
模倣困難性	45, 128, 130, 132
モラル・ハザード	212
問題解決	81, 127, 199, 203-205, 212, 221
問題児	91, 92

〔や行〕

有機体型集団	186-188
ユーザー・イノベーション	236
有用な製品とサービスの提供	2-4, 23, 34, 105, 170, 194
要素市場	14, 21
要素条件	155, 156
欲求	2, 5, 48, 103
弱み	70, 71, 89
4要因説	7

〔ら行〕

ライフサイクル	82, 93, 168, 170, 180, 190
ラディカル	48, 135, 180, 226
リーダーシップ	9, 29, 57, 58, 142, 164, 186
利害関係者	15, 16, 36, 44, 69, 100
リコンフィギュレーション	142
利潤	2, 3, 192, 222
リスクシェアリング	170
リストラクチャリング	93
流通チャネル	93, 135, 146, 151, 161
ルース・カップリング	30, 31, 179
ルーティン	8, 125, 126, 129, 140, 202, 223
ルーマン（Luhmann）	18, 19, 48, 96, 168, 240
ルール	25, 29, 30, 104, 178, 185-187
連結の経済	84
連盟型集団	186, 187
ロイヤルティ	44, 158, 159, 164, 210
労働	23
労働市場	14, 67
ロジカル・インクリメンタリズム	29
ロジスティクス	206
ロックイン	157-161, 163, 167

著者紹介

廣田　俊郎（ひろた　としろう）

1970年　神戸大学経済学部卒業
1972年　神戸大学大学院経済学研究科修士課程修了
1975年　関西大学大学院商学研究科博士課程単位取得退学
1972年　関西大学商学部助手，専任講師，助教授を経て，1987年から関西大学商学部教授，その間，ハーバード・ビジネス・スクール（フルブライト奨学生），MITスローン・スクール（フルブライト奨学生），サセックス大学科学技術政策研究所，ノースカロライナ大学チャペルヒル校社会学研究科などで客員研究員を歴任。

〔主要業績〕

著書：『技術の高度化と日本企業の戦略的対応』関西大学経済・政治研究所，1985年。

翻訳：J.D.トンプソン著（大月博司・廣田俊郎訳）『行為する組織』同文舘出版，2012年。

著者との契約により検印省略

平成28年12月25日　初版第1刷発行	企業経営戦略論の基盤解明

著　者　　廣　田　俊　郎
発行者　　大　坪　嘉　春
印刷所　　税経印刷株式会社
製本所　　牧製本印刷株式会社

発行所　〒161-0033　東京都新宿区下落合2丁目5番13号　　株式会社　税務経理協会

振　替　00190-2-187408　　　電話　(03)3953-3301（編集部）
ＦＡＸ　(03)3565-3391　　　　　　　(03)3953-3325（営業部）
URL　http://www.zeikei.co.jp/

乱丁・落丁の場合は，お取替えいたします。

© 廣田俊郎　2016　　　　　　　　　　　　　　　Printed in Japan

本書の無断複写は著作権法上での例外を除き禁じられています。複写される場合は，そのつど事前に，(社)出版者著作権管理機構（電話 03-3513-6969，FAX 03-3513-6979，e-mail : info@jcopy.or.jp）の許諾を得てください。

JCOPY ＜(社)出版者著作権管理機構 委託出版物＞

ISBN978-4-419-06422-8　C3034